Raimund Löw

EINSAME WELTMACHT

Raimund Löw

EINSAME WELTMACHT

Die USA im Abseits

ecowin

Raimund Löw
Einsame Weltmacht
Die USA im Abseits
Salzburg: Ecowin Verlag GmbH, 2007
ISBN: 978-3-902404-47-3

Unsere Web-Adresse:
www.ecowin.at

1 2 3 4 5 / 09 08 07

Lektorat: Arnold Klaffenböck
Covergestaltung: Stephan Enzinger

Gesamtherstellung: Druckerei Theiss GmbH, A-9431 St. Stefan, www.theiss.at
Printed in Austria

Zu Haus im Weißen Haus

„Wir sind alle Amerikaner". Mit dieser Schlagzeile erschien „Le Monde", Frankreichs führende Tageszeitung, nach den Terroranschlägen auf das World Trade Center und das Pentagon am 11. September 2001. Der deutsche Bundeskanzler Gerhard Schröder sagte dem amerikanischen Präsidenten George W. Bush die „uneingeschränkte Solidarität" des deutschen Volkes zu. Nie zuvor gab es eine derartige Welle der Sympathie für die USA – und weltweit war man bereit, an der Seite der Amerikaner gegen die Urheber des Terrors in den Krieg zu ziehen, gegen die „Al Kaida" unter der Führung von Osama bin Laden und gegen die Taliban in Afghanistan, die ihnen Schutz gewährten. Dieser Solidarität, zu der sich ganz Europa, aber auch Russland und China bekannten, war der zunächst rasche Sieg über die Taliban und deren Vertreibung aus Afghanistan zu danken. „Wir sind alle Amerikaner", hatte es in Frankreich geheißen. Keine zwei Jahre später wurde in den USA französischer Wein in die Gosse geschüttet, „French Fries", wie die Pommes frites in den USA genannt werden, durften nicht mehr so heißen, sondern „Freedom Fries", und die europäischen Verbündeten wurden vom amerikanischen Verteidigungsminister Donald Rumsfeld in alte und neue eingeteilt, wobei man von den alten nichts mehr hielt – und dazu gehörten vor allem Frankreich und Deutschland. Zwei Eckpunkte in der großen Analyse von Raimund Löw, mit der er uns in diesem Buch den Weg beschreibt, den die USA in der Präsidentschaft des George W. Bush eingeschlagen haben.

George W. Bush hatte die Strafexpedition gegen die „Al Kaida" und die Taliban umgewandelt in einen „Krieg gegen den Terrorismus". Und der Terror ging nun nicht nur von der „Al

Kaida“ aus, sondern auch von sogenannten Schurkenstaaten, von einer „Achse des Bösen“, zu der Bush den Irak, den Iran und Nordkorea zählte. Alle drei beschuldigte er, Massenvernichtungswaffen zu besitzen oder gerade herzustellen, mit denen die USA, ja die gesamte Welt bedroht würden. Und auf ging's in den Krieg gegen Saddam Husseins Irak. Ohne Beweise, ohne Mandat der UNO, unter vorsätzlichem Bruch der UNO-Charter und anderer internationaler Verträge. Die bisherigen Verbündeten aber ließ Bush wissen: „Wer nicht mit uns ist, ist gegen uns“, also ein Feind. Es kam noch ärger: Die USA, so verkündete Bush, würden von nun an das Recht in Anspruch nehmen, auf jede – vermutete – Bedrohung mit einem präventiven Krieg zu reagieren. Faustrecht statt Völkerrecht.

Spätestens zu diesem Zeitpunkt musste sich die Welt fragen, was der amerikanische Präsident noch im Schilde führen würde und welchem Ziel diese Politik wohl diente. Es war auch nicht der erste Bruch internationaler Verträge durch Bushs Amerika. Gleich nach seinem Amtsantritt erklärte der Präsident den Austritt aus einer Reihe wichtiger internationaler Vereinbarungen. Der Klimaschutzvertrag von Kyoto, von den USA mitbeschlossen und unterzeichnet, durfte nicht mehr ratifiziert werden – die Bestimmungen würden der US-Wirtschaft schaden. Der ABM (Anti-Ballistic Missile)-Vertrag wurde von Bush aufgekündigt – der Vertrag, der es den beiden Supermächten USA und Sowjetunion, in der Folge Russland, verbot, Raketenabwehrsysteme zu errichten. Denn wer da der Schnellere wäre, könnte hinter diesem Schutz den Atomschlag gegen die andere Macht wagen und den Gegenschlag abwehren. Dreißig Jahre lang hat der ABM-Vertrag den Frieden zwischen den beiden Supermächten garantiert. Man beachte: Ein solches Raketenabwehrsystem will Bush nun in Osteuropa und den USA errichten. Den Vertrag, der ihm das verbieten würde, hat er schon am Anfang seiner Präsidentschaft gekündigt. Und einen anderen nicht mehr in Kraft treten lassen: Der von den USA vehement geforderte und mitverhandelte Internationale Gerichtshof, der künftig Kriegsverbrechen und Verbrechen gegen die Menschlichkeit anzuklagen und die Täter zu verurteilen hätte, wurde von Bush auf einmal heftig abgelehnt – niemals dürften Amerikaner vor diesen Gerichtshof gebracht werden!

Also Straffreiheit für amerikanische Kriegsverbrecher, wenn es sie geben sollte. Das geschah alles schon vor dem 11. September und ließ erahnen, wie Bush sich die künftige Rolle der USA vorstellte. Als einzige nach dem Niedergang der Sowjetunion verbliebene Supermacht würden sich die USA keinen internationalen Verträgen mehr unterwerfen, die ihre Handlungsfreiheit auf welchem Gebiet auch immer behindern oder einschränken könnten. So hatte einst das imperiale Rom gehandelt: „Roma locuta, causa finita". Nur würde künftig Washington entscheiden, wie die Dinge zu laufen haben.

Der Anspruch galt nicht nur der Weltpolitik. Mit der Motivation, Amerika befinde sich im Krieg gegen den Terrorismus und müsse jede Art der Bedrohung rechtzeitig erkennen und von sich abwehren, wurden nun auch die Rechte der US-Bürger selbst in noch nie da gewesener Weise eingeschränkt. Telefongespräche wurden abgehört, Korrespondenzen geöffnet, Daten – bisher geschützt – konnten auf jede Weise gesammelt und gespeichert werden. Und auch US-Bürger konnten unbegründet und ihrer Rechte zum Teil beraubt hinter Gittern landen. Außerhalb der USA ging es noch viel drastischer zu: Die ganze Welt wurde bespitzelt, Verdächtige wurden von amerikanischen Agenten auch in fremden Staaten entführt, in geheime Gefängnisse gebracht oder nach Staaten transferiert, in denen die Folter noch an der Tagesordnung ist. Gefoltert aber wurde auch in amerikanischen Gefängnissen, so sie sich außerhalb der USA befanden – im Irak, in Afghanistan und in Guantanamo, dem amerikanischen Stützpunkt auf Kuba, auf dem auf einmal amerikanisches Recht nicht zu gelten hatte.

All das hat die Welt schockiert. All das war schwer mit der Rolle der USA zu vereinbaren, die sie immer für sich in Anspruch genommen hatten und in der man sie – wenn auch mit Abstrichen – durchaus anerkannte: Amerika, Hort der Freiheit und der Demokratie, Verteidiger der Menschenrechte, Schutzmacht der gesamten demokratischen Völkerfamilie, der „freien Welt". Und man wusste auch, dass die USA Fehlentwicklungen – McCarthysm, Schweinebucht, Vietnamkrieg usw. – immer wieder einsahen und, wo möglich, zu reparieren versuchten. Doch die Aktionen der Regierung Bush ließen echte Zweifel aufkommen, ob das, was da an hegemonialem Anspruch, an Verletzung von Menschenrechten und Einschränkung von Bürgerrechten systematisch betrieben wurde, noch reparabel sein würde. Denn das Erschreckende an dieser Entwicklung war, dass nach dem 11. September die sonst verlässlich funktionierenden Sicherungen der amerikanischen Demokratie offenbar durchgebrannt schienen. Nur wenige der Abgeordneten und Senatoren im US-Kongress wagten es, die Handlungen des Präsidenten und seiner Leute in Frage zu stellen. Die Medien, dazu berufen, die Politik kritisch unter die Lupe zu nehmen, jeden Machtmissbrauch, jede Gesetzesverletzung, jede Missachtung der Bürgerrechte aufzuzeigen und anzuprangern, wagten lange Zeit nicht Kritik zu üben, sondern machten den Hurrapatriotismus zum guten Teil sogar mit.

Wieso konnte das alles passieren? Wieso konnten der Präsident und die ihn umgebenden Leute so uneingeschränkt schalten und walten? Wer sind die Kräfte, die ihnen das ermöglichten, ja mehr noch: die Kräfte, für die sie offenbar so schalteten und walteten? Antworten auf jene und viele andere Fragen gibt uns Raimund Löw in diesem Buch, legt uns eine umfassende Analyse des politischen und gesellschaftlichen Zustands der USA vor. Hervorragend recherchiert, akribisch belegt, stets um Objektivität bemüht. Wovon er berichtet, das hat Raimund Löw im Zentrum amerikanischer Machtentfaltung, in Washington, gesehen, gehört und erlebt, oft genug im Weißen Haus und in Gegenwart des Präsidenten. Seine Aufgaben als Korrespondent des ORF führten ihn auch zu anderen wichtigen Schauplätzen, und dazu gehörten das

Schreckenslager Guantanamo ebenso wie das vom Hurrikan „Katrina“ heimgesuchte New Orleans. Zwar steht die Politik im Mittelpunkt seiner Berichte, aber Raimund Löw schildert uns auch den gesellschaftlichen Zustand der USA. Er besucht die Elendsquartiere der illegal eingewanderten mexikanischen Landarbeiter, er spricht mit den Obdachlosen in den großen Städten. Erlebnisse und Erfahrungen, an Hand derer uns Raimund Löw die vielen Facetten der amerikanischen Wirklichkeit vor Augen führt. Keineswegs nur die Schwächen, die Schattenseiten der USA. In einem der interessantesten Kapitel des Buches schildert Löw seine Erlebnisse in Kalifornien und seine Begegnungen mit dessen Gouverneur Arnold Schwarzenegger. In Kalifornien, der, wie Schwarzenegger betont, fünftgrößten Volkswirtschaft der Welt, wird in vielen Bereichen bereits an der Zukunft gearbeitet und vieles davon ist auch relevant für die Zukunft der Welt. In Kalifornien und nicht nur dort sieht Raimund Löw schon die Ansätze für eine Wende in den USA. Mit den Kongresswahlen des Jahres 2006, die den Demokraten wieder die Mehrheit im Abgeordnetenhaus und im Senat gebracht haben, könnte diese Wende schon ihren Anfang genommen haben. Eine Wende, die von der sich abzeichnenden Niederlage im Irak beschleunigt werden dürfte. So lässt uns Raimund Löw nicht nur verstehen, was die Bush-Jahre für die USA und die Welt bedeutet haben, er zeigt auch schon auf, was die USA und die Welt zu erwarten haben, wenn diese Wende vollzogen wird.

Raimund Löw ist mit diesem Buch ein hervorragender Amerika-Report gelungen. Einer, der sich liest wie ein Kriminalroman und der seriöser doch kaum sein kann.

Hugo Portisch — Wien, im Juli 2007

Inhaltsverzeichnis

Vorbemerkung und Danksagung

Ein aktuelles Amerikabuch ist ein riskantes Unterfangen.

Die einst unumstrittene Führungsmacht des Westens liegt weltweit in einem Popularitätstief. Zwar kann sich die halbe Welt ein Leben ohne „Google“ oder „E-Bay“, die amerikanischen Erfolgsprodukte im Internet, nicht mehr vorstellen. Aber die USA bremsen beim Klimaschutz. Vorstöße der USA gegen den Iran oder Nordkorea werden international mit Skepsis oder offener Ablehnung aufgenommen. Amerika hat durch das völkerrechtliche „schwarze Loch“ der Gefangenen von Guantanamo und den Folterskandal im irakischen Abu Ghraib seinen einstigen Nimbus als Führungsmacht der freien Welt verloren. Die Öffentlichkeit glaubt weniger denn je, dass von jenseits des Atlantiks Lösungen zu den Fragen unserer Zeit kommen.

Gleichzeitig ist Amerika selbst im Umbruch. Eine Ära geht zu Ende und es ist unklar, was nach George W. Bush zu erwarten ist. Das politische Machtgefüge, das nach den Anschlägen des 11. September 2001 um den republikanischen Präsidenten geschaffen wurde, bröckelt. Die Terrorangriffe sind nicht vergessen, aber sie dominieren nicht mehr wie früher das gesamte politische Leben. Amerika ist dabei, die Erstarrung in der alleinigen Konzentration auf den Antiterrorkampf zu überwinden. Jeder Monat bringt neue Wendungen im Wettlauf um die beste Ausgangsposition für die Präsidentschaftswahlen des Jahres 2008. Gerade in dieser Umschwungsphase werden die Widersprüche und unterschiedlichen Tendenzen einer vielfältigen Gesellschaft von mehr als 300 Millionen Bürgern besonders deutlich sichtbar.

Wohin die Reise gehen könnte und welche gesellschaftlichen Kräfte in dem verunsicherten, mächtigsten Land des Erdballs miteinander im Widerstreit stehen, ist für uns alle wichtig. Bekanntlich kommen amerikanische Trends mit Zeitverzögerung meist auch nach Europa.

Ich hatte als ORF-Korrespondent in den USA in den Jahren 1991 bis 1997 und 2003 bis 2007 Gelegenheit, die Entwicklung des Landes hautnah zu erleben, zentrale Schauplätze von Guantanamo bis New Orleans zu besuchen und politische Entscheidungsträger zu befragen. Weil sich das Interesse der Redaktionen in Wien stark auf den Präsidenten konzentriert, wurde der Pressebereich des Weißen Hauses für mich zu einer Art zweitem Arbeitsplatz.

Dieses Buch ist Reportage und Analyse zugleich. Aber niemand, der verstehen will, was in diesem riesigen Land abläuft, kann sich nur auf seine eigenen Augen und Ohren beschränken. In den USA gibt es ein derart umfassendes Medienangebot, dass man als Korrespondent sein Know-how oft weniger einsetzen muss, um zu Informationen zu kommen, als aus der Vielzahl der Nachrichten das Wesentliche herauszufiltern. Die „New York Times", die „Washington Post", das „Wall Street Journal", „National Public Radio" und die Fernsehnachrichten der großen Networks ABC, CBS und NBC oder die Kabelkanäle CNN und „Fox News" sind unverzichtbarer Teil des beruflichen Alltags. Wem es darum geht, über einen unmittelbaren Erlebnisbericht hinaus die politische Entwicklung zu verstehen, wird auf solche Quellen nicht verzichten können. Amerikanische Medienberichte sind daher die Grundlage vieler Analysen in den folgenden Seiten.

Den ungewöhnlich früh angelaufenen Präsidentschaftswahlkampf für 2008 habe ich weitgehend ausgespart. Wenige Monate sind bekanntlich eine Ewigkeit in der Politik. Das gilt noch viel mehr im amerikanischen System der Vorwahlen und des Vorwahlkampfes bei Demokraten und Republikanern. Ich versuche in diesem Buch den Hintergrund darzustellen, vor dem sich das Drama des Wahljahres abspielen wird, und die politischen Voraussetzungen auszumachen, mit denen ein neuer Präsident, oder eine Präsidentin, ab Jänner 2009 konfrontiert sein wird.

Der Anstoß für dieses Projekt kam von Verleger Hannes Steiner, der mich dadurch veranlasst hat, Unterlagen und Notizen wieder durchzugehen und darüber nachzudenken, was in den vergangenen Jahren wirklich wichtig war und warum. Aktueller Journalismus ist ein rascher Job, bei dem Tageshektik die Reflexion leicht in den Hintergrund drängen kann. Was am Morgen oft hochaktuell scheint, gilt manchmal am Nachmittag schon als „Old News". Für ihre Unterstützung möchte ich mich bei Hannes Steiner, Lektor Arnold Klaffenböck und allen Mitarbeiterinnen und Mitarbeitern des Ecowin-Verlages herzlich bedanken. Sie haben mir diesen Versuch möglich gemacht, die spannungsgeladene amerikanische Entwicklung seit jenem fatalen 11. September 2001 nachzuzeichnen.

Zehn Jahre habe ich insgesamt in den USA gelebt, noch viel länger habe ich die amerikanische Politik intensiv verfolgt. Das verdanke ich meinem Arbeitgeber, dem ORF, der mich in die Lage versetzt hat, die Beschäftigung mit Weltpolitik, der immer schon mein größtes Interesse galt, zu meinem Beruf zu machen. Die Generalintendanten Gerd Bacher und Teddy Podgorski haben mich zu Beginn meines Korrespondentenlebens ins Moskau der demokratischen Revolution Michail Gorbatschows und Boris Jelzins geschickt. Als Bill Clinton Präsident war, machte mich Gerhard Zeiler zum Büroleiter in Washington DC. Unter Gerhard Weis konnte ich für die ZiB 2 aus dem Nahen Osten, Asien und Lateinamerika berichten. Monika Lindner ermöglichte den zweiten Aufenthalt in der durch Krieg und Terrorangst veränderten amerikanischen Hauptstadt. Alexander Wrabetz hat mich zum Sprung zurück auf den alten Kontinent ermutigt: Ich freue mich auf eine neue Aufgabe als EU-Korrespondent in Brüssel. Bei ihnen allen möchte ich mich an dieser Stelle dafür bedanken, dass ich in meinem Beruf immer dort sein konnte, wo es am spannendsten war.

Das hervorragende multinationale Team des ORF Washington – Joe Brabant, Sigrid Kagel, Roswitha Earheart, Uelle-Mall

Jaakson, Douglas Robinson, Graham Scott, Lauren Silva-Pinto und zuvor Hildegard Banes, Else Murtaugh, Felicity Tollkuhn, John Meyer – hat all die Jahre hart daran gearbeitet, uns, den aus Österreich entsandten Korrespondenten, zu helfen, Amerika auch dann zu verstehen, wenn wir als Europäer manchmal sprachlos waren.

Meine Töchter Neva und Jana sind mit den Vor- und Nachteilen eines transkontinentalen Familienlebens aufgewachsen. Ich hoffe, dass für sie im Rückblick die Vorteile überwiegen. Ihre vielfältigen Erlebnisse als Kleinkinder, Schulkinder und Teenager im amerikanischen Alltag haben uns beim Verständnis des Landes mehr geholfen, als wir je erwartet hätten. Meine Frau und Lebenspartnerin Kerstin Witt-Löw hat die Reise quer über die Kontinente mit Neugier, Flexibilität und Geduld zu einer gemeinsamen Erfahrung gemacht. Wien – Washington – Wien – Washington hat uns auch persönlich bereichert. Dass sie voll dabei war, dafür bedanke ich mich bei ihr. Von ihrem kritischen Blick hat das Manuskript dieses Buches von der ersten bis zur letzten Seite profitiert. Für Fehleinschätzungen und Irrtümer bin selbstverständlich ich allein zuständig.

Washington DC, im Juli 2007

Schauplatz Washington DC

Die E-Mails der „White House Correspondents Association" ließen keinen Zweifel: Dieser 2. August 2006 wird ein historischer Tag für den amerikanischen Journalismus. Das letzte Mal vor der Totalsanierung wird der Sprecher des Präsidenten seine tägliche Pressekonferenz im legendären „White House Briefing Room" halten. Die Weltöffentlichkeit kannte den Raum seit Jahrzehnten als Kulisse für die Medienauftritte der amerikanischen Präsidenten: hinter dem Rednerpult das bekannte Siegel mit der Aufschrift „The White House, Washington" vor einem ewig gleich gewellten dunkelblauen Vorhang. Die Fernsehbilder ließen nie erahnen, wie verschlissen der Raum in Wirklichkeit aussah. Es handelte sich um eine aus allen Ecken und Enden quellende, riesige Abstellkammer, mit einem schier unentwirrbar scheinenden Kabelsalat. Zwischen Kartons und Kisten die Fernsehmonitore der TV-Networks CBS, ABC, NBC, CNN und „Fox News" samt Techniker in legeren kurzen Hosen und T-Shirts. Sich zu setzen, war nicht ohne Risiko: Schrauben und Nägel, die aus kaputten Sitzen ragten, hatten schon manches Sakko zerrissen. Aus besseren Zeiten stammten die Aufschriften, die jeden Sitz einem der bekannten Medien des Landes zugeordnet haben: „New York Times", „Los Angeles Times", „The Baltimore Sun" stand da zu lesen. Korrespondenten ausländischer Medien waren in diesem System nicht vorgesehen, aber leere Plätze gab es fast immer. Mit etwas Routine lernte man auch die Stehplätze am Rande als gar nicht so schlechte Ausgangsposition zu schätzen, um dem Pressesprecher Fragen zu stellen.

Zu John F. Kennedys Zeiten war hier der Swimmingpool, in dem sich der Präsident gerne mit Marilyn Monroe vergnügte, solange Ehefrau Jacqueline nicht im Haus war.

Ich habe diesen verbrauchten Briefing Room vom ersten Tag an gemocht. Seit 1991 konnte ich hier als ORF-Korrespondent in Washington George Bush senior, Bill Clinton, George W. Bush sowie die häufig wechselnden Pressesprecher erleben. Der alte Pressebereich war für mich ein Symbol für die typische Mischung von Hightech und schlampigem Chaos, roher Macht und furchtloser Infragestellung derselben, bis ins letzte Detail überlegter Inszenierung und lässiger Formlosigkeit, die ich an der amerikanischen Politik so spannend finde.

Als während einer Pressekonferenz des Präsidenten einmal ein Mikrofon vom Plafond fiel und die Klimaanlage zu streiken begann, war der Endpunkt erreicht: Ab dem 2. August 2006 begannen die Abrissarbeiten, die Medien mussten in ein Ausweichquartier wandern.

George Bushs Pressesprecher Tony Snow, ein glänzender Kommunikator, der es schaffte, bei den Journalisten ungewöhnlich populär zu bleiben, während sein Chef immer unbeliebter wurde, hatte die Sprecher früherer Präsidenten zu dem Ereignis geladen. Sogar James Brady ist in seinem Rollstuhl gekommen. Beim Attentat auf Ronald Reagan 1981 war er schwer verletzt worden, der Briefing Room heißt seither offiziell „James Brady Briefing Room". Als Präsident Bush zu dem – von allen Anwesenden erwarteten – „überraschenden" Abschiedsbesuch eintraf, begann von weit hinten der wegen seiner hartnäckigen Fragen an Ronald Reagan bekannt gewordene, inzwischen etwas ergraute ABC-Reporter Sam Donaldson ganz wie in alten Zeiten Fragen zu rufen. „Mister President, sollen dem Hollywood-Schauspieler Mel Gibson seine antisemitischen Ausfälle verziehen werden?", „Mr. President, was sagen Sie zu Mel Gibson, der die Juden für alles Übel in der Welt verantwortlich macht?" Doch Bush tat sich leichter als Ronald Reagan. „Höre ich da hinten Sam Donaldson?", ätzte der Präsident. „Forget it! Sie sind ein Has-been, ein Mann von gestern."

Der neue Briefing Room, den der Präsident im Juli 2007 eröffnete, ist sauber, sicher und funktional. Mark Knoller, Langzeitreporter des Fernsehsenders CBS, erinnerte die neue Herberge allerdings eher an die Kommandobrücke im Raumschiff Enterprise. Breitflächige Flatscreens neben dem Rednerpult machen es möglich, jede Pressekonferenz zu einer Multimedia-Show umzufunktionieren. Unter den Neuerungen: strenge Bekleidungsregeln, die im Westflügel des Weißen Hauses „Jeans, Miniröcke, T-Shirts und Flip-Flops“ verbieten. Das Pressekorps zeigte sich wenig beeindruckt. Zustimmungswerte unter 30 Prozent für den Präsidenten und wachsende Zweifel an der Legalität der Abhörprogramme der Regierung führten schon in den ersten Tagen der neuen Anlage zu scharfen Kontroversen zwischen dem redegewandten Pressesprecher Tony Snow und den White House-Korrespondenten der großen TV-Networks und Nachrichtenagenturen. In der begehrten vordersten Reihe, die stets als erste aufgerufen wird, ist der zentrale Platz in der Mitte mit einem eigenen Namensschild für Helen Thomas reserviert, der ältesten Korrespondentin im Weißen Haus und einer unermüdlichen Kritikerin des Präsidenten. Erst in der zweiten Reihe darf der Vertreter von „Fox News“ Platz nehmen, dem regierungsnahen Nachrichtensender des australischen Medienmoguls Rupert Murdoch. Die alte Atmosphäre ließ sich auch durch die Millionen schwere Renovierung nicht vertreiben.

Das Weiße Haus in der journalistischen Rolle des europäischen Beobachters zu betreten, hat seinen eigenen Reiz. Wenn es ein Zentrum des amerikanischen Imperiums gibt, dann liegt es hier. Alle Widersprüche, die unsere Zeit prägen, laufen an diesem Ort zusammen. In bewusster Abgrenzung zu den Palästen der gekrönten Häupter Europas hat das junge Amerika seinem Präsidenten vor 200 Jahren einen betont bürgerlichen Wohnsitz gebaut. Vom schlichten Gitter der Pennsylvania Avenue ist es nur ein Steinwurf bis zum West Wing mit dem Oval Office und den Büros der engsten Mitarbeiter des Präsidenten. Auf den Dächern hat der Secret Service Geschütze zur Abwehr möglicher angreifender Flugzeuge angebracht, aber unbekümmert posieren die aus allen Teilen Amerikas kommenden Touristen für ihre Erinnerungsfotos. Die freie Fläche auf Pennsylvania Avenue vor dem Nordeingang zieht am Wochenende Landhockeyspieler mit ihren mitgebrachten Toren und Rollerblades an.

Am Eingang zum gegenüberliegenden Lafayette Park, der dem prominentesten französischen Verbündeten der amerikanischen Revolution gewidmet ist, stehen seit Jimmy Carters Zeiten in voller Sichtweite jedes Präsidenten Protestplakate. „Live by the bomb, die by the bomb", ist auf einem Plakat zu lesen, „Durch die Bombe leben heißt durch die Bombe sterben." „Ban all nuclear weapons or have a nice doomsday", lautet die Aufschrift daneben, „Verbietet alle Atomwaffen oder auf zu einem netten Weltuntergang."

Seit 1981 protestieren zwei Friedensaktivisten keine 30 Meter vom Zaun zum Amtssitz des mächtigsten Mannes der Welt. Der ehemalige Truck Driver William Thomas und seine Partnerin Concepcion Picciotto haben Dutzende Polizeirazzien, Gerichtsverhandlungen und Festnahmen hinter sich. Aber unter dem Titel der in den USA verfassungsmäßig garantierten Meinungsfreiheit durften sie bleiben. Keine Administration hat es geschafft, Zelt und Plakate des Paares, das wie ein Zwitter zwischen Obdachlosen und Demonstranten aussieht, zu entfernen. Sogar einen Internetauftritt haben sie seit einigen Jahren unter: www.prop1.org. An Concepcion Picciotto, die ursprünglich aus Italien kommt, sind die vergangenen Jahrzehnte nicht spurlos vorübergegangen, sie hat kaum noch Zähne.

Ich besuche ihr Zelt regelmäßig, wenn ich von einem Briefing im Weißen Haus komme. „In der Nacht, wenn niemand da ist, dann fahren die Polizeiwagen direkt vor mein Lager, mit dem Auspuff in meine Richtung, und sie lassen den Motor laufen", erzählt Concepcion. „Wenn ich protestiere: ‚Ihr vergiftet mich!', dann lachen sie nur und sagen: ‚Das ist eben der Preis der Meinungsfreiheit.'" Sie hat Buttons angesteckt: „Impeach Bush now". Ob in den 27 Jahren je ein Präsident mit ihr geredet hat? „Nein, niemals", sagt sie. „Nicht ein einziges Mal." Nur Hillary

Clinton hat ab und zu Sandwichs geschickt. „We have gone from bad to worse", „Es wird alles nur noch schlimmer", deutet sie auf das Weiße Haus gegenüber. Ein vergilbtes Foto zeigt ein altes Transparent: „Welcome to the mad house", „Willkommen im Haus des Wahnsinns". Sie will hier bleiben, bis die da drüben vernünftig werden, sagt sie immer wieder.

Ihr Partner William Thomas hat der „Washington Post" einmal in realistischer Selbsteinschätzung gesagt: „Wir sorgen dafür, dass wir wie ein freies Land aussehen. Das macht uns zu einem Gewinn für die Regierung. Daher kümmern sie sich nicht um uns und tun so, als ob wir nicht da wären."[1] Ein derartiges Symbol des Widerspruchs im direkten Angesicht der größten Macht tut jedem politischen System gut. Eine für Allmachtsfantasien anfällige Supermacht wie die USA kann die Hinweise auf all den Widerspruch, den sie auslöst, ganz besonders brauchen.

Als Student habe ich nicht selten an Demonstrationen gegen die USA teilgenommen. „Solidarität mit Indochina – Nixon go home!", stand auf den Transparenten, mit denen 1972 der damalige US-Präsident in Salzburg empfangen wurde. Aber die populärste Rednerin war Stephanie Coontz, die Vertreterin der amerikanischen Friedensbewegung und heute die bekannteste Familienhistorikerin des Landes. Das Verhältnis meiner Generation zu Amerika war immer widersprüchlich. Bluejeans und Kaugummi, bei uns Jugendlichen sehr beliebt, waren in konservativen Wiener Schulen in den Sechzigerjahren verboten. Aber Lehrer und Schüler, ob konservativ oder progressiv, wussten sehr genau, was Europa den USA nach dem Zweiten Weltkrieg zu verdanken hatte. Dazu gehörte auch das Recht, vor der Botschaft der westlichen Führungsmacht demonstrieren zu können, wie wir das taten. Auch 40 Jahre später und bei dem mit George W. Bush weltweit unpopulärsten Präsidenten, der je das Weiße Haus bewohnt hat, sind diese Widersprüche nach wie vor präsent.

Als Reporter verschafft einem der „White House Press Pass" Zutritt in das Allerheiligste des politischen Washington. Bei in

Washington akkreditierten amerikanischen Journalisten reicht eine Vorankündigung in der Presseabteilung, und die Beamten des Secret Service, die für die Sicherheit des Präsidenten zuständig sind, winken einen durch. Für Nicht-Amerikaner ist der Zugang zu den täglichen Briefings der Pressesprecher des Präsidenten ohne diesen begehrten Sonderausweis dagegen ziemlich schwierig geworden. Denn nach den Anschlägen des 11. September wurden in Washington besondere Regeln für ausländische Korrespondenten eingeführt. Plötzlich durften akkreditierte Europäer nur unter dem wachsamen Auge einer Mitarbeiterin oder eines Mitarbeiters der Presseabteilung die 50 Meter zum Presseraum zurücklegen. Bei der zweiten Amtseinführung George Bushs im Jänner 2005 sperrte das Heimatschutzministerium aus heiterem Himmel für alle Ausländer den Zugang zu dem für Fernsehübertragungen vorgesehenen Department of Labour, dem Arbeitsministerium. Dutzende extra angereiste Korrespondenten aus Übersee mussten überstürzt umdisponieren und sich neue Plätze für ihre Live-Berichte suchen.

Die Angst vor neuen Anschlägen ist nach dem 11. September 2001 zum bestimmenden Thema der amerikanischen Politik geworden. Erst seit dem Sieg der Demokraten bei den Kongresswahlen im Herbst 2006 beginnt dieses System auseinanderzufallen, das dem Präsidenten die Möglichkeit verschaffte, sich unter Berufung auf die nationale Sicherheit über viele rechtsstaatliche Traditionen hinwegzusetzen. Riesige Finanzmittel fließen in die Richtung privater Wachdienste mit äußerst zweifelhaftem Gewinn für die Sicherheit. Wenn ich in Washington die in einem Bürogebäude in der K-Street gelegene Ordination meines langjährigen Zahnarztes besuche, muss ich Name und Ausweisnummer eintragen. Solche Listen werden in vielen Tausend Gebäuden der großen Städte geführt, obwohl vermutlich kaum anzunehmen ist, dass ein Terrorist mit böser Absicht seinen richtigen Namen angeben würde.

Das Gefühl der Bedrohung von außen hat in der sonst so multikulturellen amerikanischen Hauptstadt in vielen Bereichen zu besonderen Regeln für „Nicht-Amerikaner" geführt. Das gilt auch für den Zugang zum Weißen Haus. Für mich gab es bald eine Lösung: Dank wohlwollender Befürwortung durch die amerikanische Botschaft in Wien und nachdem ich unterschrieben hatte, dass ich dem Secret Service zum üblichen Background Check freie Hand lasse, überreichte mir im Sommer 2004 eine freundliche Mitarbeiterin im „Old Executive Office" direkt neben dem Weißen Haus den Ausweis, den ich unter Bill Clinton schon einmal hatte.

Als Korrespondent aus „Austria" in den USA hat man einen großen Vorteil. Aber es gibt auch so manche ungewohnte Hindernisse. Der Vorteil: Nirgendwo sonst gibt es so viele spannende Themen, die die gesamte Welt interessieren, ob das die jüngste Intrige um Bush-Mitarbeiter Karl Rove ist, eine verheerende Naturkatastrophe in Louisiana oder die Hintergründe des jüngsten tragischen Amoklaufes an einer Universität in Virginia. Amerikanische Behörden haben ihre eigenen Regeln, oft schotten sie sich vor den neugierigen Fragen der Medien ab. Aber ist einmal ein direkter Kontakt gelungen, dann können auch ausländische Journalisten mit ausgesuchter Freundlichkeit und Hilfsbereitschaft rechnen. In den Neunzigerjahren half uns die Polizei in Los Angeles auf die Spuren des österreichischen Mehrfachmörders Jack Unterweger. Familien in New Orleans öffneten uns nach der Katastrophe des Hurrikans „Katrina" bereitwillig ihre Tore. Auch bei Wahlparteitagen, mit denen alle vier Jahre die heiße Phase des Präsidentschaftswahlkampfes eingeleitet wird, antworten die Delegierten geduldig auf die exotischen Fragen der ausländischen Reporter.

Aber amerikanische Spitzenpolitiker haben für europäische Journalisten wenig Zeit und Interesse. Bei „Austria" muss man zu allererst das übliche Missverständnis ausräumen, dass doch nicht „Australia" gemeint ist und „Austrian TV" auch nichts mit „Austin TV" zu tun hat, einem Sender der texanischen Stadt. Selbst Frankreichs „Le Monde" oder der deutsche „Spiegel", die stolzesten europäischen Presseorgane, sind für das Sekretariat eines Senators weniger interessant als die Lokalzeitung seines Wahlkreises. Das hängt auch mit den riesigen Dimensionen des Medienzirkus in Washington zusammen. Jeden Tag stürzen sich die mehr als 5000 in- und ausländischen Medienleute auf die Handvoll jeweils an diesem Tag im Zentrum des Interesses stehenden Regierungsmitglieder oder Kongressabgeordneten.

Andererseits: Über die Jahre hatte ich in Washington die Gelegenheit, mit einer großen Zahl von Entscheidungsträgern aus allen Parteien und auf allen Ebenen direkt zu sprechen, sei es auf Pressekonferenzen oder informell am Rande von Veranstaltungen. Bill Clinton, der in Natura stets noch um vieles charismatischer wirkte als im kühlen Medium Fernsehen, nahm sich 1992 total verschwitzt auf einer seiner Wahlkampftouren im texanischen Waco für uns Zeit. George Bushs befremdeter Gesichtsausdruck, als ich ihn 2006 in der Wiener Hofburg nach den Menschenrechten in Guantanamo und dem Prestigeverlust Amerikas fragte, ist auch in amerikanischen Medien registriert worden.

Die Medienfreiheit muss in der angespannten Situation des sogenannten „Krieges gegen den Terrorismus“ mit ihren Kontrollen und Sicherheitsmaßnahmen immer neu erkämpft werden. Diese Auseinandersetzung wird in den USA so lebendig geführt wie seit eh und je. Als ausländischer Korrespondent ist man Teil dieser Auseinandersetzung.

Zu den fixen Traditionen des Reporterlebens in Washington gehört das jährliche Dinner mit dem Präsidenten, der First Lady und anderen staatlichen Würdenträgern, organisiert von der „White House Correspondent Association“ oder der Vereinigung der Radio- und Fernsehkorrespondenten im Kongress. Im „Washington Hilton“ an der Connecticut Avenue in Washington DC, wo einst Ronald Reagan angeschossen wurde, sammeln sich jedes Jahr an die 3000 Medienleute und Prominente zu einem ziemlich einzigartigen Ritual. Frack und Abendkleid sind Pflicht. Der Verleih, bei dem ich meine unverzichtbaren Utensilien zu mieten pflegte, hat meine Maße seit den Neunzigerjahren gespeichert. An jedem der großen Tische im riesigen Ballsaal platzieren die Veranstalter einen besonders schillernden Promi: Sexidol George Clooney, Tennisstar Anna Kournikova oder die blonde Ex-CIA-Agentin Valery Plame kamen in den letzten Jahren auf diese Weise zu Gratiseinladungen zu dem teuren Ereignis. Die etwas übertrieben erscheinende Steifheit dieses Rituals wird konterkariert durch die Tradition, dem Präsidenten im Stil des sogenannten „Roast" einen Redner vorzusetzen, der dem Ehrengast bis hart an die Grenze der Geschmacklosigkeit alle denkbaren Gemeinheiten an den Kopf wirft. Von Kabarettist Don Imus musste sich Bill Clinton 1996 mit hochrotem Kopf die wildesten Späße über sein Sexleben anhören, Ehefrau Hillary saß mit steinerner Miene daneben. Der linksliberale Talkshowmaster Stephen Colbert hielt George Bush 2006 seine fallenden Umfragewerte vor. Hohn und Spott musste Bush wegen des ahnungslosen Triumphalismus seines „Mission Accomplished"-Auftritts auf einem Flugzeugträger nach der Eroberung Bagdads über sich ergehen lassen. Einige Präsidentenmitarbeiter verließen aus Protest den Saal, aber der Präsident schüttelte dem Kabarettisten mit zusammengebissenen Zähnen die Hand. Colberts Feuerwerk erhielt bei liberalen Bloggern im Internet augenblicklich Kultstatus.

Beide Auftritte haben zu tagelangen, aber völlig folgenlosen Diskussionen über die Grenzen des Anstandes geführt. Für den Präsidenten ist damit die Qual aber noch nicht beendet. Danach muss er nämlich selbst auftreten und eine Darbietung liefern, die an Selbstironie die Schärfe des Vorredners noch übertrifft. Die ungeschriebene Regel lautet: Lustig machen darf sich der Präsident grundsätzlich über alles und alle. Aber gemessen wird er daran, wie souverän er vor den versammelten Pressevertretern über sich selbst Witze zu reißen vermag. Bill Clinton war ein Meister in diesem Fach, obwohl sein Verhältnis zu den Medien spätestens seit der Monica Lewinsky-Affäre mehr als gespannt war. George Bush präsentierte 2005 Dias aus den Privatgemächern des Weißen

Hauses, darunter sich selbst, unter dem Tisch, auf der hektischen Suche nach den Massenvernichtungswaffen Saddam Husseins. Das freundlich-höhnische Gelächter des Saales war ihm sicher. Aber am nächsten Tag gab es eine Diskussion, ob Fragen von Krieg und Frieden wirklich Anlass für kühne Späße sein sollten.

Im März 2007 kam der treffendste Gag von POTUS selbst. POTUS, die Abkürzung für „President of the United States“, ist die Journalisten-Abkürzung für George W. Bush. Der Präsident verglich seine wenig beneidenswerte aktuelle Situation mit den großen Debakeln des vorangegangenen Jahres, als der Kongress seine enge Mitarbeiterin Harriet Myers für das Amt der Obersten Richterin ablehnte und Vizepräsident Dick Cheney mit einem Jagdunfall Schlagzeilen machte. „Vor einem Jahr, da waren meine Zustimmungswerte um die 30 Prozent. Meine Kandidatin für das Höchstgericht hatte gerade aufgegeben, und mein Vizepräsident hatte gerade auf jemanden geschossen.“ Auf das Gelächter im Saal folgt das eigentliche Bonmot: „Ja, das war die gute alte Zeit.“ Der Saal tobte.

Solche Veranstaltungen demonstrieren das permanente Spannungsverhältnis zwischen politischer Macht und den starken unabhängigen Medien. Gleichzeitig drücken sie das große Selbstbewusstsein eines politischen Systems aus, das sich in mehr als 200 Jahren über nicht wenige furchtbare Krisen erhalten hat. Die Infragestellung der Macht wird als Teil des normalen Jobs der Medien angesehen. Keinen einzigen europäischen Präsidenten oder Regierungschef kann man sich vorstellen, der sich mit vergleichbarer Selbstironie der Öffentlichkeit stellt.

Die amerikanischen Mechanismen zur Selbstkorrektur sind in dieser Zeit besonders gefragt. Denn das „System Bush“, mit dem die Republikaner sich seit dem Abtritt Bill Clintons an der Macht gehalten haben, ist im Begriff zu zerbrechen. Der Glaube der Konservativen an ihren eigenen Präsidenten und seine Mission schwindet. Der Regierungspartei fehlt die Kraft, die brennenden Probleme anzugehen, die sich in den vergangenen Jahren angehäuft haben. Die Irak-Strategie des Präsidenten lebt von Versprechungen, die sich nach kurzer Zeit als leer erweisen. Den schwierigen Weg einer völligen Neuorientierung, die im Herbst 2006 die Baker-Hamilton-Kommission empfohlen hat, schlug das Weiße Haus aus. Guantanamo hält inzwischen sogar Verteidigungsminister Robert Gates für einen verhängnisvollen Fehler. Aber niemand hat die Kraft zu einem radikalen Bruch. Die USA haben die internationale Isolation nach dem Irakkrieg noch lange nicht überwunden. In dieser Situation prescht die amerikanische Diplomatie mit einem umstrittenen Ansuchen an Tschechien und Polen für ihr geplantes Raketenschutzschild vor. Es sind Anlagen für ein System, das trotz zahlreicher Tests in Alaska nicht funktioniert und das gegen iranische Langstreckenraketen gerichtet ist, die es nicht gibt. Kaum dazu geeignet, ein iranisches Atomwaffenprogramm zu stoppen. Der Eindruck der Orientierungslosigkeit in den letzten Jahren der Amtszeit George W. Bushs wird immer stärker. Als Donald Trump, der New Yorker Immobilienstar und Multimillionär, befand, der gegenwärtige Amtsinhaber sei der schlechteste Präsident, den die USA in ihrer gesamten Geschichte gehabt haben, dann war das allen Medien einen Kommentar wert. Trump mag polemisch übertreiben, die USA befinden sich aber zweifelsohne in einer extrem schwierigen Phase.

Für die amerikanischen Medien war die Ära Bush eine stürmische Zeit. Seit dem 11. September 2001 waren sie von zwei Seiten unter Feuer gekommen: Von der konservativen Regierung, die der „New York Times“ und dem Fernsehsender CBS liberale Voreingenommenheit vorwarf, aber gleichzeitig auch von den rechten Superpatrioten von „Fox News“ oder dem Radiotalker Rush Limbaugh. Das gesamte amerikanische Medienspektrum ist auf diese Weise weit nach rechts geschoben worden. „Fox News“ wurde zum Lieblingskanal des Weißen Hauses.

Wer weltweit „CNN International“ verfolgt, glaubt oft typisch amerikanisches Fernsehen zu sehen. In Wirklichkeit wird CNN in den USA meist von deutlich weniger als einem Prozent des TV-Publikums verfolgt. Selbst im Bereich der Nachrichten-Kabelkanäle hat „Fox News“ die als liberal geltenden CNN-Programme seit Langem überholt. Der zum Medienimperium Rupert Murdochs gehörende Sender hat die in der angelsächsischen Tradition vorhandene strikte Trennung von Meinung und Berichterstattung aufgehoben. An die Stelle der sonst von den Medien als „vierte Macht“ im demokratischen System geforderten Distanz zur politischen Macht ist für „Fox News“ die Funktion eines Einpeitschers im „Krieg gegen den Terrorismus“ getreten. Amerikanische Fahnen, Solidaritätserklärungen an „unsere Soldaten“ und allgemein die Vermittlung eines starken „Wir“-Gefühls, wenn vom Vorgehen gegen „terroristische Feinde“ die Rede ist, prägen die Berichterstattung. „Fox News“ versteht sich als patriotisches Bollwerk gegen das angeblich linksliberal durchsetzte Medienestablishment. Auch in der Jagd nach Zusehern und Werbeeinnahmen war „Fox News“ damit lange höchst erfolgreich.

Dieser kombinierte Druck hat dazu geführt, dass in den Jahren 2002 und 2003 vor dem Irakkrieg die Regierungspropaganda um die nicht existierenden Massenvernichtungswaffen Saddam Husseins auch in den Medien voll durchgeschlagen hat. Im Jahr darauf kam der große Katzenjammer. In einer seltenen kollektiven Anstrengung lieferten „New York Times“, „Washington Post“ und andere angesehene Blätter 2004 eine umfassende Selbstkritik, die zu erklären versuchte, wie die medialen Strippenzieher der Regierung trotz aller redaktionellen Vorkehrungen erfolgreich sein konnten. „Informationen, die damals umstritten waren und heute fragwürdig erscheinen, sind zu wenig hinterfragt worden“, so das Eingeständnis der „New York Times“.[2] Wiederholt waren Exiliraker die Quelle für fantasievolle Berichte über geheime Produktionsstätten für biologische, chemische oder nukleare Waffen unter Privatvillen oder Spitälern, deren Glaubwürdigkeit nicht ausreichend überprüft wurde.

„Jeder, der die Zeitung zwischen September 2002 und Juni 2003 las“, ging „New York Times“-Ombudsmann Daniel Okrent noch weiter als seine Chefs, „musste den Eindruck haben, dass Saddam Hussein ein angsterregendes Arsenal von Massenvernichtungswaffen entweder bereits besaß oder dabei war, es zu erwerben.“[3] Dass es dazu kommen konnte, so der Ombudsmann, war nicht auf individuelles Versagen zurückzuführen, sondern institutionell begründet: Der inzwischen abgesetzte, von vielen Redakteuren als tyrannisch empfundene Chefredakteur des Traditionsblattes, Howell Raines, verlangte Sensationen, koste es, was es wolle. Sie mussten so schnell wie möglich auf die erste Seite. Aber „Krieg erfordert eben besondere Sorgfalt, und nicht weniger“, so das zerknirschte Traditionsblatt drei Jahre nach dem Beginn des Krieges. Diese Regel haben vor der Irakinvasion nur wenige amerikanische Zeitungen befolgt.

Umgekehrt ist es aber Ausdruck einer hohen Medienkultur, dass die führenden amerikanischen Blätter über die eigene Blauäugigkeit in der Vorbereitungsphase zum Krieg nicht einfach hinweggegangen sind. Systematische Selbstkritik, gründlich und aus freien Stücken, in Fragen von Krieg und Frieden, wie in den amerikanischen Zeitungen zum Irakkrieg, hat es in der internationalen Medienwelt selten gegeben.

Obwohl die patriotische Grundstimmung noch lange anhielt, stellte sich in der amerikanischen Presse der Mut zu spektakulären Enthüllungen, ohne Rücksicht auf die nationale Sicherheit der USA, doch relativ bald rasch wieder ein. Der Abu Ghraib-Folterskandal wurde im Frühjahr 2004 von der Zeitschrift „The New Yorker“ und dem Fernsehsender CBS nahezu gleichzeitig aufgedeckt, trotz der unvermeidlichen schwerwiegenden Folgen für die amerikanische Position im Irak. Auch ein direkter Anruf von Generalstabschef Richard Myers bei CBS-Starmoderator Dan Rather konnte die Veröffentlichung nur ein paar Tage hinauszögern.

Aber wirklich in Schwierigkeiten gekommen ist der Chor der rechtspopulistischen Medien erst mit den Kongresswahlen 2006 und dem offensichtlichen Debakel im Irak. Seit sich wortgewaltige Rechtsaußen wie „Anchor“ Bill O'Reilly bei „Fox News“

oder Radio-Talkshowstar Rush Limbaugh bei der Interpretation der Tagesnachrichten immer mehr drehen und wenden müssen, sinken auch ihre Quoten. Dagegen konnte die „Washington Post" im Frühjahr 2007 mit ihren Enthüllungen über die beschämenden Zustände im Walter Reed-Militärspital für verletzte Irak-Veteranen an die glorreiche Aufdeckungs-Tradition der Watergate-Zeit anknüpfen: Ein Köpferollen im Pentagon war die Folge.

Die Medien widerspiegeln nichts anderes als die Schlacht um Amerika, die sich in den Eliten zwischen den Befürwortern einer konservativen Revolution mit George W. Bush an der Spitze und dem gemäßigt-liberalen Establishment abspielt. Wobei jede Gruppe über ihre Fußtruppen verfügt. Die christliche Rechte auf der einen Seite, Gewerkschaftsaktivisten und Bürgerrechtler auf der anderen. Nach den Anschlägen des 11. September 2001 waren die Anhänger einer radikalen konservativen Umgestaltung fünf Jahre lang in der Offensive. Erst das Debakel des Irakkrieges hat gezeigt, wie sehr dieses Projekt der Bush-Administration in der Sackgasse angelangt ist. Vieles deutet seit der republikanischen Wahlniederlage vom Herbst 2006 auf eine neue Trendwende hin. Ein Regimewechsel in Washington DC ist möglich geworden. Aber noch prägt eine konservative Grundstimmung die Ideenwelt wichtiger Bevölkerungsschichten. Die Auseinandersetzung ist noch nicht entscheiden. Mit dem einsetzenden Präsidentschaftswahlkampf 2008 kann die politische Situation in den USA jedoch erstmals seit Langem wieder als offen bezeichnet werden. Während den republikanischen Kandidaten das Erbe der Ära Bush wie ein schwerer Klotz um den Hals hängt, können die Demokraten auf den immer stärker werdenden Wunsch nach Veränderungen setzen.

In welche Richtung Amerika geht, ist für den gesamten Rest der Welt von entscheidender Bedeutung. Auch für Österreich. Da mag die gegenwärtige amerikanische Führung auf noch so große Ablehnung in der öffentlichen Meinung stoßen: Keine Gesellschaft hat Österreich in den vergangenen Jahrzehnten so beeinflusst wie die USA. Von der populären Massenkultur, dem von Computerchips geprägten Alltag und der hohen Politik ist die oft beklagte „Amerikanisierung“ nicht wegzudenken. Oft hat der Blick nach Amerika dem alten Kontinent geholfen, Vorurteile und verkrustete Strukturen zu überwinden und in die Zukunft zu schauen. Sollten sich in den USA die im „Kampf gegen den Terrorismus“ zutage getretenen undemokratischen Tendenzen durchsetzen und ein autoritärer Patriotismus siegen, dann wären die Folgen für die gesamte Welt katastrophal. Andererseits brächte ein dauerhaftes Comeback pragmatischer Mitte-Links-Ideen neue Impulse für jene, die sich öffentliches Engagement für mehr Chancen bei gesellschaftlichen Unterschieden oder in der Umwelt wünschen.

Die USA bleiben auch trotz des Irak-Debakels auf absehbare Zeit die wichtigste imperiale Macht des Planeten. Doch wie diese Hegemonie angestrebt wird, ob mit kruden Drohungen und mit Hilfe rein militärischer Überlegenheit, oder mehr auf der „Soft Power“ von Ideen und Innovationsgeist, das wird ebenfalls vom Ausgang dieses Kampfes um Amerika abhängen, der vor unseren Augen abläuft.

---

1 A Long Wait for Peace, David Montgomery, Washington Post, 3.6.2006

2 The Times and Iraq. From the Editors, New York Times, 26.5.2004; Howard Kurtz, The Post on WMDs: An Inside Story. Prewar Articles Questioning Threat Often Didn’t Make Front Page, Washington Post, 12.8.2004

3 Daniel Okrent, Weapons of Mass Destruction? Or Mass Distraction?, New York Times, 8.12.2006

„Big Brother“ – Die große Versuchung

„Verdächtige Vorgänge unverzüglich melden“, forderte die grelle Leuchtschrift vor der Key Bridge über den Potomac bei Washington DC. „Orwell lesen!“, replizierte auf der anderen Straßenseite ein Widerspruchsgeist, den die Warnungen des Heimatschutzministeriums offensichtlich an George Orwells Schlüsselroman zu staatlicher Überwachung und Manipulation „1984“ erinnert haben. Die Pendler, die oft stundenlang aus dem benachbarten Virginia zur Arbeit in die Hauptstadt fahren, haben sich an solche Parolen längst gewöhnt.

Im bunten Treiben des mondänen Georgetown auf der Washingtoner Seite des Flusses vergisst man leicht, dass sich die USA nach Meinung des Präsidenten im „Kriegszustand“ befinden. George Bush, prominentester Bürger der Stadt, residiert einige Häuserblocks entfernt, auf Pennsylvania Avenue 1600. Belagert wird sein Amtssitz trotz aller martialischen Rhetorik jedoch höchstens von mit ihren Digitalkameras bewaffneten Touristen. Mehr als drei Jahre lang gab es nach dem 11. September alle paar Wochen akuten Terroralarm. Die Warnstufe des Heimatschutzministeriums, das nach den Anschlägen gebildet wurde, steht auch danach unverändert bei „Code Yellow“, gelb, das bedeutet „erhöhter Alarm“. Für den Flugverkehr gilt die höhere Alarmstufe „orange“. „Terroristen können an jedem Ort, zu jeder Zeit und mit so gut wie jeder Waffe zuschlagen“, warnt das Ministerium unbeirrt auf seiner Homepage.

Nirgendwo sonst ist der massive Ausbau der Sicherheitsdienste so stark zu spüren wie in der Hauptstadt selbst. Gleichmütig lassen die Besucher die strengen Personenkontrollen im „Air and

Space Museum", einer der größten Touristenattraktionen an der Mall, der prächtigen Parkanlage zwischen Kapitol und Lincoln Memorial, über sich ergehen.

„Die Gefahr scheint ja ziemlich groß zu sein", wunderte sich der 17-jährige Gary, der mit seiner Highschool aus Michigan gerade in einer besonders angespannten Woche auf Besuch in der Hauptstadt war. „Aber dumm wären die Terroristen schon, gerade dann zu kommen, wenn man auf sie wartet." „Ein bisschen lockerer könnten die Security schon sein", warf sein Freund Nick ein. „Dass man sich bei der Sicherheitskontrolle am Flughafen jedes Mal die Schuhe ausziehen muss, das ist lächerlich." „Fürchtet ihr euch eigentlich vor Anschlägen?", wollte ich wissen. Nick lachte und winkte ab: „Unser Einfamilienhaus werden sie schon nicht bombardieren."

Die Mischung aus Gelassenheit und Ironie der Teenager ist typisch für die Haltung vieler Bürger. Die angespannte Nervosität der Behörden bleibt ein Fremdkörper in einem Alltag, der sich durch die schrille Begleitmusik der Terrorwarnungen nur wenig verändert hat.

Das Denken der Politiker ist dagegen nach wie vor von der Vorstellung beherrscht, dass die USA sich auf einen neuen Anschlag vorbereiten müssen, der noch verheerender werden könnte als der 11. September. Vor allem der Präsident wird nicht müde, vor jedem Nachlassen der Wachsamkeit zu warnen. Seiner Meinung nach steht die gesamte westliche Welt „im Krieg mit islamischen Faschisten."[1]

George Bush zeichnet einen großen historischen Bogen zu den Auseinandersetzungen des 20. Jahrhunderts: „Bin Laden und seine terroristischen Verbündeten haben ihre Absichten so offen angekündigt wie zuvor nur Lenin und Hitler". Die Frage sei nur: „Hören wir zu? Passen wir auf, was diese bösen Männer sagen? Wir täten gut daran, die Worte des Feindes ernst zu nehmen."[2] Die Konsequenz war der Aufbau eines breiten Netzes von Sicherheitsdiensten auf allen Ebenen der staatlichen Verwaltung. Die schwindelerregende Summe von 490 Milliarden Dollar hat die Bundesregierung in den fünf Jahren von 2001 bis 2006 für den Antiterrorkampf ausgegeben.[3] Die Kriege im Irak und in Afghanistan sind in dieser Zahl nicht enthalten. In allen Ministerien und Behörden entstanden neue Antiterrorabteilungen. Mit dem Geldregen wurden Tausende und Abertausende neue Mitarbeiter angestellt, Computerprogramme entwickelt und Überwachungseinrichtungen ausgebaut. Gleichzeitig erleben auch die privaten Sicherheitsdienste einen nicht enden wollenden Höhenflug.

Seit Ronald Reagans Zeiten galt ein möglichst schlanker Staat als das Nonplusultra der Politik. Die Gesetzgeber waren bemüht, Ausgaben zu kürzen, wo immer das möglich war. Doch durch den Antiterrorkampf wurde diese Maxime durchbrochen. Kein Politiker wollte sich vorwerfen lassen, Vorbeugungsmaßnahmen zu unterlassen, die Amerika vor einem neuen Angriff schützen könnten. Wenn es um die innere und äußere Sicherheit ging, waren plötzlich alle budgetären Restriktionen vergessen. Die amerikanische Bundesregierung verordnete sich im Antiterrorkampf die größte Expansion seit Jahrzehnten. Erstmals seit 1947 wurde mit dem Heimatschutzministerium ein neues Ministerium aus dem Boden gestampft.

Drastisch erweitert wurden die Kompetenzen der Behörden durch ein umfangreiches Gesetz namens „USA Patriotic Act“. Der schwülstige Titel setzt sich aus den Anfangsbuchstaben der offiziellen Bezeichnung „Uniting and Strengthening America by Providing Appropriate Tools Required to Intercept and Obstruct Terrorism Act“, wörtlich übersetzt „Einigung und Stärkung Amerikas durch die Bereitstellung geeigneter Werkzeuge zu Verhinderung und Abwehr von Terrorismus“. Ein Propagandaspruch schon im Titel eines Gesetzes, das war etwas Neues. Da der Terrorismusbegriff als „gesetzwidrige Tätigkeit zur Beeinflussung der Regierung, die eine Gefahr für Leib und Leben darstellt“, ungewöhnlich weit gefasst ist, lehnten Bürgerrechtsorganisationen die Verschärfung als Schritt in Richtung Überwachungsstaat ab.

Erst als im Frühjahr 2007 FBI-Direktor Robert S. Mueller zugeben musste, dass seine Agenten 52.000 US-Bürger unter dem Titel des Antiterrorkampfes überwacht hatten, ohne die im Gesetz vorgesehenen Kontrollinstanzen einzuschalten, begann ein kritischer Nachdenkprozess im Kongress.[4]

Die 16 Organisationen, die mit der Terror-Prävention befasst sind, reichen vom CIA, der ultrageheimen National Security Agency und anderen Geheimdiensten über das Bundeskriminalamt FBI und das Heimatschutzministerium bis zum Justiz- und Finanzministerium, der Drogenbehörde und dem Energieministerium. Bei der Idee der Prävention steht die Bemühung im Vordergrund, Verdächtige zu identifizieren, bevor sie als Terroristen aktiv werden. Man sucht nicht unbedingt nur Straftäter, sondern will in der Bevölkerung auch jene Personen finden, die zu einem späteren Zeitpunkt einmal zu Terroristen werden könnten. Das macht auch jede Menge unbescholtene Bürger zum Ziel der Fahnder. Je mehr Daten es gibt, desto mehr Verknüpfungen sind möglich und desto wahrscheinlicher ist es, einen zukünftigen Superattentäter rechtzeitig zu fassen, so lautet die Orwellsche Logik. Bei sechs Milliarden Erdenbewohnern ein ehrgeiziges Unterfangen, das selbst die größten Supercomputer vor ungeahnte Probleme stellt. Die Verwaltung der riesigen Datenmenge, die täglich umfassender wird, ist unvermutet eines der größten Probleme der amerikanischen Terrorfahnder geworden.[5] Täglich fügt allein das Bundeskriminalamt FBI zwischen 1000 und 1500 neue Namen hinzu.

Drei Mal am Tag, um 8 Uhr früh, um 3 Uhr nachmittags und um 1 Uhr in der Nacht, werden die Erkenntnisse dieser 16 üblicherweise miteinander rivalisierenden Einheiten in einem neu errichteten „National Counterterrorism Center“ unweit des Hauptquartiers des CIA in McLean, im Norden des Bundesstaates Virginia, miteinander verglichen. Auf der Terroristenliste des Zentrums mit der bürokratischen Bezeichnung TIDE für „Terrorist Identities Datamart Environment“ stehen inzwischen 435.000 Namen, die meisten davon sind Ausländer.[6] Jede amerikanische Regierungsbehörde hat zusätzlich ihre eigenen Listen. Was zu so mancher Skurrilität führt: So fand die „Washington Post“ im März 2007 den längst gehenkten Saddam Hussein samt seinen toten Söhnen Uday und Qusay auf der Fahndungsliste des Finanzministeriums. „Vermögen im Namen bestimmter Individuen kann es auch nach ihrem Tod geben“, erklärte eine Sprecherin ungerührt dem Blatt.[7]

Wer vom amerikanischen Antiterrorzentrum einmal als Terrorist identifiziert ist, ob tot oder lebendig, zu Recht oder zu Unrecht, hat so gut wie keine Chance, je rehabilitiert zu werden. Die fehlende Kontrolle beunruhigt Bürgerrechtsorganisationen, die auf Tausende Irrtümer und Verwechslungen hinweisen. Die Gründe, die zur Aufnahme in die Liste der Terrorverdächtigen und in der Folge zur Verweigerung einer Einreise in die USA führen, gelten als Staatsgeheimnis und werden den Betroffenen nicht mitgeteilt.

Als der republikanische Senator Ted Stevens aus Alaska bei jeder Reise mit seiner Frau Catherine Alarm auslöste, ließ er nachrecherchieren. Es stellte sich heraus, dass die Computer seine Frau Catherine Stevens für den britischen Popsänger Cat Stevens hielten, der inzwischen zum Islam übergetreten ist und Yusuf Islam heißt. Dem Senator gelang es, die Verwechslung aufzuklären. Cat Stevens weiß bis heute nicht, warum er nicht in die USA darf.

Ähnlich wie dem Senator aus Alaska war es seinem demokratischen Kollegen Edward Kennedy gegangen, einem der prominentesten Politiker des Landes. Kennedy pendelt seit 35 Jahren zwischen Washington und Boston. Dem erstaunten Justizausschuss im Senat erzählte er im August 2004, wie ihn ein Sicherheitsbeamter am Ronald Reagan National Airport am Betreten seines Flugzeuges gehindert habe, da er sich auf einer Watchlist befinde. Auf die Frage, wie denn das möglich sei, erhielt er zur Antwort, das sei geheim. Erst ein Vorgesetzter löste das Problem.

Für Reisende aus dem Ausland beginnt der direkte Kontakt mit den neuen strengeren Regeln wenige Augenblicke nach dem

Touchdown ihres Flugzeuges. Die Fluglinien haben allerdings schon Tage vor dem Abflug damit begonnen, den amerikanischen Behörden die ihnen zur Verfügung stehenden Passagierdaten wie Name, Nationalität, Geburtsdatum, Telefonnummern und Alter zu übermitteln. Weil die europäischen Datenschutzregeln im Widerspruch zu dem Informationsaustausch stehen, der zwischen amerikanischen Behörden üblich ist, sind die Passagierdaten ein steter Punkt der Spannung zwischen der EU und den USA. Mit Zeitverzögerung und gewissen Abstrichen hat sich bisher zumeist die amerikanische Seite durchgesetzt. Nicht zuletzt deshalb, weil Terroranschläge wie in Madrid und London auch bei den europäischen Fahndern den Wunsch nach möglichst viel Informationen über Reisende verstärkt haben.

Auf Dulles Airport, dem nach dem Außenminister des Kalten Krieges, John Foster Dulles, benannten Internationalen Flughafen von Washington DC, werden die Ankommenden von einem freundlichen Schild mit der Aufschrift „Welcome to the USA. No Fotos" begrüßt. In einem „Pledge to the travellers", dem „Versprechen an die Reisenden", sichern die amerikanischen Behörden eine „höfliche und effiziente" Abfertigung zu, die meistens auch wirklich gelingt. Sogar allfällige Beschwerden der Reisenden werde man berücksichtigen, sie sind an die Homepage www.cbg.gov zu richten. „Keeping Americas Doors open and our Nation safe", kann man auf einem Plakat lesen, „Halten wir die Tore Amerikas offen und unsere Nation sicher". Daneben der etwas kriegerischere Wahlspruch der Zollbehörde: „We are the face of the nation. We are America's first line of defence", „Wir sind das Gesicht der Nation, wir sind Amerikas erste Verteidigungslinie".

In den allermeisten Fällen sind die Beamten zuvorkommend. Ein freundliches „How are you doing" beim Vorweisen des Passes kann Wunder wirken. Vor allem bei arabischen Namen kommt es allerdings immer wieder zu Verwechslungen. Ein prominentes Opfer war der Chef der Atomenergiebehörde, Mohammed El Baradei, kurz nach der Verleihung des Friedensnobelpreises an seine Organisation. Baradei wurde auf dem Weg zu einem Treffen mit Außenministerin Condoleezza Rice im Herbst 2005 in Boston so lange gefilzt, dass daraus fast ein diplomatischer Zwischenfall wurde. Auch vereinzelte Zwischenfälle mit Reisenden aus Österreich, die wegen eines schlechten Scherzes über eine Bombe oder wegen einer vergessenen Visumübertretung aus Jugendzeiten in Handschellen gelegt werden und die Heimreise antreten mussten, sind bekannt geworden. Inzwischen haben sowohl die Touristen als auch die Grenzbeamten dazugelernt.

Seit dem Jahr 2004 müssen alle einreisenden Ausländer zwei digitale Fingerabdrücke abgeben und ein digitales Foto von sich machen lassen.

Es ist die folgenschwerste Verschärfung der Kontrollen seit Jahrzehnten. Die Passagiere tragen es zumeist mit Fassung. „Wenn dadurch Tote verhindert werden, dann ist das in Ordnung", sagen uns Reisende beim Lokalaugenschein am internationalen Flughafen von Washington immer wieder. Eingeführt hat die als US-VISIT bezeichnete Prozedur der für innere Sicherheit zuständige erste Chef des Heimatschutzministeriums, Tom Ridge, einer der engsten Vertrauten in der ersten Amtszeit des Präsidenten.

Der Rest der Welt soll dem amerikanischen Beispiel folgen, forderte Ridge bei der medienwirksamen Eröffnung eines neu ausgerüsteten Einreisebereiches in Miami Anfang 2004. „Die Gesetzeshüter vertrauen Fingerabdrücken international. Und je mehr Informationen wir weltweit über Terroristen haben, desto größer wird die Rolle von Fingerabdrücken, um sie zu fangen und unschädlich zu machen."

In Sekundenschnelle sollen Fingerabdrücke und Fotos mit den Datenbanken der Sicherheitsbehörden verglichen werden, so lautet die Theorie. Auch Botschaften und Konsulate in aller Welt, bei denen Amerikareisende, die ein Visum brauchen, Fingerabdrücke abgeben müssen, sind in dieses System eingebunden. Das Heimatschutzministerium möchte auf diese Weise einen ersten Schritt zu einer virtuellen Grenze setzen, die Amerika einmal durch ein Netz von miteinander verbundenen Datenbanken der Konsulate, Geheimdienste und Einreisebehörden, das sich über den Erdball erstreckt, schützen wird.

Innerhalb von drei Jahren sind 86 Millionen Ausländer durch das System geschleust worden. Doch die Ausbeute war minimal: Nach offiziellen Angaben wurden zwischen 1600 und 1800 gesuchte Kriminelle mit Hilfe der elektronischen Fingerabdrücke identifiziert und an der Einreise in die USA gehindert. Es gab etwas mehr als hundert Verhaftungen.

Hätte man mit diesen Geräten eigentlich die Attentäter des 11. September rechtzeitig fassen können, wollte ich nach der Erfahrung von drei Jahren von dem im Heimatschutz zuständigen Chef des US-VISIT-Programms, Robert A. Mocny, wissen? „Zaubermittel gegen Terroristen haben wir keines", gab Mocny zu. „Damals hatten wir nicht den Informationsstand von heute. Aber hätten wir die Fingerabdrücke Mohammed Attas gehabt und seinen Namen, klar, er wäre nicht hereingekommen. Wir können die Uhren nicht zurückdrehen. Wir verfolgen ein Langzeitprogramm, um Schritt für Schritt die Sicherheit des Landes zu erhöhen, ohne die Einreise allzu beschwerlich zu machen."

Aber ob sich diese Milliardenausgaben auszahlen, wenn bisher mit Hilfe der Fingerabdrücke höchstens 1800 Personen gefangen wurden? Schließlich war kein einziger Terrorist dabei?

„Meine Antwort lautet: Es waren nur 19 Personen für den 11. September erforderlich", replizierte der hochrangige Funktionär des Heimatschutzministeriums.

1,7 Milliarden Dollar wurden im Budgetjahr 2007 für dieses Programm aufgewendet. Innerhalb von 10 Jahren soll das US-VISIT-Programm 10 Milliarden Dollar kosten. Wenn man in dem Tempo weiter erfolgreich ist, kann man sich ausrechnen, wie viele Hundert Millionen Dollar eine einzige Festnahme kostet. Robert Mocny verwies auf die abschreckende Wirkung des Systems. Die USA sind nach wie vor ein gastfreundliches Land, beteuerte der

Funktionär des Heimatschutzministeriums. „Jeden Tag ringen wir damit, wie wir die erhöhte Sicherheit, die wir unseren Bürgern schuldig sind, mit dem Schutz der Privatsphäre der Gäste in Einklang bringen können."

Die strengere Einreisepraxis schreckt allerdings nicht nur Terroristen ab. Seit 2000 ist die Zahl der Besucher aus Übersee in die USA um 17 Prozent zurückgegangen.[8] Die amerikanische Wirtschaft beschwert sich, dass Touristen zu Hause bleiben, weil sie fürchten, von den Behörden schlecht behandelt zu werden. Im Frühjahr 2006 beklagte der weltberühmte Geiger Yo-Yo Ma vor dem Kongress, wie stark der künstlerische Austausch durch willkürliche Verweigerungen von Visa beeinträchtigt wird.[9] Die Behörden versprachen Besserung.

Aber rein technisch werden Einreisen in die USA in Zukunft zuerst noch etwas komplizierter werden. Denn die bisherige Praxis, Fingerabdrücke nur von den Zeigefingern jeder Hand zu nehmen, soll demnächst durch die international üblichen zehn Fingerabdrücke ersetzt werden.

Kritiker bezweifeln, ob es überhaupt je möglich sein wird, allein die riesige Menge an Grenzübertritten wirklich zu erfassen. Amerikanische Staatsangehörige, legal mit einer „Green Card" in den USA lebende Ausländer und die meisten Bürger aus den Nachbarstaaten Mexiko und Kanada sind ausgenommen. Etwa 425 Millionen Grenzübertritte gibt es jedes Jahr, weniger als 10 Prozent werden von der digitalen Kontrolle erfasst. Bei den Grenzübertritten auf dem Landweg waren es 2004 keine 2 Prozent.[10]

Was selbst dem einfachen Touristen auffällt: Verlässt man das Land, dann gibt es an den Flughäfen zwar eine Leibesvisitation, aber keine Grenzkontrolle. Es sind die Mitarbeiter der Fluglinien, die beim Einchecken den Pass überprüfen und die Ein- und Ausreiseformulare einsammeln.

Was genau mit den an den Grenzübertritten gesammelten Daten passiert, ist nicht ganz klar. Die Regierung sagt, sie möchte sie bis zu 40 Jahre aufbewahren, um in Zukunft einmal eine umfassende Datenbank aller Bewegungen über die Grenze aufzubauen.[11] Das scheint Zukunftsmusik in weiter Ferne zu sein. Die internen Revisoren des Heimatschutzministeriums beklagen, dass bisher nicht einmal der Datenvergleich zwischen von den Fluglinien übermittelten Passagierdaten und den Einreisebeamten bei der Passkontrolle funktioniert. Die Bewältigung der riesigen Mengen angehäufter Daten sei so schwierig, dass es bisher nicht einmal das FBI geschafft hat, seine unterschiedlichen Abteilungen miteinander zu vernetzen.[12]

Zweifel, ob die Terrorgefahr auf amerikanischem Boden nicht maßlos übertrieben wurde, löst die Erkenntnis aus, dass die riesige neue Antiterrormaschinerie bisher nur zu einer winzigen Zahl einschlägiger Verurteilungen geführt hat. Der Justizminister hat zwar immer wieder mit Fanfaren und Trompeten die Festnahme angeblich gefährlicher Terroristen verkündet. Neunzig Prozent dieser Fälle lösten sich jedoch später in Luft auf oder endeten gar in einem peinlichen Debakel. Unter den seltenen Verurteilungen nach Terrorfahndungen waren Visa-Vergehen oder andere kleinere Delikte, die mit gewalttätigen Anschlägen nichts zu tun haben.[13]

Typisch ist der Fall einer Gruppe von Jugendlichen, die im Frühsommer 2006 in Florida festgenommen wurden. Der große Fang wurde in parallelen Pressekonferenzen am 23. Juni 2006 in Miami und Washington DC verkündet. Justizminister Alberto R. Gonzales höchstpersönlich trat vor die Presse: eine „tödliche Terrorzelle“ sei ausgehoben worden, die „ Krieg gegen die Vereinigten Staaten von Amerika geplant“ habe. Die Sears Towers in Chicago und Regierungsgebäude in Washington DC hätten im Auftrag „Al Kaidas“ in die Luft gesprengt werden sollen. Die Bilder der sieben aus Haiti stammenden angeblichen Terroristen gingen durch die Presse. Das Problem dabei: Der „Al Kaida“-Kontaktmann der Gruppe war ein FBI-Agent. Die angeblich aus Jemen kommenden Anweisungen Osama bin Ladens sind vom FBI erfunden worden. FBI-Spitzel besorgten der Gruppe nicht nur eine Videokamera und mieteten ein neues – mit Überwachungskameras ausgerüstetes – Versammlungslokal, sondern erfanden auch die Eidesformel, mit der die Gruppe „Al Kaida“ die Treue schwor. Aus Miami ist keiner je herausgekommen. Eine der zahlreichen gewaltbereiten und psychisch gestörten Jugendbanden in den Slums der amerikanischen Vorstädte wurde offensichtlich mit Steuergeldern und aktiver Beteiligung des FBI über Monate in terroristische Richtung gelenkt, um unter großem medialen Getöse von der Regierung festgenommen zu werden.[14]

Dass es so wenige Prozesse gibt, ist leicht zu erklären. Die amerikanischen Staatsanwälte wollten Beweise sehen, um Anklagen zu erheben. Von den Erkenntnissen der staatlichen Terrorfahnder waren sie zumeist wenig beeindruckt. 90 Prozent der angeblichen Fälle internationalen Terrorismus, die den Gerichten vorgelegt wurden, sind 2006 schlicht ad acta gelegt worden.[15] Selbst bei der geringen Anzahl von Verurteilungen in Verfahren, die von der Regierung mit „internationalem Terrorismus“ in Zusammenhang gebracht wurden, betrug die durchschnittliche Gefängnisstrafe nur zwischen 20 und 28 Tagen.[16] Nicht gerade ein Zeichen dafür, dass es sich um hypergefährliche Verbrecher gehandelt hat.

„Die Vorstellung, dass wir von Terroristen umgeben sind, die jederzeit bereit und fähig sind zuzuschlagen, ist völlig falsch“, empörte sich Karen J. Greenberg, die Direktorin des Center on Law and Security der New York University, gegenüber der „New York Times“.[17] Die Rechtsexperten der New Yorker Universität sind 2006 insgesamt nur auf drei Fälle gekommen, bei denen es rechtskräftige Schuldsprüche wegen tatsächlicher terroristischer Handlungen gegeben hat.

Diese Statistik steht in krassem Widerspruch zu dem Klima, das die Regierung durch medial aufbereitete Festnahmen und Berichte über spektakuläre Fahndungserfolge geschaffen hat. Während sich große Teile der Öffentlichkeit beeindrucken ließen, blieb die Justiz skeptisch. Richter, die im amerikanischen System über weitreichende Entscheidungsgewalt verfügen, erwiesen sich als die wichtigste Sicherheitsbarriere des Rechtsstaates im Antiterrorkampf. Keine Erfahrung hat die strikte Gewaltenteilung derart auf die Probe gestellt wie die Forderungen der Exekutive, im Namen der Sicherheit die Rechte des Staates auszuweiten und die Möglichkeiten von Beschuldigten zu beschneiden.

Der Clash zwischen Richtern und Regierung zog sich von den Ohrfeigen des Obersten Gerichtshofes zu Guantanamo über die Zurückweisung wichtiger Anklagepunkte in den spektakulären Terrorprozessen gegen Zacarias Moussaoui, den einzigen in den USA verurteilten „Al Kaida"-Verschwörer, bis zur Aussetzung eines ganzen von George Bush veranlassten Abhörprogramms der ultrageheimen National Security Agency, NSA. Bei den zahlreichen Antiterrorverfahren, die mit einer Niederlage für die Regierung endeten, war die Begründung der Richter besonders interessant. Das Berufungsgericht in Richmond im Bundesstaat Virginia verurteilte zum Beispiel die Inhaftierung des aus Katar stammenden Ali al-Marri, der einer „Al Kaida"-Schläferzelle angehört haben soll, ohne Anklageerhebung als „feindlicher Kämpfer" als inakzeptable Verletzung der Verfassung: „Der Präsident kann den Schutz der Verfassung nicht mit einem Federstrich außer Kraft setzen, sogar dann nicht, wenn er einen kriminellen Zivilisten zum feindlichen Kämpfer erklärt, um ihn unbeschränkt in militärischer Gefangenschaft zu halten", begründete das Gericht sein Urteil. „Zu akzeptieren, dass der Präsident über eine derartige Autorität verfügt", so Richterin Diana Gribbon Motz, „hätte verheerende Konsequenzen für die Verfassung und das Land."[18] Ähnlich stellten sich Gerichte in zahlreichen anderen Fällen gegen die Regierung.

Im August 2006 erklärte Bundesrichterin Anna Diggs Taylor ein gesamtes Abhörprogramm der Regierung für verfassungswidrig, das monatelang im Zentrum heftiger innenpolitischer Auseinandersetzungen gestanden ist. George Bush hatte der National Security Agency befohlen, falls dringend nötig unter Umgehung eines Gesetzes auch ohne richterliche Genehmigung Telefongespräche oder E-Mails zwischen den USA und dem Ausland abzuhören.[19] Die „National Security Agency", kurz NSA, gehört zu den geheimsten Spionageorganisationen der USA. Ihre Haupttätigkeit lag bisher im weltweiten Abhören internationaler Telefongespräche, diplomatischer Depeschen und ganz allgemein der verschlüsselten Kommunikation bei Freund und Feind.[20] Datenströme von Millionen internationalen Telefongesprächen und E-Mails, die über etwa dreißig kommerzielle Kommunikationssatelliten in alle Teile der Welt gehen, werden mittels riesiger Parabolantennen unweit der kommerziellen Downlinks im Bundesstaat West Virginia an der Ostküste und auf einem Kasernenkomplex in Washington State an der Westküste der USA abgefangen.[21] Seit Jahren akzeptieren die Telefongesellschaften, dass die NSA die am Meeresboden zwischen Europa und den USA laufenden Glasfaserkabel anzapft. Bei E-Mails und anderen Datenübertragungen horchen die Spezialisten der NSA dank ihres Zuganges zu den wenigen weltweit tragenden Internet-Knoten mit, die fast alle in den USA liegen.[22] „Die meisten Kommunikationen passieren das elektronische Netz der NSA, ohne gehört oder gelesen zu werden", so der Geheimdienstexperte James Bamford. „Jene Nachrichten, die mit Personen zusammenhängen, die auf der Watchlist der Agency stehen, egal ob sie schuldig oder unschuldig sind, werden herausgeklaubt und näher untersucht."

Bei Nicht-Amerikanern gab es nie rechtliche Beschränkungen. Für die Bespitzelung amerikanischer Staatsbürger war die NSA jedoch gesetzlich verpflichtet, innerhalb von drei Tagen die gerichtliche Genehmigung einzuholen. Auf diese Zustimmung wollte George Bush verzichten. Eine Änderung, die in der Welt der Geheimdienste als so radikal angesehen wurde, dass der damalige Justizminister John Ashcroft die Verantwortung nicht übernehmen wollte und einige hohe NSA-Mitarbeiter aus Angst vor möglichen strafrechtlichen Folgen die Mitarbeit verweigerten.

Ein halbes Jahr nach dem Nein der Bundesrichterin vollzog die Regierung eine Kehrtwendung und akzeptierte die richterliche Kontrolle wieder.

Die amerikanischen Gerichte hatten sich wieder einmal als die wichtigsten rechtsstaatlichen Barrieren gegen die Anmaßungen der Exekutive im Antiterrorkampf George Bushs erweisen.

Weniger folgenschwer, aber dafür umso publikumswirksamer war der Widerstand gegen die Auswüchse der Überwachung aus einer Ecke, die mit zivilem Ungehorsam bisher wenig zu tun hatte: den braven amerikanischen Bibliothekaren. Sie protestierten gegen die sogenannte „Bibliotheks-Klausel" des Antiterrorgesetzes, die dem FBI unter bestimmten Bedingungen Zugang zu den Bibliotheksunterlagen verschafft, aus denen die Lesegewohnheiten der Bürger hervorgehen. Im Bundesstaat Connecticut durften vier Bibliothekare überhaupt erst nach einem langwierigen Gerichtsverfahren an die Öffentlichkeit gehen, weil der Staatsanwalt ihnen verboten hatte, darüber zu sprechen, dass das FBI in einem geheimen Antiterrorverfahren Informationen angefordert hatte.[23]

Die US-Regierung warnt mit einer gewissen Berechtigung vor der Verharmlosung der Gefahr eines hausgemachten Terrorismus. Die islamische Minderheit ist in den USA zwar viel kleiner und viel besser integriert als in Westeuropa. Man fürchtet trotzdem, dass ähnlich wie in Großbritannien aus fundamentalistischen Verschwörergruppen tödliche Terrororganisationen werden könnten. Mehrmals wurden Hassprediger aus Islamischen Zentren in verschiedenen Bundesstaaten wegen der Verherrlichung von Gewalt vor Gericht gestellt. Gelang den Behörden der Nachweis finanzieller oder organisatorischer Verbindungen zu nahöstlichen Gruppen, die als terroristisch gelten, dann waren die Strafen drakonisch. Über das Planungsstadium sind die bisher bekannt gewordenen Verschwörungen aber nie hinausgekommen: Sechs aus dem ehemaligen Jugoslawien und der Türkei stammende junge Männer im Bundesstaat New Jersey, die nach Angaben des FBI die Kaserne von Fort Dix angreifen wollten, um möglichst viele Soldaten zu töten, wurden ein Jahr lang von einem FBI-Spitzel beobachtet. Bei ihrer Festnahme im Frühjahr 2007 wollten sie sich erstmals Maschinenpistolen kaufen. Der Verkäufer kam ebenfalls vom FBI. Ein pakistanischer Staatsbürger, der 2004 plante, eine U-Bahnstation in New York in die Luft zu sprengen, wurde zu 30 Jahren Haft verurteilt. „Schuhbomber" Richard Reid, der versucht hatte, eine Passagiermaschine über dem Atlantik in die Luft zu sprengen, erhielt lebenslang. Um eine eingebildete Bedrohung handelt es sich also nicht. Die Frage ist nur, welche Mittel ein Rechtsstaat einsetzen darf, um sich und seine Bürger zu schützen.

Kraft seiner Funktion als „Kriegspräsident" ließ George W. Bush nach dem 11. September auch terrorverdächtige amerikanische Staatsbürger als „illegale feindliche Kämpfer" festnehmen. Eine symbolträchtige Abkehr von der rechtsstaatlichen Norm, obwohl es nur eine Handvoll solcher Fälle gab. Die Bezeichnung „illegale feindliche Kämpfer" bedeutete, dass die Gefangenen außerhalb des amerikanischen Rechtssystems standen, keinem Richter vorgeführt wurden und sich nicht verteidigen konnten. Ein Vorgang, den es das letzte Mal während des Zweiten Weltkrieges gegeben hatte. José Padilla, ein zum Islam konvertiertes, mehrmals vorbestraftes Mitglied puerto-ricanischer Jugendbanden aus Chicago, und der 22-jährige, von saudischen Eltern in Louisiana geborene Yasser Hamdi wurden als Kriegsgefangene im eigenen Land betrachtet. Das Justizministerium beschuldigte Padilla bei seiner Verhaftung im Mai 2002, einen Angriff gegen Washington DC mit einer schmutzigen Atombombe vorbereitet zu haben. Beide Fälle mündeten in einem juridischen Debakel für die Regierung. José Padilla musste auf Druck des Höchstgerichtes der zivilen Justiz übergeben werden, wobei vom ursprünglichen Vorwurf einer „schmutzigen Bombe" in der Anklage keine Spur mehr zu finden ist.[24] Bundesrichter Marcia G. Cooke wies viele Anklagepunkte mangels ernsthafter Beweise zurück.[25]

Yasser Hamdi, der zweite „illegale feindliche Kämpfer", lebt inzwischen friedlich bei seinen Eltern in Saudi-Arabien. Der

22-jährige amerikanische Staatsbürger war nach seiner Festnahme als Mitkämpfer der Taliban über Guantanamo ohne Prozess in ein amerikanisches Militärgefängnis gekommen.

Mutige Anwälte drangen mit ihrer berühmt gewordenen Klage „Hamdi versus Rumsfeld“ bis zum Höchstgericht in Washington DC vor. Am 28. Juni 2004 verwarfen die Obersten Richter die gesamte Argumentation der Regierung, wonach der Gefangene ohne Anklageerhebung unbegrenzt festgehalten werden konnte. „Ein Kriegszustand ist kein Blankoscheck für den Präsidenten, die Bürgerrechte zu ignorieren“, kritisierte die inzwischen abgetretene Höchstrichterin Sandra Day O'Connor in einer oft zitierten Begründung das Vorgehen des Präsidenten. Der Richterspruch stellte einen der klarsten Stoppsignale dar, die die unabhängige amerikanische Justiz für George Bushs Antiterrorkrieg aufgestellt hat. Der angeblich so ungeheuer gefährliche Yasser Hamdi wurde daraufhin ohne viel Aufsehen des Landes verwiesen und nach Saudi-Arabien abgeschoben. Er musste auf die amerikanische Staatsbürgerschaft verzichten und versprechen, dass er die USA wegen der Jahre seiner Haft nicht klagen wird. Für mehr hat die Beweislage offensichtlich nicht gereicht.

Ob Amerika sicherer geworden ist, weil der Staat unter dem Vorzeichen des „Krieges gegen den Terrorismus“ Exempel jenseits des Rechtsstaates statuiert hat, darf bezweifelt werden. Gegen die realen Gefahren von zu Gewalt neigenden radikalen Gruppen waren die normalen Ermittlungsmethoden der Polizei erfolgreich.

Die große Masse der Amerikaner fühlt sich von den Antiterrormaßnahmen nicht betroffen. Das hängt damit zusammen, dass nur sehr wenige Personen ins Visier der Fahnder kommen. Bei einer Bevölkerung von 300 Millionen fällt die von Experten im Kongress geschätzte Zahl von 5000 ohne richterlichen Befehl abgehörten Bürgern scheinbar nicht ins Gewicht. Islamische Gemeindezentren, Moscheen oder Schulen, die viel eher damit rechnen müssen überwacht zu werden als Durchschnittsamerikaner, sind Randerscheinungen der Gesellschaft.

Die USA blieben seit 2001 von Terroranschlägen verschont. Die Schreckensvision von wöchentlichen oder monatlichen „Al Kaida"-Attacken, die im Weißen Haus nach dem 11. September grassierte, erfüllte sich nicht. Dafür gab es die verheerenden Bombenanschläge von Madrid und London, in Bali und auf dem Sinai. Die Bevölkerung akzeptiert die Antiterrormaßnahmen der Regierung daher mehrheitlich als gelungene Prävention. Sogar die meisten Demokraten haben schließlich der endgültigen Bestätigung der Antiterrorgesetze des „USA Patriot Act" zugestimmt. Zu groß war die Sorge, der Vorwurf der mangelnden Entschlossenheit gegen den Terrorismus könnte sich politisch nachteilig auswirken.

Machtkämpfe zwischen lebendigen Institutionen eines demokratischen Rechtsstaates und totalitär anmutenden Tendenzen in Staat und Politik hat es in der amerikanischen Geschichte immer wieder gegeben. Senator Joseph McCarthy wurde mit seiner bedrohlichen Menschenjagd gegen Linke und Liberale in den Fünfzigerjahren von einer anfangs zögerlichen Öffentlichkeit schließlich doch in die Schranken gewiesen. Während des Kalten Krieges bespitzelte Herbert Hoovers FBI nicht nur Kommunisten, linke Liberale oder Friedensaktivisten, sondern auch den Führer der Bürgerrechtsbewegung, Martin Luther King. Trotzdem regierte nie die Angst das Land, wie das in Diktaturen der Fall gewesen wäre. Die zivile Gesellschaft war stark genug, dass mächtige Gegenreaktionen auf autoritäre Übergriffe des Staates eine neue Phase der selbstkritischen Reflexion ausgelöst haben. In der zweiten Amtszeit George Bushs hat dieser Prozess begonnen.

---

1 Agent infiltrated terror cell, US says, CNN, 10.8.2006

2 Bush: Terror Threat Remains Potent, CBS News, 5.9.2006

3 A Fight Against Terrorism – and Disorganisation, Karen De Young, Washington Post, 9.8.2006

4 Dan Eggen/John Solomon, FBI Audit Prompts Calls for Reform, 10.3.2007

5 „What's the alternative? I work under the assumption that we're never going to have perfect information – fingerprints, DNA – on 6 billion people accross the planet (...) If someone actually has a better idea, I'm all ears." Zitiert die Washington Post den für die Betreuung der berühmt-berüchtigten Liste zuständigen Russ Travers, in: Karen De Young, Terror Database has Quadrupled In Four Years, Washington Post, 25.3.2007
6 Karen De Young, Terror Database has Quadrupled In Four Years, Washington Post, 25.3.2007
7 Dead, but Still Dangerous, Washington Post, 28.3.2007
8 Keeping out more than terrorists, Economist, 10.2.2007
9 Yo-Yo Ma Plays Capitol Hill To Talk About Visa Problems, Daniel J. Wakin, New York Times, 5.4.2006
10 US Government Accountability Office, US-VISIT hat not fully met expectations and longstanding program management challenges need to be addressed, Testimony before the Subcommittee on Homeland Security, Committee on Appropriations, US House of Representatives, February 16, 2007
11 US Plans to Screen All Who Enter, Leave Country, Ellen Nakashima and Spencer S. Hsu, Washington Post, 3.11.2006
12 The FBI's Upgrade That Wasn't, $ 170 Million Bought an Unusable Computer System, Dan Eggen and Griff White, Washington Post, 18.8.2006; Audi Chritical of FBI, Contractors, Dan Eggen, Washington Post, 18.3.2006; FBI Struggling To Reinvent Itself To Fight Terror, Scott Shane and Lowell Bergmann, New York Times, 10.10.2006
13 Eine Forschergruppe der Syracuse University in New York hat 6500 angebliche Terrorismusfälle des Justizministeriums seit 2001 untersucht. Das erstaunliche Ergebnis fasst die „Washington Post" im Herbst 2006 zusammen: „Neun von 10 Terroruntersuchungen führen nicht zur Anklageerhebung, die meisten Anklagen haben nichts mit Terrorismus zu tun, und nur ein Drittel der Verfahren führen zu Gefängnisstrafen." Terrorism Prosecutions Drop, Dan Eggen, Washington Post, 4.9.2006
14 FBI Role in Terror Probe Questioned, Washington Post, 2.9.2006
15 Study Finds Sharp Drop in The Number of Terrorism Cases Prosecuted, Eric Lichtblau, New York Times, 4.9.2006
16 Study Finds Sharp Drop in the Number of Terrorism Cases Prosecuted, Eric Lichtblau, New York Times, 4.9.2006
17 Ading Up the Ounces of Prevention, Scott Shane und Lowell Bergman, New York Times, 10.9.2006
18 Carol D. Leonnig, Judges Rule Against US On Detained Combatant, Washington Post, 12.6.2007; Adam Liptak, Judges Say US Can't Hold Man as Combatant, New York Times, 12.6.2007

19 Bush Lets US Spy on Callers Without Courts, James Risen and Eric Lichtblau, New York Times, 16.12.2005

20 Big Brother is Listening, James Bamford, The Atlantic, April 2006

21 ebenda

22 Bevorzugter Knoten: MAE East, das Metropolitan Area Ethernet der Stadt Vienna im Bundesstaat Virginia und MAE West im kalifornischen San Jose, die beide vom Telekommunikationsgiganten Verizon betrieben werden. ebenda

23 Silence Is Broken in Librariens Records Case, Alison Leigh Cowan, New York Times, 31.5.2006

24 The Imperial Presidency, Dahlia Lithwick, Washington Post, 14.1.2007

25 Padilla Case Raises Questions About Anti-Terror Tactics, Dan Eggen, Washington Post, 19.11.2006

„Ground Zero“

Genau um 8 Uhr 46 ist der dumpfe Glockenton weit über das riesige Areal zwischen den Wolkenkratzern zu hören. Wie eine offene Wunde klafft das gigante Loch im Süden von Manhattan, das jetzt Baustelle ist. Hunderte Menschen drängen sich am Gitter in der Church Street und es wird sehr still. Jahr für Jahr wiederholt sich dieses Ritual. Vor fünf Jahren krachte die Boeing 767 der American Airlines mit der Flugnummer 11 in den Nordturm des World Trade Centers. Ganz vorne am Gitter stehen einige Campingsessel, auf denen eine Frau mit ihrem Kind sitzt, die dunklen Sonnenbrillen schützen die verweinten Gesichter. Eine Viertelstunde später, um 9 Uhr 03, läutet die Glocke das zweite Mal. An diesen Augenblick des 11. September 2001 können sich Millionen in der ganzen Welt erinnern: Vor laufenden Fernsehkameras raste das zweite entführte Passagierflugzeug in den Südturm des World Trade Centers.

Auf der Tribüne der New Yorker Bürgermeister Michael Bloomberg, der Gouverneur des Bundesstaates New York, George Pataki, und andere Würdenträger. George Bush, der seine ganze Präsidentschaft unter das Vorzeichen der Anschläge des 11. September gestellt hat, ist an diesem fünften Gedenktag 2006 allgegenwärtig. Er beginnt den Tag mit Feuerwehrleuten in New York, dann fliegt er nach Pennsylvania, wo die vierte Maschine abgestürzt ist, und nimmt schließlich an einer Zeremonie vor dem Pentagon teil.

In New York lesen Angehörige der Getöteten die Namen der Opfer. Es ist eine Zeremonie, die sich jedes Jahr wiederholt und Amerika dank der Live-Berichte des Fernsehens stets von Neuem in ihren Bann schlägt. Besucher aus aller Welt sind da. Dudelsackmusik ertönt. Viele haben Tränen in den Augen. Angehörige halten einander an den Schultern, eine Familie presst Fotos an das Gitter.

Aber schon auf der anderen Straßenseite ist von der offiziellen Schweigeminute nichts zu merken. In Lower Manhattan werden wieder hervorragende Geschäfte gemacht. Während sich die Trauernden an den Händen halten und gebannt auf das aus dem Schutt gebaute Stahlkreuz in der Baugrube blicken, strömen unbeeindruckt die Käufer in das direkt daneben gelegene Discount-Kaufhaus „Century 21". Der hektische Alltag New Yorks erlaubt keinen Augenblick des Innehaltens. Von der Tribüne erklingt die amerikanische Nationalhymne, da lösen die provokativen Transparente einer kleinen Gruppe von Demonstranten ein Gerangel aus: „The Bush regime engineered 9/11", ist zu lesen, „Das Bush-Regime hat den 11. September organisiert". „Investigate 9/11", „Untersucht den 11. September!", steht auf den T-Shirts. Die Verschwörungstheoretiker der „9/11-Wahrheitsbewegung" inmitten der trauernden Angehörigen, und direkt daneben die völlig unbeteiligt wirkenden Passanten auf dem Weg zum Schnäppchen: Ein Bild, das typischer nicht sein könnte für die vielfältige Realität Amerikas Jahre nach den Anschlägen. Amerika ist so bunt, so dynamisch und widersprüchlich wie eh und je. Aber es kann sich aus dem Bann des 11. September nur schwer befreien.

Nur langsam lösen sich die Menschen aus der Erstarrung.

Ground Zero, der Ort, an dem einst die Zwillingstürme des World Trade Centers gestanden sind, ist inzwischen Gedenkstätte und Touristenattraktion zugleich. Straßenverkäufer bieten Fotos in allen Größen an, Lower Manhattan mit und ohne Zwillingstürme. Oder eine Fotomontage, wie die Skyline 2010 aussehen soll, wenn der Wiederaufbau beendet ist und der von Stararchitekt Daniel Libeskind geplante Freiheitsturm selbst die kühnen gestürzten Twin Towers an Höhe übertreffen soll.

Die Familie neben mir kommt aus West Virginia. Patrick ist schwarz, seine Frau Paula weiß. Gemischte Paare sind nach wie vor selten in den USA. Patrick wirkt besonders betroffen: „Man wird ganz demütig. So viele Menschen sind hier gestorben, wofür eigentlich?" Ob er sich jetzt sicherer fühlt, nach den riesigen Ausgaben der Regierung zum Schutz vor Terrorangriffen? „Unser Sicherheitsgefühl war doch immer schon falsch", befindet Patrick. „Aber wenn man hier entlanggeht, dann scheint alles so normal. Wir vertrauen Jesus Christus, er ist unsere Stärke, daran ändert sich nichts." Paula ist sich sicher: „Irgendwann werden sie wieder angreifen. Davon gehe ich aus." Ein Passant schaltet sich ein. Mike stellt sich als Bankangestellter aus New York vor. „Wollen Sie eine ehrliche Antwort? Ich glaube nicht, dass wir sicherer sind als 2001. Wahrscheinlich sind die Terroristen längst im Land, so wie damals. Sie werden wieder zuschlagen. Wir können nur unser Bestes tun, ihnen das so schwer wie möglich zu machen."

Auf diesen Fatalismus stößt man in New York nicht selten. Ganz besonders bei jenen, die den schwarzen Tag selbst erlebt haben.

In Maiden Lane, einer Seitengasse von Church Street, liegt im achten Stock die kleine Buchbinderei von Mitchel Diamond. Nach der Katastrophe musste er die Firma zusperren. Monatelang kämpfte er um das wirtschaftliche Überleben. Mitchel Diamond ist stolz, dass er anders als viele benachbarte Geschäftsleute durchgehalten hat. Er kann sich noch an die kleinsten Details dieses fatalen Tages erinnern. Fein säuberlich hat er alle Fotos, die er damals geschossen hat, in einer Mappe gesammelt.

„Es war ein Reflex", erinnert sich Mitchel Diamond. „Ich hatte die Kamera rein zufällig dabei, als ich vom Dach etwas holen wollte. Plötzlich war da ein riesiger, immer größer anschwelender Lärm. Ich bekam richtig Angst. Plötzlich ein lautes Quietschen, da muss Mohammed Atta das Flugzeug beschleunigt haben. Plötzlich totale Ruhe. Und dann die Explosion über alle Dächer hinweg, als die Maschine eingeschlagen hat. Ein Feuerball hat mich zu Boden geschleudert. Es begann Schutt und Asche zu regnen, und ich bin ins Büro gelaufen."

Mitchel Diamond war zwei Häuserblocks vom World Trade Center entfernt. Er führt uns auf die Dachterrasse, inmitten der ungeheuren Häuserflucht von Lower Manhattan. In allen Himmelsrichtungen: riesige Wolkenkratzer. „Als das World Trade Center noch gestanden ist, da haben diese Gebäude alle klein ausgesehen. Die Türme haben einfach alles überragt." Auf den Fotos, die er uns zeigt, sind die kleinen Flecken zu sehen, die er als die herabstürzenden Körper identifiziert. „Der Tag wurde zur Nacht. So schwarz war es von all dem Russ und Rauch, dass man absolut nichts mehr gesehen hat. Kein guter Tag."

Die „New York Times" hat erst Mitte 2005 per Gerichtsbeschluss erzwungen, dass Dokumente und Aufzeichnungen veröffentlicht werden, die nicht nur den Heroismus der Retter zeigen, sondern auch das furchtbare Chaos dieses Tages. Hilflosigkeit der Einsatzkräfte, einander widersprechende Anweisungen und vor allem fehlende Kommunikation haben die Hilfsmaßnahmen schwer beeinträchtigt.[1] Die bisher wenig bekannte schrecklichste Erkenntnis war, dass viele der 343 am 11. September 2001 umgekommenen Feuerwehrleute wahrscheinlich nicht hätten sterben müssen. Bei dem Versuch, das Feuer zu löschen und Überlebende aus den brennenden Gebäuden zu bringen, sind die Warnungen vor einem drohenden Kollaps untergegangen. Noch während der Südturm des World Trade Centers in sich zusammenbrach, versuchten Hunderte Feuerwehrleute in den Nordturm hinaufzukommen, um die eingeschlossenen Menschen zu retten und den Brand zu bekämpfen. Den Evakuierungsbefehl haben sie überhört, weil die Funkgeräte nicht richtig funktionierten und es zwischen Feuerwehr und Polizei keine funktionierenden Kommunikationskanäle gab.

Rudolph Giuliani, damals charismatischer New Yorker Bürgermeister und für den Rest Amerikas einer der Helden des 11. September, ist als oberster Verantwortlicher für viele Feuerwehrleute daher ein rotes Tuch.[2]

Am südlichen Ende von Ground Zero besuchen wir die Feuerwehrstation, die dem World Trade Center am nächsten lag.

Feuerwehr-Captain Engel erzählt, dass die Besatzung der Station schwer getroffen wurde: „Sechs Kameraden haben wir verloren, es war völliger Zufall, wer überlebt hat und wer nicht.“ Die verheerenden Probleme, die zu so vielen Opfern geführt haben, gibt der Captain offen zu: „Unsere Funkgeräte waren nicht die tollsten. Sie waren auch nicht schrecklich schlecht, aber sie haben dazu beigetragen, dass viele Leute den Befehl ‚raus aus dem Turm‘ nie gehört haben.“

Seither hat sich viel verändert in New York. Es gibt neue Funkgeräte für die Feuerwehr, die Kommunikation zwischen den Behörden hat man verbessert.

Als 2005 der vierte Jahrestag begangen wurde, da lag eine andere Katastrophe nur wenige Tage zurück: An der Südküste der USA sind die Behörden von Hurrikan „Katrina“ neuerlich völlig unvorbereitet getroffen worden. Tagelang hatten die Fernsehsender Millionen Amerikanern Bilder von Elend und Hilflosigkeit ins Haus geliefert, die man sonst nur aus der Dritten Welt kennt. Amerika begann eine Phase schmerzlicher Gewissenserforschung, und die Politiker, die am Jahrestag Ground Zero besuchen, wurden mit vielen unangenehmen Fragen konfrontiert.

Rudolph Giuliani, der als einer der populärsten Politiker des Landes seine Kandidatur bei den nächsten Präsidentschaftswahlen vorbereitete, wurde von den Journalisten besonders bedrängt.

„Zeigen die Erfahrungen von New Orleans nicht, wie wenig die Behörden auf so große Katastrophen nach wie vor vorbereitet sind?“, wollte ich wissen.

„Warten Sie doch ab mit der Kritik am Krisenmanagement im Hurrikangebiet“, wehrte Giuliani ab. „Auch nach dem 11. September hat man nicht sofort begonnen zu kritisieren. Erst mit gebührendem Abstand gab es eine Untersuchungskommission, die uns gesagt hat, was richtig gelaufen ist und was falsch war, damit man aus den Erfahrungen die richtigen Lehren zieht.“ Wobei Rudolph Giuliani das Glück hatte, dass er im Gegensatz von den „Katrina“-Verantwortlichen von den Ermittlern der 9/11-Untersuchungskommission nach deren eigenem Eingeständnis mit Samthandschuhen angefasst wurde.[3] Erst 2007 gaben die New Yorker Stadtväter erstmals auch schwere Unterlassungen während der Aufräumungsarbeiten zu. Weder Rudolph Giuliani noch die meisten Feuerwehrleute und Bauarbeiter schützten sich vor dem giftigen Staub mit Gesichtsmasken. Schwere gesundheitliche Probleme waren die Folge, die zu einer Sammelklage von Tausenden Einsatzkräften gegen die Stadt führten. Das reale Erbe ist bitterer, als die heroische PR-Version des 11. September vermuten lässt.

Dass die Regierung in Washington aus den Erfahrungen die richtigen Lehren gezogen hat, bezweifeln auch zahlreiche Angehörige von Opfern. Mary Fetchets ältester Sohn Brad ist im Südturm des World Trade Centers umgekommen, er hat in einer Bank gearbeitet. Sie ist als Vorsitzende der Gruppe „Voices of September 11th" mit anderen Angehörigen Hunderte Male nach Washington gereist, um von Regierung und Kongress ein verbessertes Krisenmanagement zu fordern. Nicht zuletzt auf den Druck ihrer Gruppe war es zurückzuführen, dass die zögernde Regierung Bush schließlich doch der Bildung einer unabhängigen Untersuchungskommission zum 11. September zugestimmt hat. Mary Fetchet ist eine selbstbewusste Frau und kein Einzelfall. Nicht Hurrapatriotismus, sondern Zivilcourage bestimmt nach dem verheerenden Verlust das persönliche Engagement zahlreicher „Survivor", die dabei auch so manche Auseinandersetzung mit der Obrigkeit nicht scheuen.

„Gegen 9 Uhr hat mein Sohn Brad meinen Mann von seinem Büro aus angerufen, um ihn zu beruhigen", erzählt uns Mary Fetchet bei einem Spaziergang über den Washington Square, „da hatte das erste Flugzeug bereits im Nachbarturm eingeschlagen. Er sah, wie die Menschen aus dem 90. Stock in die Tiefe gesprungen sind. Sein eigenes Büro war im 89. Stock und die Anweisung lautete: sich ruhig verhalten und am Arbeitsplatz bleiben."

An diese Anweisung hat er sich gehalten, und das hat ihm das Leben gekostet.

„Klar, wenn es ein funktionierendes Kommunikationssystem gegeben hätte, wäre er noch am Leben. Ich weiß von Leuten in höheren Stockwerken, die überlebt haben, weil sie entgegen den Anweisungen das Gebäude sofort verlassen haben."

Die letzte Botschaft des Sohnes auf ihrem Anrufbeantworter ist das Einzige, was ihr geblieben ist. Der Eindruck, dass die schlechten Sicherheitsvorkehrungen am Tod des Sohnes mit schuld waren, hat Mary Fetchet dazu gebracht, ihre ganze Energie für verbesserten Heimatschutz durch die Regierung in Washington einzusetzen. Sie hat das Gefühl, dass sie das ihrem Sohn schuldig ist.

Seit den Anschlägen ist viel Zeit verstrichen.

„Haben diese Jahre geholfen, den Schmerz des Verlustes zu heilen?"

Mary Fetchet schüttelt den Kopf: „Für Eltern sind Kinder durch nichts zu ersetzen, der Prozess der Trauer ist schwer. Vor allem, weil wir gar nichts mehr haben. Nur 200 Leichen wurden gefunden. Fünf Mal hat man uns gesagt, dass Überreste unseres Sohnes identifiziert wurden, aber bis heute sind das nicht einmal 5 Prozent seines Leichnams."

Trotz der wachsenden zeitlichen Distanz bleiben die Anschläge des 11. September die bestimmende Erfahrung für die USA. Die beiden Amtszeiten George W. Bushs sind ohne die zentrale Rolle, die der Präsident in den Tagen danach gespielt hat, nicht zu verstehen. Bushs Unsicherheit in den ersten Stunden hatten die meisten Amerikaner bald vergessen. In Erinnerung ist, wie der Präsident drei Tage später in grauer Windjacke mit dem Megafon in der Hand durch die Trümmer von „Ground Zero" geschritten ist. Unterbrochen von trotzigen „USA, USA"-Rufen Tausender Helfer brachte Bush genau die Botschaft, die die Nation vernehmen wollte.

„Ich kann euch hören", hatte George Bush über die Wüste aus zerborstenen Stahl- und Betonstücken, unter denen man noch Überlebende vermutete, gerufen. „Der Rest der Welt hört euch.

Und die, die diese Gebäude niedergeworfen haben, werden bald von uns hören."

Mit dem Versprechen, aus dem Desaster einen Befreiungsschlag zu machen, traf der Präsident die Stimmungslage der Nation. „Unsere Verantwortung vor der Geschichte ist klar. Wir werden auf diese Angriffe die Antwort geben und die Welt vom Bösen befreien."

Den bevorstehenden Krieg gegen den Terrorismus beschrieb Bush in diesem emotionalen Augenblick als zeitlich nicht begrenzt.

„Dieser Konflikt begann zu einem von anderen gewählten Zeitpunkt und unter von anderen gewählten Bedingungen. Wie er zu Ende geht und wann er zu Ende geht, werden wir entscheiden."

Nie wieder wird es George W. Bush gelingen, den Amerikanern so präzis aus dem Herzen zu sprechen. Der Gegensatz von „gut" und „böse" passte in diese Tage. Später wurde daraus eine quasi theologische Weltsicht, die keine Schattierungen zuließ. Der Vorwurf, er habe das von 9/11 herrührende politische Kapital missbraucht, vor allem im Irak, wird zu den Vorwürfen gehören, die Bush am schwersten getroffen haben.

Der Alltag der meisten Menschen in den USA ist nach dem 11. September 2001 gleich geblieben. Aber das Selbstverständnis des Landes und die Sicht der Bürger auf die Welt haben sich verändert. Nach den Clinton-Jahren, in denen die USA vor allem mit sich selbst beschäftigt waren, wandte die alleinige Supermacht Amerika ihre ungeheure Energie wieder nach außen. Die Politik des Landes ist seither wie besessen von einem einzigen Thema: der nationalen Sicherheit. Wie aus einem anderen Zeitalter wirken die fernen Neunzigerjahre, als die US-Regierung unter Bill Clinton beim Engagement im Ausland bremste. Zu den Interventionen auf dem Balkan oder in Haiti musste die Supermacht damals von Freunden und Verbündeten gedrängt werden. Als Präsidentschaftskandidat plädierte George W. Bush für größere Bescheidenheit in der Außenpolitik. Mit dieser Zurückhaltung ist es seit dem 11. September 2001 vorbei.

Im Unterschied zu anderen welthistorischen Ereignissen, deren Tragweite erst viel später klar wurde, sind die zusammenbrechenden Zwillingstürme in New York vom ersten Augenblick an zum Symbol einer politischen Zeitenwende geworden. Die meisten internationalen Fernsehsender hatten längst ihre Sondersendungen begonnen, als die Türme in sich zusammenstürzten. Der Verdacht, dass islamisch-fundamentalistische Terroristen hinter diesem Anschlag stehen, lag auf der Hand. Die Welt begann sich zu fragen, in welche Richtung eine außenpolitische Neuorientierung der USA gehen würde. Welche Folgen für die Welt sind zu erwarten? Das waren die Fragen, die wir an jenem Tag stundenlang in den Live-Sendungen des Fernsehens diskutierten.

Wie stark die Veränderungen in der Weltpolitik aufgrund der Ereignisse dieses Tages sein werden, wollte ich von Hugo Portisch, dem erfahrensten Meister der außenpolitischen Berichterstattung im Fernsehen, in einer nächtlichen Sondersendung des ORF am 11. September 2001 wissen?

„Die Weltpolitik wird nicht mehr dieselbe sein“, wusste Hugo Portisch, „weil die Amerikaner nicht mehr dieselben sind. Der amerikanische Präsident wird reagieren müssen, der öffentliche Druck wird riesig werden. Sind diese Reaktionen unüberlegt, dann ist es möglich, dass sich die Europäer sehr rasch von der gegenwärtigen Solidarität mit Amerika abwenden. Das Grundproblem liegt im Nahen Osten, das müssen die Amerikaner erkennen. Zeigen die USA jetzt Führungskraft, bewahren sie ruhiges Blut und demonstrieren sie, dass sie mit solchen Situationen fertig werden können, dann könnten sie zu einer echten, weltweit akzeptierten Führungsmacht werden.“

Noch in den ersten Monaten nach den Anschlägen schien es, als ob die USA entschlossen wären, gemeinsam mit ihren internationalen Partnern zu agieren. Die Intervention in Afghanistan zur Vertreibung des fundamentalistischen Taliban-Regimes, das „Al Kaida“-Kommandos Schutz gewährte, wurde weltweit begrüßt. Doch schon ein Jahr später spalteten die Vorbereitungen zur Invasion des Irak die internationale Gemeinschaft.

Zwei Kriege, in Afghanistan und im Irak, haben die USA seither geführt. Nie zuvor erschienen die weltumspannenden imperialen Ziele Washingtons so offensichtlich wie in der Reaktion auf die Anschläge des 11. September.

Zur Verteidigung der nationalen Sicherheit der USA kann ein Präsident unbeschränkte Machtmittel beanspruchen, so lautet die Interpretation des Weißen Hauses. Linke Kritiker wie der Linguist Noam Chomsky werfen Bush dagegen eine „imperiale Präsidentschaft" vor, in der der demokratische Spielraum gezielt eingeschränkt wird.[4]

Dementsprechend sprießen auch die Verschwörungstheorien, die trotz der zahlreichen Untersuchungen, die es seither gegeben hat, nicht auszurotten scheinen – auch in der Bevölkerung der Vereinigten Staaten.

2006 ergab eine Umfrage, dass bis zu 36 Prozent der Amerikaner den Verdacht für gerechtfertigt halten, die eigene Regierung habe etwas mit den Anschlägen zu tun.[5] Diese erstaunlich große Zahl ist Ausdruck eines weitverbreiteten Misstrauens gegenüber der staatlichen Obrigkeit, das in der amerikanischen Bevölkerung genauso häufig anzutreffen ist wie unreflektierte nationale Begeisterung.

Die Popularität von Verschwörungstheorien hat in den USA Tradition. Nicht wenige Amerikaner sind davon überzeugt, dass die NASA nie auf dem Mond gelandet ist und Neil Armstrong seinen Mondspaziergang im Raumanzug in Wirklichkeit in einem fernsehgerechten Studio gemacht hat. Noch viel mehr Menschen glauben, dass John F. Kennedy nicht von Lee Harvey Oswald erschossen wurde, sondern Opfer eines vertuschten Mordkomplottes der eigenen Geheimdienste war.

Ähnlich verbreitet sind die krausen Theorien rund um den 11. September 2001, die in Büchern, Videos und Internetuntersuchungen rund um die Welt gehen. Die bekannteste These lautet, eine Rakete unbekannten Ursprungs und nicht die Boeing 757 des „American Airlines"-Fluges 77 habe das Pentagon getroffen. Nicht die entführten Flugzeuge hätten das World Trade Center zum Einbruch gebracht, die Türme seien gesprengt worden. Die Maschine der „United Airlines", die auf dem Flug von Newark nach San Francisco entführt wurde und in Pennsylvania abgestürzt ist, ist nach Überzeugung der Verschwörungstheoretiker sowieso von der US-Luftwaffe abgeschossen worden. Literatur, die nachweisen will, dass Präsident Bush, Vizepräsident Dick Cheney oder andere die amerikanische Regierung manipulierende dunkle Kräfte hinter 9/11 stehen, findet sich auf Büchertischen der kalifornischen Grünen und in linken Buchhandlungen. Das Standardwerk der Verschwörungstheoretiker „The New Pearl Harbour", bezeichnenderweise verfasst von einem pensionierten Theologieprofessor, David Ray Griffin, wurde in zahlreiche Sprachen übersetzt.[6]

In vielen Teilen der islamischen Welt gilt das groteske Gerücht als unumstößliche Tatsache, dass jüdische Mitarbeiter im World Trade Center an jenem fatalen 11. September 2001 aufgrund einer mysteriösen Warnung nicht zur Arbeit erschienen seien. Bei derart starken fixen Ideen tut sich die Wirklichkeit schwer. Auch die große Zahl jüdischer Opfer, die sich aus der langen Namensliste der Toten des World Trade Centers unschwer ablesen lässt, hat die verleumderische Behauptung nicht aus der Welt geschafft.

Verschwörerische Untertöne finden sich sogar in der prämierten Anti-Bush-Dokumentation „Fahrenheit 911" des Filmemachers Michael Moore, der die engen Beziehungen der Familie Bush zum saudischen Königshaus ins Zentrum stellt. Moore prangert die bevorzugte Behandlung saudischer Prinzen und Prinzessinnen in den Tagen nach dem Angriff an, als andere Araber in den USA zu Tausenden festgenommen wurden. Doch manchmal greift die Frage „Cui bono?", „Wem nützt es?" doch zu kurz. Und auch Michael Moore unterstellt der Regierung Bush ja nicht wirklich eine Komplizenschaft mit den Attentätern, es bleibt, wie so oft, bei vagen Andeutungen.

Verschwörungstheoretiker ziehen scheinbar logische Schlüsse aus dem Chaos, der behördlichen Inkompetenz und den Zufällen, die es in jeder Katastrophe gibt, und sehen darin den Ausdruck eines fehlerfrei aus dem Hintergrund agierenden Machtzentrums. Dieser geheimnisvollen Organisation wird eine derartige Manipulationsfähigkeit zugeschrieben, dass sie fähig gewesen sein muss, Tausende Tonnen Sprengstoff unbemerkt in das World Trade Center zu bringen und 64 Insassen der angeblich doch nicht in das Pentagon geflogenen Boeing 757 der „American Airlines" einfach zum Verschwinden zu bringen. Mit gutem Grund führen regierungskritische Intellektuelle einen publizistischen Feldzug gegen die drohende geistige Verseuchung kritischer Geister mit derart okkultistischem Gedankengut.[7]

Die detaillierte praktische Auseinandersetzung mit der These des „Inside Jobs" übernahm im Internet ein „Counter-Misinformation Team" des State Departments und das Nationale Institut für Standards und Technologie.[8]

Tatsächlich ist der Umkreis der Anschläge des 11. September 2001 minutiös untersucht worden. Der spannend geschriebene Abschlussbericht der unabhängigen 9/11-Untersuchungskommission unter dem Vorsitz des Republikaners Thomas H. Kean und seines demokratischen Co-Vorsitzenden Lee H. Hamilton wurde durch seine schonungslose Aufdeckung von Inkompetenz und Chaos bei den Behörden zum Bestseller.[9]

Das Weiße Haus hatte sich lange Zeit mit Händen und Füßen gegen eine derartige Einrichtung gewehrt, die keiner politischen Kontrolle unterlag. Schließlich mussten aber auch Präsident und Vizepräsident den fünf republikanischen und fünf demokratischen Kommissaren stundenlang Rede und Antwort stehen.

Die Transkription blieb jedoch geheim. Nur rudimentär bekannt sind daher bis heute die Vorgänge innerhalb der Staatsspitze. Was der Präsident genau getan hat an diesem Tag, welche Kommunikation es mit dem Krisenstab im Weißen Haus gegeben hat und welche Entscheidungen auf höchster Ebene getroffen wurden, wurde im Detail nicht veröffentlicht. Aus Staatsräson hat sich die 9/11-Kommission bei diesen politisch sensiblen Fragen zurückgehalten. Die schonungslose Härte, mit der die Kommissare auf allen anderen Ebenen nachgefragt haben, macht ihren Bericht trotzdem zu einem Meilenstein im Umgang mit Fehlern staatlicher Behörden im Krisenfall.

2004 wurden die Erinnerungen des langjährigen Anti-Terror-Chefs im Weißen Haus, Richard Clarke, zu einem Frontalangriff gegen die Anti-Terrorpolitik des Präsidenten.[10] Der entscheidende politische Vorwurf, mit dem sich George Bush dabei konfrontiert sah, lautete, dass nach dem Abgang der Clinton-Administration die neuen republikanischen Herren im Weißen Haus die Sorge vor „Al Kaida" bis zum Tag des Anschlages für eine Marotte der verachteten Vorgängerregierung hielten. Ausdruck dieser Ignoranz war der ungewöhnlich lange Urlaub des Präsidenten im Sommer 2001, in dem er sich auch durch die zunehmend nervösen Warnungen der Geheimdienstleute nicht stören ließ. Die Überschrift des berühmt gewordenen Sicherheits-Briefing vom 6. August 2001, das ein CIA-Mitarbeiter George W. Bush auf seiner Ranch im texanischen Crawford überreichte, lautete: „Bin Laden Determined To Strike in US", „Bin Laden entschlossen zu einem Schlag in den USA". Ob der urlaubende Bush die spektakuläre Warnung einen Monat vor den Anschlägen überhaupt gelesen hat, ist unklar.

Das Chaos des 11. September machte auf jeden Fall auch vor der höchsten amerikanischen Staatsspitze nicht halt. Das lässt sich aus den Bewegungen von Präsident und Vizepräsident ablesen. Das Bild des ziemlich fassungslosen Präsidenten in der Volksschule des Städtchens Sarasota in Florida, als ihm sein Stabschef Andrew Card die Hiobsbotschaft „America is under attack" ins Ohr flüstert, ist den Amerikanern in Filmen und Fernsehdokumentationen wieder und wieder gezeigt worden. Es steht in scharfem Kontrast zum entschlossenen Auftritt George Bushs wenige Tage später mit dem Megafon auf den Trümmern des World Trade Centers, der den Präsidenten zum Symbol des trotzigen Widerstandswillens Amerikas gemacht hat. Am Tag des Angriffs selbst, das haben die Ermittler klar belegt, herrschte vor allem Durcheinander. Die Wagenkolonne mit dem Präsidenten auf dem Weg von der Volksschule zu „Air Force One" fuhr zuerst in die falsche Richtung. Eine sichere Verbindung mit dem Krisenstab im Bunker des Weißen Hauses war nicht herzustellen.

George Bush musste schließlich über ein normales Handy mit Vizepräsident Dick Cheney telefonieren. Er gab Cheney das grüne Licht, im Notfall auch den Abschuss entführter Passagiermaschinen zu genehmigen. Einen solchen Befehl hat Cheney auch tatsächlich gegeben. Nach Erkenntnis der 9/11-Untersuchungskommission kam diese Anweisung erst zu einem Zeitpunkt, als die letzte Maschine, „United"-Flug Nummer 93, der ins Kapitol hätte gelenkt werden sollen, bereits über Pennsylvania abgestürzt war. Man habe Angst vor Fehlreaktionen gehabt, sagte der Luftwaffenchef vor der Kommission, und den Befehl daher nicht weitergeleitet. Niemand wusste, wie die Piloten reagieren würden, wenn sie erfahren, dass sie möglicherweise eine vollbesetzte Passagiermaschine abschießen müssen. Aber da war kein entführtes Flugzeug mehr in der Luft. Die Verfassungsmäßigkeit des ganzen Vorganges gehört zu den Fragen, die Kritikern zu wenig untersucht wurde.[11] Das Image Dick Cheneys als graue Eminenz hinter umstrittenen Entscheidungen der Regierung hat sich durch diese Episode weiter gefestigt.

Der Kampf der unabhängigen Kommission um Informationen aus den mächtigen Sicherheitsbürokratien in Washington war eine Geschichte für sich: Die Flugsicherheitsbehörde FAA ebenso wie die Luftwaffe präsentierten den Ermittlern zuerst eine derart geschönte Version ihres Einsatzes am 11. September 2001, dass die Gerichte angerufen wurden. Schließlich stellte sich heraus, dass NORAD, das „North American Aerospace Defence Command", die zuständige Kommandozentrale für die Ostküste, die ersten Kampfflieger in die falsche Richtung über den Atlantik geschickt hatte, weil man nicht wusste, von wo die Gefahr drohte.[12]

Die wichtigste Frage für die Kommission war, warum FBI und CIA die Attentäter, die sich zum Teil mehrere Monate in den USA auf ihre Mission vorbereiten konnten, nicht vorher unschädlich gemacht haben. Die Antwort lautete: mangelnde Wachsamkeit, durch die Warnsignale übersehen wurden, und ein verheerendes Versagen bei der Kommunikation zwischen den Behörden. Zwischen CIA und FBI, Nachrichtendiensten und Polizeiorganen gab es so gut wie keinen Informationsaustausch über Terroristen. Zwei der Attentäter waren dem CIA als gefährliche „Al Kaida"-Mitglieder bekannt. Dass sie sich auf amerikanischem Boden befanden, erfuhr das FBI aber viel zu spät. Die Warnungen von FBI-Agenten über verdächtige Flugschüler wurden von den Chefs ignoriert. Alle großen Maßnahmen zu Reform und Ausbau der Sicherheitsdienste seit 2001, von verschärften Grenzkontrollen bis zu den riesigen Antiterrorlisten, sind eine Reaktion auf das Versagen der Behörden in der Vorbereitungsphase der Anschläge.

Wäre es möglich gewesen, die Angriffe bei größerer Wachsamkeit in den amerikanischen Polizeibürokratien und entsprechender politischer Schwerpunktsetzung zu verhindern? Die beiden Vorsitzenden der 9/11-Untersuchungskommission, der Republikaner Thomas H. Kean und der Demokrat Lee H. Hamilton, haben diese Frage erstaunlicherweise nie eindeutig verneint, was man von staatstragenden Ex-Politikern eigentlich erwartet hätte. Der Druck auf die Politik, in punkto Schutz vor Terroristen in Zukunft alles viel besser zu machen, ist durch diese bewusste Unbestimmtheit zusätzlich gestiegen.

Die politischen Folgen der Anschläge des 11. September waren dramatisch. Für die USA ebenso wie für den Rest der Welt. Eine Konsequenz, die sich nicht nur mit der großen Zahl der Opfer und der Symbolbedeutung der Ziele erklären lässt. Auch Spanien und Großbritannien, Italien und Deutschland, Indien oder Russland sind Opfer grauenhafter terroristischer Anschläge gewesen. Zu einem jahrelangen „Kriegszustand" haben blutige Überfälle und Massaker aber nicht geführt.

Der Unterschied liegt in einer Reihe von Besonderheiten der Anschläge von New York und Washington. Amerika ist an diesem 11. September auf dem eigenen Territorium scheinbar aus heiterem Himmel attackiert worden. Die Angreifer waren Feinde, von denen die meisten Amerikaner noch nie etwas gehört hatten. Die USA wussten, dass sie alleinige Supermacht waren und sowohl über die stärkste Armee als auch die teuersten Geheimdienste verfügten. Aber auf den Feind „Al Kaida" war man absolut nicht vorbereitet gewesen. Der Tag war ein furchtbares Waterloo für das gesamte bisherige Sicherheitsdenken. Das Land erfuhr, dass es in der CIA-Zentrale in Langley, nicht weit von Washington DC, zwar noch viele Russlandexperten aus der Zeit des Kalten Krieges gab, aber sehr wenige Kenner der arabischen Welt. Kein einziger CIA-Agent war mit Paschtu, Tadschikisch oder Urdu vertraut, den Sprachen der Region, in der „Al Kaida" die Zentrale hatte. Für die 30 Milliarden Dollar, die jedes Jahr aus dem Bundesbudget in die verschiedenen Geheimdienste fließen, wurden zwar die teuersten Geräte mit den größten Abhörkapazitäten des Globus angeschafft, aber niemand wusste, was mit der riesigen Menge der gesammelter Daten zu tun sei. Dieses Gefühl der Verwundbarkeit Amerikas, das am 11. September manifest wurde, wirkt bis heute nach und erklärt das Gefühl der permanenten Bedrohung.

Die amerikanische Führung hat in rasender Geschwindigkeit manch alte Dogmen über Bord geworfen und eine tiefgreifende Umorientierung der gesamten Politik des Landes vorgenommen. Von nun an stand alles unter dem Vorzeichen des von George W. Bush proklamierten „Krieges gegen den Terrorismus". Konnte man anfangs noch an eine rhetorische Floskel glauben, nach dem Beispiel des „Krieges gegen die Armut" der Sechzigerjahre oder des „Krieges gegen Drogen" unter Ronald Reagan, so sollte sich bald herausstellen, wie bitter ernst die Regierung es meinte.

Der Begriff selbst ist Gegenstand von Hohn und Spott der politischen Gegner. Terrorismus bezeichnet militärtechnisch keinen konkreten Feind, sondern eine bestimmte Methode der Gewaltanwendung. „Terror ist eine Technik, um Menschen zu töten, die ein Kommandant anwendet oder nicht. Genauso wie der Blitzkrieg", spottete der demokratische Außenpolitikexperte Zbigniew Brzezinski. Franklin D. Roosevelt habe aber aus gutem Grund den Nazis den Krieg erklärt und nicht dem Blitzkrieg. „Gegen eine Taktik führt man keinen Krieg."[13]

Das Konzept des „Krieges gegen den Terrorismus" hat sich trotzdem durchgesetzt. Der politische Nutzen für die Regierung lässt sich nicht leugnen. Der Begriff des „Antiterrorkrieges" ist vage genug, um sowohl die Überwachungsmaßnahmen im Inneren als auch die Militäreinsätze nach außen abzudecken. Von den iranischen Mullahs über friedliche Demonstranten bis zum Präsidenten Venezuelas konnten die Gegner der Administration publikumswirksam ins terroristische Eck gestellt werden. Der Preis, der dafür im politischen Diskurs gezahlt wurde, war hoch.

---

1 Jim Dwyer, Kevin Flynn, Ian Urbina, The September 11 Archive, The Records, Vast Archive Yields New View of 9/11, New York Times, 13.8.2005

2 Michael Wilson, Among Firefighters in New York, Mixed Views on Giuliani, New York Times, 17.6.2007

3 Thomas H. Kean, Lee H. Hamilton, Without Precedent, The Inside Story of the 9/11 Commission, New York 2006; für eine Fundamentalkritik an Giuliani siehe: Wayne Barrett, Dan Collins, Grand Illusion: The Untold Story of Rudy Giuliani and 9/11, New York 2006

4 Noam Chomsky, Imperial Presidency, Strategies to control the ‚great beast', in: Z Magazine, February 2005

5 Thomas Hargrove, Guido H. Stempel III, Anti-government anger spurs 9/11 conspiracy belief, NewsPolls.Org, 2.8.2006, Scripps Survey Research Center, Ohio University

6 David Ray Griffin, The New Pearl Harbour. Disturbing Questions About the Bush Administration and 9/11, Northampton, Massachusetts 2004

7 Alexander Cockburn, The Conspiracy that wasn't, Le Monde Diplomatique, Dezember 2006; Michael Powell, The Disbelievers, Washington Post, 8.9.2006

8 http://wtc.nist.gov; http://usinfo.state.gov/media/misinformation.html; Jim Dwyer, 2 US Reports Seek to Counter Conspiracy Theories About 9/11, New York Times, 2.9.2006

9 The 9/11 Commission Report, Final Report of the National Commission on Terrorist Attacks upon the United States, New York

10 Richard A. Clarke, Against All Enemies, Inside America's War on Terror, New York 2004

11 James Ridgeway, The 5 Unanswered Questions about 9/11, What the 9/11 Commission Report Failed to Tell Us, New York 2005

12 United 93, The Real Picture, John Farmer in: The Washington Post, 30.4.2006; Non Intent to Mislead, Washington Post, 2.9.2006

13 U. a.: Zbigniew Brzezinski, The Choice, 2004

Das Krebsgeschwür – Guantanamo

USA-EU-Gipfel in Washington DC, Ende Juni 2005: Die europäische Delegation ist direkt aus Brüssel gekommen, wo man sich nach den gescheiterten Referenden über eine neue EU-Verfassung in Frankreich und den Niederlanden so heftig gestritten hat wie schon lange nicht. Den Europäern mit José Manuel Barroso, dem Kommissionspräsidenten, an der Spitze waren die Strapazen der letzten Tage noch deutlich ins Gesicht geschrieben, als sie mit George Bush im East Wing des Weißen Hauses vor die Presse traten. Aber die Amerikaner waren diesmal so zuvorkommend wie nur möglich. Unter der Federführung von Condoleezza Rice tat die Administration in der zweiten Amtszeit Bush alles, um die Kluft zu den Europäern zu überwinden. In den meisten großen Fragen hatte die amerikanische Führung ihre eigenen Positionen allerdings nicht aufgegeben. Aber etwa in der Auseinandersetzung mit dem Iran um das Atomprogramm der Mullahs agierte die amerikanische Diplomatie jetzt gemeinsam mit den Europäern.

Die Fragen der Journalisten an den Präsidenten konzentrierten sich auf das große Thema seiner Amtsführung: den Kampf gegen den Terrorismus. Wie die USA es dabei mit den Menschenrechten halten, ist die brennendste Frage.

„Mr. President", wollte ich von George Bush wissen, „viele in Europa fragen sich, ob den Vereinigten Staaten die Menschenrechte nicht mehr so wichtig sind. Das hat nicht nur mit Guantanamo zu tun, sondern auch mit den Geheimgefängnissen, in denen der CIA Terrorverdächtige festhält. Was wird mit diesen in CIA-Gefängnissen gehaltenen Personen passieren? Werden die je vor ein Gericht kommen? Oder sind Sie der Meinung, dass einige Terrorverdächtige einfach außerhalb des Rechtsstaates stehen?"

George Bush bedankt sich für die Frage: „Ich glaube, dass wir in Guantanamo den Verpflichtungen nachkommen, die wir als Verteidiger der Freiheit und der Menschenrechte haben. Rund um die Uhr gibt es Inspektionen durch das Rote Kreuz. Gerne lade ich Sie ein, sich selbst umzusehen. Fahren Sie hin und machen Sie sich persönlich ein Bild von der Lage in Guantanamo." Der Präsident versichert, die Gefangenen würden in Übereinstimmung mit der Genfer Kriegsgefangenenkonvention behandelt, auch wenn diese Konvention selbst nicht für sie gilt.

Den Kern meiner Frage nach den Insassen der CIA-Geheimgefängnisse beantwortete Bush nur kursorisch: „Einige haben wir in Haft. Zum Beispiel Khalid Scheik Mohammed, der die Anschläge des 11. September geplant hat, durch die mehr als 3000 unserer Bürger getötet wurden. Er wird festgehalten, weil wir von ihm Informationen erhalten, die nicht nur für uns selbst, sondern auch für den Schutz der Bürger Europas wichtig sind. Der Zeitpunkt wird kommen, um abzurechnen. Aber vorläufig ist es das Beste, dass er in Haft bleibt. Vergessen wir nicht: Diese Leute können jeden Augenblick von Neuem zuschlagen." Khalid Scheik Mohammed, den die USA als Chefplaner der Anschläge des 11. September ansehen, wurde schließlich gemeinsam mit 13 anderen hochrangigen Terrorverdächtigen nach Guantanamo gebracht, wo er in einem etwas merkwürdigen Geständnis die Verantwortung für Dutzende der schlimmsten Anschläge der letzten zehn Jahre in allen Teilen der Welt übernahm.

George Bush hat damit den Kern seiner Regierungsphilosophie beschrieben. Und er eröffnete mir und dem langjährigen ORF-Kameramann Douglas Robinson den Weg zum umstrittensten Gefängnis der Erde. Zuerst hatten wir zahlreiche Formulare auszufüllen, die uns mit den strengen Regeln auf dem Militärstützpunkt vertraut machten. Ärmellose Hemden waren zum Beispiel in den Kantinen streng verboten. Wir mussten uns verpflichten, mit keinem Gefangenen zu sprechen und die Gesichter der Häftlinge nicht zu filmen.

Im Jänner 2006 besteigen wir in Fort Lauderdale in Florida die zweimotorige Maschine einer leicht obskur wirkenden Fluglinie mit dem sinnigen Namen „Air Sunshine", die täglich nach Guantanamo fliegt. Mit an Bord: amerikanische Soldaten nach dem Heimaturlaub, zivile Mitarbeiter der zahlreichen auf „Gitmo", wie der Stützpunkt im Militärslang heißt, tätigen Firmen und der Mitarbeiter einer Anwaltskanzlei, die Häftlinge betreut. Auf die bevorstehenden langweiligen Monate auf einem vom unerreichbaren Kuba umgebenen Flottenstützpunkt schien sich keiner zu freuen.

Die erste Überraschung, wenn man in Guantanamo landet: Es gibt hier viel mehr als den inzwischen weltberühmten Gefängniskomplex. Auf 116 Quadratkilometern und umgeben von einem 25 Kilometer langen Zaun leben knapp 8000 zivile und militärische Angehörige des Flottenstützpunktes. Seit 1903 haben die USA dieses völkerrechtlich gesehen kubanische Stück Land unter Kontrolle, die Pacht ist zeitlich nicht beschränkt. 4085 Dollar überweist das Pentagon jährlich an die kubanische Regierung. Die Regierung Castro lehnte es immer ab, das Geld anzunehmen. Einchecken durften wir in Fort Lauderdale nur nach Vorweisen des sogenannten „Area Clearance Request", auf dem die Presseabteilung garantiert, dass wir auch willkommen sind. Guantanamo gleicht auf den ersten Blick allen anderen amerikanischen Militärstützpunkten auf der Welt: mit Volksschule und McDonald's, Kirche und Fitnesscenter, Freilichtkino und Shoppingmall.

Unsere Betreuerin war Sergeant Sheila Tunney, eine junge Frau aus Pennsylvania, die aus der Nationalgarde zum unpopulären Einsatz auf Kuba abkommandiert wurde. Sie wich uns keine Minute von der Seite. Ohne ihre Begleitung durften wir weder frühstücken noch einkaufen gehen. Untergebracht waren wir luxuriös mit drei Fernsehern und Klimaanlage in einer ganz neu errichteten Siedlung für Gäste, unweit des „Stadtzentrums" von Guantanamo.

Antrittsbesuch beim nominellen Chef des Marinestützpunktes, Captain Mark Leary, der so etwas wie der Bürgermeister der amerikanischen Militärbasis ist. Für das Gespräch mit den europäischen Journalisten hat der Captain stolz all seine Orden an die Brust geheftet. Kontakte zu Fidel Castros Kuba auf der anderen Seite des Zauns gibt es nicht. Immerhin zwei hochbetagte Kubaner, die schon vor der Revolution in amerikanischen Diensten waren, überqueren noch immer zwei Mal täglich den einzigen Grenzübergang, um zur Arbeit zu kommen und abends nach Hause zu gehen.

Der Gefängniskomplex, dessen genaue Lage auf dem Militärstützpunkt wir nicht verraten dürfen, liegt wenige Kilometer vom Zentrum entfernt und ist nur nach Passieren einer strengen zusätzlichen Sicherheitskontrolle zu erreichen. Dass die anfänglich 773 Gefangenen nach dem Afghanistankrieg Anfang 2002 hierher gebracht wurden, hatte einen einzigen Grund: Es handelt sich zwar um ein Territorium unter Kontrolle der USA, aber nicht um amerikanisches Territorium. Das Pentagon wollte diese Gefangenen, die Vizepräsident Dick Cheney als die „Schlimmsten der Schlimmen" bezeichnet hat, weder als Kriegsgefangene nach der Genfer Konvention anerkennen, noch einem ordentlichen Gerichtsverfahren unterwerfen. „Illegale feindliche Kämpfer" sind es nach Ansicht der Regierung, ein Begriff, der die Gefangenen von Guantanamo außerhalb des bestehenden Rechtssystems stellt. Sie sind völlig der Entscheidungsgewalt des Pentagons unterworfen und können nach Ansicht des Militärs freigelassen oder festgehalten werden, verhört oder nicht verhört werden, ganz nach dem Willen des Kommandanten der aus den verschiedenen Waffengattungen und Geheimdiensten zusammengestellten „Joint Task Force", dem der Gefängniskomplex unterstellt ist. Amnesty International hat Guantanamo aufgrund der Rechtlosigkeit der Gefangenen polemisch als „Gulag unserer Zeit" bezeichnet, was heftige Proteste der amerikanischen Regierung ausgelöst hat.

Der größte Widerspruch gegen die Praktiken in Guantanamo kam wie schon bei anderen Antiterrormaßnahmen von für die Regierung völlig unerwarteter Seite: der amerikanischen Justiz. In einer weitreichenden Entscheidung setzte das Oberste Gericht in

Washington im Frühsommer 2004 die Grundprämisse des Gefangenenlagers außer Kraft: Die Höchstrichter befanden, dass auch in Guantanamo die amerikanischen Grundrechte zu gelten haben. Seither hat das Pentagon umstrittene Verfahren eingeführt, bei denen die Gefangenen theoretisch Gelegenheit haben, einmal im Jahr ihren Status als „feindliche Kämpfer“ anzufechten, die aber noch nicht die angestrebten endgültigen Militärprozesse sind. Mehr als 500 Anwälte, aus 120 zum Teil sehr prominenten Anwaltskanzleien der USA, vertraten jahrelang kostenlos so gut wie möglich die Interessen der Gefangenen. Ein Hauch von Rechtsstaat in einer rechtlosen Situation, der durch das Engagement der New Yorker Menschenrechtsorganisation „Center for Constitutional Rights“ möglich wurde.[1]

Im Juni 2006 kam der zweite Donnerschlag von den neun Höchstrichtern in Washingon DC: Das Oberste Gericht erklärte die von George Bush eigens für Guantanamo geschaffenen Sondertribunale für verfassungswidrig, und die Regierung wurde aufgefordert, die Genfer Konvention über die Behandlung von Kriegsgefangenen einzuhalten. Gegen ein neues Gesetz zur Einrichtung neuer „Militärkommissionen“, das die Regierung im Herbst 2006 durch den damals noch mehrheitlich republikanischen Kongress gepeitscht hat, sind die Menschenrechtsorganisationen ebenfalls vor Gericht gegangen.[2]

Von den ursprünglich 773 Gefangenen wurde in den ersten 5 Jahren fast die Hälfte freigelassen. Zwei Dutzend der Freigelassenen haben nach Angaben des Pentagons den Kampf auf dem Schlachtfeld in Afghanistan wieder aufgenommen. Aus der Sicht des Militärs ein Beweis für die Gefährlichkeit der Gefangenen. Mitte 2007 gab es knapp 380 Häftlinge in Guantanamo.

Sergeant Sheila Tunney führte uns zuerst in eine verwachsene Mulde, wo die Überreste von „Camp X-Ray“ zu sehen sind, in dem Anfang 2002 die ersten Gefangenen untergebracht wurden. Die in der freien Natur stehenden Käfige, in die die Häftlinge mit ihren Kapuzen und den pyjamaähnlichen orangefarbenen Anzügen gebracht wurden, waren längst völlig überwachsen. Ein verfallenes Denkmal der Barbarei im „Kampf gegen den Terrorismus". Viele Bilder, die über Guantanamo kursieren, stammen aus dieser Zeit. Zum großen Kummer der Lagerverwaltung, die nicht müde wird zu betonen, dass man inzwischen doch bessere und menschenwürdigere Unterkünfte gebaut habe.

Der Name für das aktive Gefängnis lautete: „Camp Delta". „Honor bound to defend freedom", „Zur Ehre verpflichtet, die Freiheit zu verteidigen", die Schilder standen bei allen Eingängen zum Lager. Den pompösen Slogan hat sich eine PR-Abteilung des Pentagons ausgedacht. Errichtet wurden die Einrichtungen von Kellogg, Brown & Root, einer Tochter von Halliburton, dem Konzern, an dessen Spitze einst Vizepräsident Dick Cheney gestanden ist. Innerhalb von Camp Delta gab es die unterschiedlichsten Abstufungen: von Camp 2 oder Camp 3, wo jene Gefangenen in ihren orangefarbigen Anzügen sitzen, die als „nicht kooperativ" galten, über Camp 4 der kooperativen Gefangenen in weißer Gefängniskleidung bis zum hochmodernen Hochsicherheitstrakt namens „Camp V", der einem High Security-Gefängnis in Indiana nachgebaut wurde.

Dass man überhaupt Journalisten nach Guantanamo ließ, war auf die Entscheidung des damaligen Gefängniskommandanten Major General Jay W. Hood zurückzuführen, der nach dem Abu Graib-Folterskandal eine Imageverbesserung versucht hat. Aber der Lagerbesuch lief trotzdem so kontrolliert ab, wie man das eigentlich nur von Diktaturen erwarten würde. Man führte uns vor allem durch leere Gefängnistrakte, der einzige Hof, den wir zu sehen bekamen, lag in „Camp 4", wo die am besten gestellten Gefangenen untergebracht waren. Captain John Adams, ein Offizier der Presseabteilung, hatte uns zuvor in einer Powerpoint-Präsentation gezeigt, dass 34 Prozent der Gefangenen zu dieser Gruppe zählen. Sie lebten in Gemeinschaftszellen, die sie während des Tages auch zu Spaziergängen im Hof verlassen können. In den leeren Zellen ausgestellt: ein Backgammonspiel, ein Gebetsteppich und ein Exemplar des Korans. Ein auf den Boden gezeichneter Pfeil wies nach Mekka. Nicht kooperative Gefangene in den anderen Abteilen durften nur drei Mal in der Woche 15 Minuten hinaus, aber dieser Bereich blieb für uns versperrt.

Guantanamo hat einen „Food Officer". Bei unserem Besuch hieß der für die Ernährung zuständige Offizier Jonathan Sym und er beteuerte, dass alle Speisen streng nach islamischen Regeln zubereitet werden. In der Gefängnisküche präsentierte man uns das Menü des Tages: gewürztes Huhn mit Tomaten. Das gefragteste Buch in der Gefängnisbibliothek sei Harry Potter. Durch ein verdecktes Gitter des leeren Traktes, in dem wir herumgeführt wurden, war zu hören, wie einige Gefangene Fußball spielen. Auf die andere Seite blicken durften wir aber nicht. In einem Eck lag deutlich sichtbar ein unberührter Fußball. Ich wurde den Gedanken nicht los, dass er extra hingelegt wurde, damit wir Reporter einen freundlichen Eindruck mit nach Hause nehmen. Aber vielleicht bin ich übertrieben misstrauisch.

Schließlich zeigte man uns doch ein Dutzend als „kooperativ" geltende Gefangene von „Camp 4": Männer zwischen 30 und 45, mit langen Bärten und unruhigem Blick, die vor ihren Zellen unstet auf und ab gingen. Sie trugen weiße Kleider und nicht das anstößige Orange der „unkooperativen" Gefangenen. Wer diese Gefangenen waren, erfuhren wir nicht. Ich fragte mich, ob Salim Ahmed Hamdan dabei war, der jemenitische Fahrer Osama bin Ladens, der gegen Verteidigungsminister Donald Rumsfeld vor das Höchstgericht gegangen ist? Oder einer jener Kindersoldaten, die 15- oder 16-jährig in Afghanistan aufgegriffen wurden? Es ist unwahrscheinlich. Kein Gefangener sprach uns an oder blickte auch nur direkt in die Richtung der Journalisten. Jede Woche einmal war Medienbesuchstag in Guantanamo und man wurde den Verdacht nicht los, die Szenen im Hof könnten gestellt gewesen sein. Vielleicht gehörte der Spaziergang vor den Augen der Fernsehkameras zum Tagesauftrag dieser Gefangenen?

Einige hundert Meter entfernt sah „Camp V" aus wie eines der High Security-Gefängnisse in den USA: überall Überwachungskameras, dicke Eisentüren, das Wachpersonal in engen Kabinen mit unzähligen Monitoren. In dem Augenblick, als wir den Gang zu den Zellen betraten, begannen einige Gefangene wie wild an die Zellentüren zu trommeln und laut zu schreien. Wir verstehen nur Wortfetzen wie „America“ und „detainees“. Ziemlich geschockt drängen uns die Begleiter aus dem Gebäude. Wer die Insassen dieses Trakts waren, verrieten uns die Betreuer nicht. Die Namen sind „classified“, sie stehen unter Geheimhaltung. Ich habe ähnliche Szenen in amerikanischen Hochsicherheitsgefängnissen schon mehrmals erlebt, nur hat man da stets gelassener reagiert. „Wieso müssen wir eigentlich hinaus?“, fragte ich den für das Wachpersonal verantwortlichen Sergeant Major Antony Mendez. „Solche Szenen eskalieren leicht“, lautete die Antwort, „manche Häftlinge spucken dann die Wärter an oder werfen mit Exkrementen.“

Im Gefängnisspital von Guantanamo brachten wir die Hungerstreiks zur Sprache, an denen sich in den vorangegangenen Monaten Hunderte Gefangene beteiligt haben. Der Höhepunkt der Bewegung sei der 11. September 2005 gewesen, bestätigte Pressesprecher Jeremy Martin, da haben 131 Häftlinge die Nahrung verweigert. Jetzt, Monate später, gäbe es nur mehr eine Handvoll Hungerstreikender. Auch fallweise künstliche Ernährung gab der Gefängnisarzt zu. Seine Identität wollte er aus Angst vor Racheaktionen nicht bekannt geben. Das Namensschild auf der Uniform war verdeckt.

„Wir führen ein kleines, weiches Röhrchen in den Magen ein.“

„Gibt es Widerstand der Hungerstreikenden?“

„Nur selten, dann müssen wir sie so sanft wie möglich festhalten, um doch die künstliche Ernährung durchzuführen.“

„Gibt es Fälle von Erbrechen oder Blutungen?“

„Mit diesem Röhrchen nicht, aber manchmal lösen die Gefangenen Erbrechen selbst aus, um die Nährlösung wieder aus dem Magen zu entfernen.“

Die meisten medizinischen Probleme seien mit jenen in einem kleinen amerikanischen Spital vergleichbar. „Sportverletzungen, Verstopfungen, Ohreninfektionen."

Aber Pressesprecher Jeremy Martin gestand ein: „Seit Beginn hat es 37 Selbstmordversuche von 22 verschiedenen Gefangenen gegeben."

Wenig später, im Juni 2006, gelang drei Gefangenen der Selbstmord und die Phase einer gewissen Lockerung der Regeln, während der wir im Lager sind, fand ein abruptes Ende.

Die meisten Soldaten, mit denen wir sprachen, klagten über lähmende Langeweile. Sergeant Michael Ardizone beteuerte, er wäre hundert Mal lieber im Irak, als hier in der Karibik auf den Wachtürmen rund um Camp Delta herumzustehen. Noch besser wäre natürlich die Rückkehr zum normalen Leben und zu seiner Familie.

Unmittelbar neben den Stacheldrahtverhauen von Camp Delta hat ein junger Mann aus Jamaika eine Freiluftbar mit dem Namen „Club Survivor" aufgemacht. In Jamaika sind solche Jobs bei Firmen, die in Guantanamo tätig sind, sehr gefragt, erzählte er. Das amerikanische Militär zahlt in harten Dollar, damit kann man seine Familie daheim gut ernähren. Sesman Shneider, ein junger Soldat der Navy, den wir im „Club Survivor" trafen, war der Einzige, der auch von zwischenmenschlichen Kontakten mit den Gefangenen zu berichten wusste. „Sie wollen, dass ich ihnen von Amerika erzähle, wie man so lebt in großen Städten." Zuerst habe er Angst gehabt vor den Gefangenen, die ja eigentlich seine Feinde sind, aber meist verhalten sie sich nicht wie Feinde. „Sie sprechen mich von ihrer Zelle aus her an. Sie lächeln und reden mit mir. Auf Arabisch, Paschtunisch und Uigurisch." Einige Worte in diesen fremden Sprachen hat er sich schon gemerkt. Von einem Gefangenen hat er den Satz „Du bist ein guter Kerl" auf Paschtunisch gelernt.

Auf einem Hügel unweit des Gefangenenlagers lag das „Office for Administrative Review of Detention of Enemy Combattens", das „Büro zur administrativen Überprüfung der Haftbedingungen feindlicher Kämpfer". Hinter dem bürokratischen Titel verbarg sich jene Behörde, die zur Überprüfung des Status der Gefangenen eingerichtet wurde, als die Kritik am rechtlosen Status der Gefangenen immer heftiger wurde. Jedes Jahr hatten die Häftlinge Gelegenheit, vor drei Offizieren zu erscheinen, die entscheiden sollen, ob der Mann noch eine Gefahr für die USA ist und ob von ihm noch nachrichtendienstliche Erkenntnisse zu erwarten sind. Allerdings: Rechtsstaatliches Verfahren war das keines. Der Gefangene hatte vor dem „Review Board" keinen Verteidiger und er erhielt auch keinen Zugang zu dem für geheim erklärten Teil der Beschuldigungen, die vom CIA oder anderen Geheimdienstquellen stammten.

Trotzdem haben auf diese Weise bereits Hunderte Gefangene Guantanamo verlassen, berichtet uns stolz der Chef der Behörde, Captain Pat Salmsman.

Er zeigt uns den Verhandlungssaal: „Die Gefangenen sitzen während des Hearings auf einem weißen Plastiksessel und sie sind an den Boden gekettet", so der Captain. „Neben ihnen die zwei Übersetzer und ihnen gegenüber das dreiköpfige Offizierskollegium."

„Wissen die Gefangenen, was ihnen vorgeworfen wird?", will ich erfahren.

„Sie bekommen eine Zusammenfassung des öffentlichen Teils der Anschuldigungen", repliziert Captain Pat Salmsman. „Aber es gibt einen Teil der Beschuldigungen, der unter Geheimhaltung steht, den bekommen sie nicht zu Gesicht."

„Wie können sie dann je auf diese geheimen Beschuldigungen antworten?" – „Das können sie nicht. Leider, da haben sie keinen Zugang."

„Aber das Review Board entscheidet doch auf der Grundlage aller vorliegenden Informationen, auch der geheimen Vorwürfe. Ist das fair?"

Der Captain schien sich der Problematik dieses Vorganges sehr wohl bewusst zu sein: „Ich glaube, es ist fair, aber eben nur bis zu einem gewissen Grad. Die geheimen Angaben würden zu den Informanten führen und das könnte andere Leute gefährden. Diese Hearings haben nicht den Anspruch, ein rechtsgültiges Verfahren zu sein. Aber immerhin wird den Gefangenen ein Offizier zur Seite gestellt, der ihnen dabei hilft, sich vorzubereiten."

Menschenrechtsorganisationen sprechen von kafkaesken Vorgängen, wenn Gefangene nicht einmal wissen, auf welche Beschuldigungen sie antworten sollen. Viele Anwälte haben ihren Klienten in Guantanamo daher auch geraten, diese Pentagon-Hearings zu boykottieren, damit ein anderer Rechtsweg über die zivile amerikanische Justiz nicht erschwert wird.[3] Auch ein Militärrichter, Rear Admiral James M. McGarrah, der in den Jahren 2004 und 2005 an Hunderten Hearings teilgenommen hatte, kritisierte das Verfahren vor dem Kongress im Sommer 2007 als Farce.

In all den Jahren hat es das Pentagon nur geschafft, in 13 Fällen Anklage zu erheben. Ein mageres Ergebnis, wenn es sich bei den Gefangenen tatsächlich um die „Schlimmsten der Schlimmen" handelt, wie die Regierung behauptet. Was die Anklage in diesen wenigen Fällen vorzubringen hatte, war meilenweit von schwerwiegenden Terroranschlägen entfernt und beschränkte sich auf wenig spektakuläre Hilfsdienste für „Al Kaida". Der inzwischen freigelassene britische Staatsbürger Tarek Dergoul sagt, er sei für ein Kopfgeld von 5000 Dollar als „Terrorist" an die amerikanischen Streitkräfte verkauft worden.[4] Gefangene, die nach einem erfolgreich absolvierten administrativen Hearing in ihre Heimatstaaten zurückgeschickt wurden, sind dort zumeist sehr rasch freigelassen worden. Saudi-Arabien, nicht gerade ein Musterbeispiel für rechtsstaatliche Normen, ließ Guantanamo-Heimkehrer routinemäßig zu ihren Familien zurückkehren.[5] Die schweren Anschuldigungen, deretwegen sie eigentlich nach Guantanamo gebracht worden waren, erscheinen dementsprechend fragwürdig. Die amerikanische Menschenrechtsorganisation „Human Rights Watch" ist davon überzeugt, dass die meisten Insassen in Guantanamo nicht gefährliche Terroristen waren, sondern Personen, die sich zur falschen Zeit am falschen Ort befunden haben und nun aus den Fängen des Pentagons nicht mehr freikamen. Erst die Überstellung von 14 Häftlingen aus den geheimen CIA-Gefängnissen, unter denen sich auch die angebliche Nummer 3 von „Al Kaida", Khalid Scheik Mohammed, befand, hat im Herbst 2006 dazu geführt, dass auch international bekannte Terroristen nach Guantanamo kamen. Die wenigen Militärgerichtsverfahren, die in Guantanamo tatsächlich begonnen wurden, blieben regelmäßig stecken. Höchstgerichtsentscheidungen und neue Gesetze haben die juridischen Rahmenbedingungen mehrmals verändert.

Den wahrscheinlich größten Beitrag zur Ehrenrettung der amerikanischen Streitkräfte leisteten dabei für viele unerwartet die militärischen Pflichtverteidiger und Militärrichter, die sich weigerten, als Marionetten der Pentagon-Führung zu agieren. Der Verteidiger des Australiers David Hicks reiste sogar nach Australien, um für seinen Mandanten Unterstützung zu mobilisieren. Sein Engagement machte es möglich, dass Hicks im Frühjahr 2007 nach einem mit dem Gericht ausgehandelten Schuldgeständnis in seine Heimat abgeschoben wurde. Weil sich die Richter daran stießen, dass die vorbereitenden Hearings Gefangene nur als „feindliche Kämpfer" und nicht ausdrücklich als „illegale feindliche Kämpfer" bezeichnen, wurden die Klagen gegen den angeblichen Fahrer und Leibwächter Osama bin Ladens, Salim Ahmed Hamdan, sowie gegen den jungen Kanadier Omar Khadr im Sommer 2007 in erster Instanz abgewiesen. Die amerikanische Militärjustiz trat trotz massiven Drucks von oben der Unterhöhlung des Rechtsstaates ebenso wie die zivilen Kollegen massiv entgegen. An einem Ort wie Guantanamo ein erstaunliches Phänomen, das unterstreicht, wie die Gewaltenteilung auch in extremen Situationen funktionieren kann.

General Jay Hood, während unseres Besuchs der Gefängniskommandant, sah das logischerweise ganz entschieden anders.

Der Zweisterngeneral hat einen großen Teil seiner Karriere in Europa verbracht. Zur Begrüßung erzählte er uns, wie er von Deutschland aus immer gerne nach Tirol zum Schifahren fuhr. In der mobilen Welt des amerikanischen Militärs wird „Austria“ sichtlich nicht mit „Australia“ verwechselt. Nach dem Debakel um die Misshandlungen von Abu Ghraib, in die sein Vorgänger sowie mehrere Vernehmungsbeamte aus Guantanamo verwickelt waren, hatte ihn das Pentagon geholt, um aufzuräumen. Übergriffe in der Vergangenheit, gab der General im grünen Kampfanzug zu, aber die habe man korrigiert.

„Foltern Sie in Guantanamo?“

„Nein, gar nicht. Dort wo früher in seltenen Fällen unzulässige Methoden angewandt wurden, haben wir gehandelt und die Vernehmungsbeamten besser ausgebildet. In einigen Fällen wurden Leute bestraft. Das allerwichtigste: Seit zwei Jahren bin ich hier. Ich habe niemals Verhörmethoden genehmigt, die nicht im Handbuch der amerikanischen Armee als zulässig bezeichnet werden.“

„Keine Hunde?“

„Keine Hunde!“

„Kein Schlafentzug?“

„Kein Schlafentzug. Die letzten Zwischenfälle mit Hunden und Schlafentzug liegen vier Jahre zurück.“

Die Mission von Guantanamo definierte der General so: „Illegale Kämpfer“ des Antiterrorkrieges in sicherer und menschenwürdiger Weise festzuhalten und von ihnen jene Informationen zu bekommen, die die USA für diesen Krieg brauchen.

Das sind keine Kriegsgefangenen, weil sie bei der Festnahme keine Uniform getragen haben und nicht Mitglieder einer Armee waren. Aber sie werden menschenwürdig behandelt, sie bekommen Nahrung, medizinische Versorgung, und sie können kommunizieren. Sie können beten, wie sie wollen, sie erhalten Bibliotheksbücher, und in ihrer übergroßen Mehrheit können sie körperlicher Ertüchtigung nachgehen.“

„Aber was bleibt eigentlich von der Behauptung der Regierung in Washington, das seien die Schlimmsten der Schlimmen, wenn es nach so vielen Jahren nur ein Dutzend Anklagen gibt?"

Der General wusste auch darauf eine Antwort: „Verwechseln Sie nicht die Anklageerhebung wegen eines Verbrechens mit der potenziellen Gefahr, die von vielen dieser Männer ausgeht. Wenn wir die alle freilassen würden, dann gäbe es schlagartig Hunderte Terroristen mehr, die nur ein Ziel verfolgen: Anschläge wie in New York und Washington, Madrid und London durchzuführen."

General Hood unternahm damals ein in Guantanamo einmaliges Experiment: Er genehmigte Verhandlungen über eine Verbesserung der Haftbedingungen zwischen einer Gruppe von sechs führenden Häftlingen und seinem Stellvertreter.[6] Die verhältnismäßig entspannte Atmosphäre, die man uns in Camp 4 gezeigt hatte, mit Ausgang, Gemeinschaftszellen und der Möglichkeit zum Sport, war Resultat dieses kurzlebigen Dialogs, der Monate später auf dramatische Weise mit kollektiven Selbstmorden von drei Gefangenen zu Ende gehen sollte.

Am Ende unseres Aufenthalts gingen wir das gesamte Filmmaterial mit einer Mitarbeiterin der Presseabteilung durch. Eine Art Zensursitzung, aber locker amerikanisch, mit Pizza und Bier auf der Couch. Wir mussten uns verpflichten, drei Arten von Bildern nicht zu zeigen: leere Wachtürme, Sicherheitsmarken der Soldaten sowie Profile und Gesichter von Gefangenen. Ebenfalls verboten: markante Abschnitte der Landschaft, die es erlauben würden, die genaue Lage des Gefängnisses auszumachen. Am Ende reichte das Ehrenwort, weil spät am Abend niemand Lust hatte, die genauen „Time Codes" auf den Videokassetten aufzuschreiben.

In den folgenden Monaten verschlechterte sich die Situation rapide: Spannungen zwischen Wärtern und Gefangenen in Camp 4, dem Lager für kooperative Häftlinge, endeten mit gewaltsamen Zusammenstößen, die von der Gefängnisverwaltung als

Aufstand gewertet wurden. Am 9. Juni 2005 gelang es drei Gefangenen, sich in ihren Zellen zu erhängen. Admiral Harry Harris, Hoods Nachfolger als Kommandant, fiel dazu der groteske Kommentar ein, es habe sich um einen Akt der „asymetrischen Kriegsführung" gehandelt. Die meisten Vergünstigungen für kooperationswillige Gefangene wurden wieder zurückgenommen. Die Wortführer, mit denen die Gefängnisverwaltung noch Monate zuvor verhandelt hatte, kamen in Einzelhaft.[7]

Der Begriff „Archipel Gulag" ist für diesen grotesken Ort trotzdem deplatziert. In den stalinistischen Lagern hat es Millionen Opfer gegeben, der „Gulag" war das Fundament des Stalinismus. Bei Guantanamo handelt es sich um das Zentrum eines Krebsgeschwürs, das im irakischen Abu Ghraib und im afghanischen Bagram Metastasen produziert hat, die sich auf den gesamten amerikanischen „Krieg gegen den Terrorismus" ausgedehnt haben. Armeen sind in allen Gesellschaften autoritäre Institutionen. Die USA hatten im Kalten Krieg immer wieder schlimme Menschenrechtsverletzungen zu verantworten. Im Rahmen eines CIA-Programms namens „Phoenix" gab es während des Vietnamkrieges Morde und Folterungen. Die „School of the Americas" unterrichtete antikommunistische Militärs aus ganz Lateinamerika im Antiguerillakrieg und unterstützte die brutalsten Diktaturen des Kontinents. In dieser schwarzen Tradition, die man nach dem Ende des Kalten Krieges vergangen glaubte, steht Guantanamo. Die ermutigende Seite des historischen Vergleichs: Die amerikanische Demokratie hat es nach längeren Auseinandersetzungen immer geschafft, derartige Fehlentwicklungen zu korrigieren.

Das Pentagon war sehr stolz, dass Journalisten Guantanamo besuchen konnten. Ein hoher Funktionär verstieg sich sogar zur Behauptung, das Lager könne deshalb als „einer der transparentesten und offensten Orte der Welt" bezeichnet werden.[8] Die Wahrheit ist jedoch, dass man uns Journalisten ein klassisches Potemkinsches Dorf vorführt. Würde man die Militärsprecher beim Wort nehmen, dann müsste man fast annehmen, das Pentagon habe einen richtigen Kurort in der Karibik errichtet, so dick aufgetragen wird die Sorge um körperliches und geistiges Wohlergehen der Gefangenen.

Dabei stammen die glaubwürdigsten Vorwürfe über die Misshandlungen nicht von ehemaligen Häftlingen, sondern aus E-Mails von FBI-Beamten vor Ort an die Zentrale. Eine Bürgerrechtsorganisation hat per Gerichtsbeschluss die Veröffentlichung erzwungen. Möglich war das dank des „Freedom of Information Acts", eines der wunderbaren amerikanischen Gesetze zur demokratischen Kontrolle des Staates, das den Bürgern einen Rechtsanspruch auf die Offenlegung interner Informationen der Behörden verschafft. Die Beobachtungen stammen aus dem Jahr 2003, ein Jahr nach Eröffnung des Lagers. Eine weibliche FBI-Agentin aus Boston berichtete aus Camp Delta, zweimal habe sie „einen Häftling vorgefunden, der an Händen und Füßen gefesselt in Embryonalstellung im eigenen Kot und Urin auf dem Boden lag. Ohne Sessel, ohne Nahrung und Wasser. Ein andermal war die Klimaanlage so weit heruntergedreht, dass der barfüßige Häftling vor Kälte zitterte. Von den Militärpolizisten wurde mir gesagt, dass die Vernehmungsbeamten diese Behandlung angeordnet hatten." Ein FBI-Beamter aus Charlotte in North Carolina beanstandete Schlafentzug durch ununterbrochene laute Musik und helles Licht: „Ich fragte einen der Vernehmungsbeamten, was sie da machen würden. Sie sagten, es dauert vier Tage, um jemanden auf diese Weise im Verhör zu brechen."[9] Diese Verhörpraktiken seien vom Verteidigungsministerium genehmigt gewesen.

Es ist durchaus möglich, dass derartige Vorfälle unterblieben sind, nachdem die in Guantanamo begonnenen Praktiken im Gefangenenlager von Abu Ghraib zum öffentlichen Skandal wurden. Ausführlich dokumentiert ist auf jeden Fall der lange Eiertanz höchster Regierungsvertreter um die Frage, ob im Antiterrorkampf Verhörmethoden gestattet sind, die üblicherweise als Folter bezeichnet werden.

„We do not torture", beteuerte der Präsident, als Enthüllungen über geheime CIA-Gefängnisse die europäisch-amerikanischen Beziehungen erschütterten. „Wir foltern nicht. Unser Land steht im Krieg und die Regierung ist verpflichtet, das amerikanische Volk zu schützen. Aber alles, was wir tun, bewegt sich im Rahmen des Gesetzes."[10]

Allerdings hat die Regierung sowohl dem CIA als auch den Vernehmungsexperten der Streitkräfte in Guantanamo „besondere Verhörtechniken" gestattet, die weit über die bisher erlaubten Methoden hinaus gingen. Die Details liegen im Dunkeln. Aber in den Monaten nach den Anschlägen des 11. September befürchtete die amerikanische Führung, dass neue ähnliche oder noch schlimmere Angriffe bevorstehen könnten. Man wollte alle nur erdenklichen Informationen aus Gefangenen aus dem Umkreis von „Al Kaida" herauspressen. In höchsten Regierungskreisen suchten Juristen nach einer neuen, engeren Definition von Folter, die bisher verbotene Verhörmethoden legal erscheinen lassen würde. Als Folter verboten sei eigentlich nur, was „zum Tod, zu Organversagen oder der dauerhaften Funktionsuntüchtigkeit eines wichtigen Organs" führt, befand eine Arbeitsgruppe des Justizministeriums im Sommer 2002.[11] Das Weiße Haus wollte diesem Rat dann doch nicht folgen.

Auch Verteidigungsminister Donald Rumsfeld genehmigte phasenweise für Guantanamo verschärfte Verhörtechniken, darunter den Einsatz von Hunden, extreme Temperaturen, langes Stehen, Schlafentzug und „leichte Schläge". Viele dieser Praktiken erinnerten erstaunlich präzis an Verhörmethoden, die von der sowjetischen Geheimpolizei NKVD zur Vorbereitung stalinistischer Schauprozesse angewandt wurden. Eine Parallele, die kein Zufall war, wie der Streitkräfteausschuss des Senats herausfand. Denn das Know-how für ihre „verschärften Verhörmethoden" hatten sich die Antiterrorexperten von jener Spezialabteilung des Pentagons geholt, die amerikanische Soldaten im Kalten Krieg darauf vorbereitete, sowjetischen Foltermethoden zu widerstehen. Schlafentzug und „Waterboarding", um ein Gefühl des Ertrinkens hervorzurufen, fungierten an ganz prominenter Stelle in den amerikanischen Lehrbüchern über die Praktiken der Sowjets. Jetzt drehte man einfach den Spieß um, aus „sowjetischer Folter" wurden „verschärfte Verhörmethoden" im amerikanischen Krieg gegen den Terror.[12] Die politische Schlüsselrolle bei der Weichenstellung zur Umgehung geltender rechtsstaatlicher Sicherungen kam nach einer bahnbrechenden Serie der „Washington Post" Vizepräsident Dick Cheney zu, dem es dank seines direkten Zugangs zum Präsidenten gelang, andere Regierungsmitglieder zu umgehen.[13]

Die beschämende Folterdebatte wurde erst Ende 2005 durch ein eigenes Gesetz beendet, das Senator John McCain, selbst ein ehemaliger Kriegsgefangener, gegen den hinhaltenden Widerstand des Weißen Hauses durchsetzte. Doch selbst der Unterzeichnung dieses Gesetzes fügte der Präsident einen Zusatz an, wonach er sich als Oberbefehlshaber im Krisenfall berechtigt sieht, sich über die Einschränkungen hinwegzusetzen.[14]

Genau welche „außergewöhnlichen" Verhörpraktiken der Präsident dem CIA gestattet, bleibt nach wie vor Staatsgeheimnis. Zu den Methoden, die Bush offensichtlich für Top-„Al Kaida"-Leute genehmigt hat,[15] gehört das sogenannte „Waterboarding". Khalid Scheik Mohammed, der die Anschläge des 11. September geplant haben soll, soll auf diese Weise zum Sprechen gebracht worden sein. Dabei wird der Kopf in einen Plastiksack gehüllt und das Opfer kopfüber unter Wasser gedrückt. Das Gefühl des Ertrinkens bringt den Gefangenen dann angeblich rasch dazu, auszusagen. Vizepräsident Dick Cheney, der wichtigste Hardliner der Regierung, hat in einem Interview für einen konservativen Radiosender in North Dakota im Oktober 2006 ungewöhnlich offen über die Wasserfolter gesprochen. Darüber viel zu diskutieren, wenn „ein Terrorist ins Wasser getaucht wird, um amerikanisches Leben zu retten", halten viele seiner Hörer für dumm, berichtete Moderator Scott

Hennen. „Einverstanden“, replizierte der Vizepräsident, „das war ein wichtiges Mittel, Gefangene mit hohem Informationswert wie Khalid Scheik Mohammed zu vernehmen. Es hat geholfen, die Nation sicherer zu machen. Wir müssen das weiterhin tun können.“

„Would you agree a dunk in water is a no-brainer if it can save lives?“, fragte der Moderator nach. „Sind Sie einverstanden, dass Eintauchen ins Wasser nicht der Rede wert sein sollte, wenn man dadurch Leben retten kann?“

„It's a no-brainer for me“, bestätigte Cheney. „Das ist für mich ganz logisch. Aber man hat mich deshalb zum Vizepräsidenten ‚für Folter‘ erklärt. Wir foltern nicht. Damit haben wir nichts zu tun. Aber man kann ein ziemlich robustes Verhörprogramm auch ohne Folter haben, das muss weiterhin möglich sein.“[16]

Wie gesetzeskonform die folterähnlichen Verhörmethoden wirklich sind, die nach den Anschlägen des 11. September in den Geheimgefängnissen des CIA angewandt wurden, ist auch im Geheimdienst selbst umstritten. CIA-Sprecher Mark Mansfield bestätigt, dass manche Agenten sich Sorgen machen, sie könnten einmal vor amerikanischen Gerichten zur Verantwortung gezogen werden.[17] Für alle Fälle zahlt der CIA seinen Mitarbeitern eine gute Rechtsversicherung.

Der Ursprung der CIA-Geheimgefängnisse, die in Europa so viel Staub aufgewirbelt haben, liegt in einer Praxis, die als „rendition program“ bekannt wurde: Der CIA nahm irgendwo in der Welt Terrorverdächtige fest, brachte die Gefangenen aber nicht vor ein amerikanisches Gericht, sondern übergab sie den Behörden eines verbündeten Staates im Nahen Osten. Guantanamo, als amerikanischer Stützpunkt auf nicht-amerikanischem Boden, war ein Schritt weiter.

Der einzige Mann, der von Anfang an dabei war und dieses Programm auch noch am Höhepunkt der Kontroverse verteidigte, war der ehemalige CIA-Mitarbeiter Michael Scheuer. Scheuer hat jahrelang die „Osama bin Laden“-Einheit des Geheimdienstes geleitet. Aus Protest gegen die Ignoranz der Regierenden im Antiterrorkampf veröffentlichte der langjährige CIA-Mann als „Anonymus“ eine aufsehenerregende Analyse Osama bin Ladens, die in einer heftigen Kritik des Irakkrieges mündete.[18] Der Geheimdienst hat die Veröffentlichung genehmigt, was die Bush-Administration als unverzeihliche Illoyalität ansah. Scheuer hat den CIA inzwischen verlassen und ist ein gefragter Experte für die Medien.

Als in Europa die Empörung über die amerikanischen Geheimgefängnisse immer größer wurde, kam der ehemalige Geheimdienstmann auch ins Büro des ORF in Washington, um die „Renditions“, also die Auslieferung Gefangener an verbündete Staaten, als unverzichtbare Maßnahmen im Antiterrorkampf zu rechtfertigen. Mit seiner dicken Brille wirkt der Mann eher wie ein weltfremder Wissenschaftler, der sein Leben in Büros verbracht hat, und nicht als amerikanischer James Bond.

„Es handelt sich um das erfolgreichste Antiterrorprogramm, das die Vereinigten Staaten je verfolgt haben“, versicherte Ex-CIA-Mann Michael Scheuer. „Ich war einer der Erfinder dieser Methode unter Bill Clinton, der entschieden hat, dass wir diese Gefangenen nicht nach Amerika bringen sollen.“

„War Ihnen damals bewusst, dass die Gefangenen in den Ländern, denen sie ausgeliefert wurden, gefoltert werden?“, wollte ich wissen. „Das war klar“, gab Scheuer zu, „wir haben den Politikern gesagt, Personen, die nach Kairo oder in ein anderes Land des Nahen Ostens gebracht werden, wird man dort anders behandeln als in den USA.“

„Ist Ihr gesamter Krieg gegen ‚Al Kaida‘ nicht ein Kampf gegen Windmühlen?“, warf ich ein. „Der Präsident sagt, ein großer Teil der Führung ist tot oder gefangen. Aber jetzt treten eben neue Gruppen an ihre Stelle.“

„Das stimmt. ‚Al Kaida‘ wirft einen großen Schatten. Die Mittel, die der CIA einsetzt, reichen nicht aus. Vor allem, weil der Irakkrieg so viele Energien bindet. Der Irak hat unserem Antiterrorprogramm das Rückgrat gebrochen. ‚Al Kaida‘ ist jetzt weniger eine Organisation und mehr eine Bewegung.“

„Aber verfügen die amerikanischen Geheimdienste nicht über riesige Finanzmittel?“

„Geld ist da“, gab Michael Scheuer zu, „aber es gibt zu wenig Personal. Wenn 1000 Agenten weltweit im Einsatz sind, wie die ‚Washington Post‘ vermutet, dann werden zwei Drittel rund um den Irak und Afghanistan postiert sein. Für den Rest der Welt bleiben dann nur 300.“

„Kann es Ihrer Meinung nach ein Comeback von ‚Al Kaida‘ geben?“

„Sie brauchen kein Comeback, sie sind noch immer in einer ziemlich starken Position“, lautete die ernüchternde Antwort. „Mit ihren Verbündeten haben sie Bombenangriffe in Europa und Indien, Bali und Ägypten durchgeführt. Die Organisation ist sehr stark. Wir sagen immer, dass wir zwei Drittel ihrer Führung getötet haben. Aber ein solcher Body Count heißt nicht viel. Wir wissen ja nicht einmal, wie groß die Führung von ‚Al Kaida‘ wirklich ist.“

Ob die Sicherheitsbehörden dank Guantanamo und der „Renditions“ wirklich lebenswichtige Informationen über die Terrorszene um „Al Kaida“ erhalten haben, ist nicht nachprüfbar. Angesichts der Ungereimtheiten und Widersprüche in der offiziellen Darstellung sind die größten Zweifel angebracht. Aber unbestreitbar ist, ganz unabhängig von der Menschenrechtsfrage, dass der politische Preis für Amerika um vieles höher war, als sich die in der Geheimdienstlogik verhafteten Erfinder das vorgestellt haben.

Guantanamo war die Folge einer Reihe krasser Fehlentscheidungen der Regierung Bush in den Monaten nach dem Afghanistankrieg 2001. Aus dem Versuch, Völkerrecht und Rechtsstaat zu umgehen, wurde ein Albatros für die USA. Diese Einsicht vertraten seit 2006 Rumsfeld-Nachfolger Robert Gates, der nominelle Chef des Marinestützpunktes, Außenministerin Condoleezza Rice und die Spitzen des Kongresses. Das Höchstgericht war dagegen und sogar George Bush hat wiederholt betont, er würde das Lager am liebsten schließen. Aber fünf Jahre nach der Einlieferung der ersten Gefangenen stand Guantanamo noch immer. Eine derart schwerwiegende Fehlentwicklung zu korrigieren, erwies sich für die Weltmacht Amerika als extrem schwierig.

---

1 Koordiniert wird die juridische Hilfe von einer Menschenrechtsorganisation in New York, dem Center for Constitutional Rights. Siehe: Official Attacks Top Law Firms Over Detainees, Neil A. Lewis, New York Times, 13.1.2007

2 Joseph Lelyveld, No Exit, The New York Review of Books, 15.2.2007

3 Eine viel diskutierte Studie der öffentlich zugänglichen Transkriptionen der Hearings durch zwei Juristen der Seton Hall University School of Law ergab, dass 2006 selbst nach den eigenen Angaben des Militärs nur 8 Prozent der Gefangenen „Al Kaida" zuzurechnen seien. Das Pentagon reagierte mit einer Gegenuntersuchung von Antiterrorexperten an der Militärakademie von West Point. Vgl.: William Glaberson, Pentagon Study Sees Threat In Guantanamo Detainees, New York Times, 26.7.2007

4 David Rose, Guantanamo, The War on Human Rights, New York 2004, p. 6

5 Joby Warrick, Saudi Arabia Routinly Frees Detainees, Washington Post, 18.3.2007

6 The Battle for Guantanamo, Tim Golden, The New York Times Magazine, 17.9.2006

7 Military Taking A Tougher Line With Detainees. Reward System Ends at Guantanamo Prison, Tim Golden, New York Times, 16.12.2006

8 Views on Detainee Representation Draw Fire, John Heilpin, Washington Post, 14.1.2007

9 „Es dauert vier Tage, um jemanden zu brechen". FBI-Mitarbeiter berichten über Misshandlungen und brutale Verhörmethoden in Guantanamo, die das Pentagon offensichtlich genehmigte: Paul-Anton Krüger, Süddeutsche Zeitung, 4.1.2007

10 US does not torture, Bush insists, BBC News, 7.11.2005

11 David Rose, Guantanamo, The War on Human Rights, New York 2004, p. 93

12 Scott Shane, Soviet Style ‚Torture' Becomes ‚Interrogation' in the War on Terror, New York Times, 3.6.2007

13 Barton Gellman, Jo Becker, Angler. The Cheney Vice Presidency, Washington Post, 24.6.–27.6.2007
14 Bush could bypass new torture ban, Waiver right is reserved, Charlie Savage, The Boston Globe, 4.1.2006
15 CIA Tells of Bush's Directive on the Handling of Detainees, David Johnston, New York Times, 15.11.2006
16 Interview of the Vice President by Scott Hennen, WDAY at Radio Day at the White House, Office of the Vice President, October 24, 2006
17 The Question of Liability Stirs Concern at the CIA, Scott Shane, New York Times, 16.9.2006
18 Anonymus, Imperial Hubris, Why the West is Losing the War on Terror, Washington 2004

Der fatale Krieg

Der Bundesstaat Vermont im Winter 2005. Im liberalen Nordosten des Landes haben sich Traditionen der direkten Demokratie erhalten, die sonst längst vergessen sind. Die Bürger kommen in Town Hall Meetings zusammen, bei denen es normalerweise um Schneeräumung, Schulbau und andere lokale Themen geht. Doch diesmal steht der amerikanische Blutzoll im Irak im Zentrum, hat George Bush doch den größten Teil der lokalen Nationalgarde zum Einsatz ins Zweistromland beordert. 40 Prozent der amerikanischen Soldaten kommen aus der Reserve oder aus der Nationalgarde. Oft werden sie aus dem zivilen Leben zum Kriegsdienst geholt. Das kleine Vermont hat pro Kopf der Bevölkerung mehr Gefallene zu beklagen als irgendein anderer Bundesstaat. 11 Soldaten aus Vermont sind umgekommen, und jetzt stand eine Resolution zur Diskussion, die den Rückzug der „Green Mountain Boys", wie die Nationalgardisten hier heißen, aus dem fernen Irak verlangte. Es war erst eineinhalb Jahre her, dass die amerikanischen Soldaten im Triumph in Bagdad einmarschiert sind. Aber bereits begann der Irakkrieg Amerika zu spalten und „Nightline", das angesehene Fernsehmagazin des TV-Senders ABC, trug die Bürgerversammlungen von Vermont in die Wohnzimmer des ganzen Landes.[1]

„Es gibt niemanden hier in Vermont, der nicht jemanden kennt, der im Militärdienst steht oder der demnächst einberufen wird", erzählte traurig Sergeant Gary Jackson in die Kamera. Der Krieg hat auch bei ihm seine Spuren hinterlassen, der gelernte Automechaniker hat das linke Bein und das linke Auge im Irak verloren: „Meine ganze linke Körperhälfte ist kaputt." Was von dem mit Narben übersäten linken Bein geblieben ist, zeigte Gary stoisch dem „Nightline"-Reporter. Die Verletzungen haben ihm auch seinen Job gekostet, als Mechaniker kann er nicht mehr arbeiten.

„Das ist ein Krieg, den uns niemand aufgezwungen hat", argumentierte in der benachbarten Turnhalle einer der Antragsteller. Er trägt schlohweiße lange Haare und einen Bart, deutlich einer der gealterten Hippies von Vermont. „Für die Nationalgarde ist das eine bisher noch nie da gewesene Rolle." Nationalgardisten sind Militärs, in Friedenszeiten kommen sie bei Naturkatastrophen daheim zum Einsatz. Der Präsident habe seine Autorität missbraucht, lautete das Argument. Dicht gedrängt saßen die Bürger auf Sesseln und Matten. „Die Toten mag ich genauso wenig wie ihr", hielt ein Senior im blauen Pullover dagegen. „Aber es gibt diesmal doch vergleichsweise wenig Opfer. Den Soldaten, die mitten im Kampf stehen, fallt ihr in den Rücken, wenn ihr verlangt, dass sie zurückkommen." Die meisten Anwesenden waren anderer Meinung. 49 von 53 Bürgerversammlungen forderten 2005 in Vermont die Rückkehr der amerikanischen Streitkräfte. Es war ein Anzeichen, wie rasch sich in der amerikanischen Bevölkerung die Zweifel am Irakkrieg auszubreiten begannen.

Innerhalb von kurzer Zeit wurde die amerikanische Präsenz im Irak unpopulärer, als es der Indochinakrieg je gewesen war. Anders als in den Sechzigerjahren, als allgemeine Wehrpflicht herrschte, verfügen die USA jedoch heute über eine Freiwilligenarmee. Niemand muss fürchten, aus heiterem Himmel einberufen zu werden wie vor 40 Jahren. Nur Familien mit Angehörigen bei den Streitkräften sind direkt betroffen. Von der großen Mehrheit der Amerikaner, die den Irakkrieg bloß aus dem Fernsehen kennen, trennen sie Erfahrungen und Emotionen.

Die austroamerikanische Anwaltsgattin Traude Knauer in Washington DC ist eine der Mütter, die in den letzten Jahren bei jeder Fernsehnachricht über eine Autobombe in Bagdad oder Ramadi um ihren Sohn zittern musste. „Robert ist ein Patriot, er wollte etwas für sein Land tun", sinniert Traude Knauer im schmucken Einfamilienhaus mit Garten im noblen Nordwesten der Hauptstadt. „Zuerst dachte er an das Peace Corps, schließlich entschied er sich für die Marineinfanterie, so wie sein Vater." In seinem Büro wenige Häuserblocks vom Weißen Haus entfernt zeigt uns der Vater, Lee Knauer, stolz Artikel und Fotos aus der Zeit, als er Richard Nixon und Ronald Reagan als Anwalt verteidigt hat. „Robert war Aktivist der konservativen Catholic Campaign for America. Beim republikanischen Senator Conny Mack hat er ein Praktikum gemacht, politisch hat er so gedacht wie ich", erinnert sich der Vater. Die erschreckenden Berichte des Sohnes nach Hause haben aus den konservativen Eltern entschiedene Kriegsgegner gemacht.

Bei den Präsidentschaftswahlen 2004 hat Lee Knauer nicht mehr für George W. Bush gestimmt. „Die Regierung hat uns betrogen und den noblen Idealismus meines Sohnes missbraucht." Seine konservativen Grundsätze muss er jetzt überdenken, sagt der Anwalt ungeschminkt in das ORF-Mikrofon. Die Mutter berichtet von Spannungen selbst mit guten Freunden: „Wenn ich von meinen Sorgen und Ängsten erzähle, dann höre ich immer wieder, Robert sei doch freiwillig zum Militär gegangen. Das stimmt, aber er wollte das Land verteidigen und nicht in einen solchen Krieg ziehen." Die Angst um das Leben des Sohnes vergeht nie, wenn er im Irak ist. Daran können auch tägliche Telefonate und E-Mails zwischen Washington DC und Roberts Einsatzgebiet nichts ändern.

Nur wenige Amerikaner sind so unmittelbar mit der Realität des Krieges konfrontiert wie die Familie Knauer. Die an die 3700 Gefallenen nach vier Kriegsjahren haben zwar symbolisch großes Gewicht. Aber für ein Land mit mehr als 300 Millionen Einwohnern ist das ein begrenzter Blutzoll. Allein bei Verkehrsunfällen sterben in den USA mehr als 40.000 Menschen pro Jahr.

Aber schon bald begann eine kleine, aber sehr engagierte Gruppe von Angehörigen aus Soldatenfamilien den herrschenden patriotischen Konsens zum Irak zu durchbrechen. Im Jänner

2005 deckte heftiges Schneetreiben ganz Washington DC ein. Einige Mütter und Angehörige gefallener Soldaten der Gruppe „Military Families Speak Out" versuchten über einen Nebeneingang des weiträumig abgeschirmten Pentagons vom Potomac zum damaligen Verteidigungsminister Donald Rumsfeld, dem Architekten des Krieges, vorzudringen.

Trotz der Jahreszeit trugen viele Sonnenbrillen, das verdeckt die Tränen. Eingehängt kämpften sie sich durch den Schnee. Das Friedenszeichen war zu sehen und Fotos der gefallenen Angehörigen. Sehr bald fanden die Frauen ihren Weg versperrt. „Pentagon Police" stand auf den Streifenwagen. Die Frauen klangen kämpferisch und verzweifelt zugleich. „Ich möchte Donald Rumsfeld ins Gesicht sagen, wie sehr ich meinen Sohn vermisse." Celeste Zappala, eine braunhaarige Frau aus Pennsylvania, hielt uns ein Bild ihres gefallenen Sohnes, Sergeant Sherwood Baker von der National Guard, entgegen. Mit seinen Brillen und den zusammengepressten Lippen sieht der dreißigjährige Sergeant in seiner Uniform ernst und gar nicht kriegerisch aus. „Ich möchte, dass Rumsfeld unsere Schmerzen sieht. Aber niemand antwortet auf unsere Briefe. Irgendwer muss doch die Verantwortung übernehmen für all die Fehler im Irak. Ich verlange Antworten. Ich habe das Recht dazu, denn ich bin die Mutter eines Helden."

Deborah Lucey, eine junge Frau mit rundem Gesicht aus Massachusetts, hat das Foto ihres 23-jährigen Bruders Jeffrey, der im posttraumatischen Stress nach dem Irakeinsatz Selbstmord begangen hat, mitgebracht. Der tote Corporal Jeffrey Lucey ist zu einer Symbolfigur der Antikriegsbewegung geworden. Die Schwester Deborah Lucey zieht mit ihrem traurigen Bericht über die psychischen Verwüstungen, die der Krieg bei ihrem Bruder ausgelöst hat, von College zu College. Die Fotos Jeffreys, zuerst in der Highschool mit Freunden, dann in der Uniform eines Marineinfanteristen und schließlich im Irak, liegen zwischen Flugblättern und Antikriegsbroschüren. „Nach der Rückkehr aus dem Irak hat er es nicht verkraften können, dass er auf Befehl seines Vorgesetzten zwei unbewaffnete irakische Soldaten erschießen musste", berichtet Deborah Lucey bei einer Friedensveranstaltung am College von West Springfield im Bundesstaat Massachusetts.

Deborah lädt uns in ihre bescheidene Wohnung, eine Autostunde vom College entfernt: an den Wänden Erinnerungsfotos des toten Bruders Jeff. „Celebrating Life" steht auf einem Trinkglas mit dem Foto des Gefallenen. Wie viele persönlich schwer getroffene Familienmitglieder macht Deborah Lucey die politische Führung des Landes für das Schicksal ihrer Familie verantwortlich: „Seine Seele ist im Irak gestorben", sagt sie über ihren Bruder, der sich im Juni 2004 im elterlichen Haus erhängt hat. „Wen ich dafür verantwortlich mache, dass Jeff gestorben ist? Viele, ich fühle mich selbst verantwortlich, weil ich ihm nicht helfen konnte. Ich mache den Präsidenten verantwortlich, denn ohne Krieg wäre Jeff noch am Leben."

Mit der Erfahrung, dass sie im Krieg gezwungen waren, Unschuldige zu töten, haben viele Veteranen zu kämpfen. Ivan Medina ist Aktivist einer Antikriegsorganisation namens „Veterans against War". Mit der Dritten Infanteriedivision war er 2003 bei der Invasion ganz vorne dabei. Ivan Medina kommt aus einer Soldatenfamilie. Die Schwester Jenny Medina ist Sergeant der Reserve, sein Zwillingsbruder Irving war wie Ivan Specialist in der US-Army. Am gemeinsamen Geburtstag ist Irving 2003 bei den Kämpfen in Falludja gefallen. Der Tod des Zwillingsbruders an der Front hat den jungen Mann zum engagierten Aktivisten gegen den Krieg gemacht. Wir besuchten ihn im Städtchen Verona im Bundesstaat New York.

„Geschossen haben wir an den Checkpoints oft", erzählt Ivan Medina. „Wenn Autos nicht stehen geblieben sind, blieb uns nichts anderes übrig. Manchmal haben wir dann festgestellt, dass im Wagen nicht Sprengstoff, sondern kleine Kinder waren." Ob diese Vorgangsweise amerikanische Leben gerettet hat? Ivan glaubt das nicht mehr: „Man kann nicht Krieg führen, ohne dass ein Teil seiner Seele stirbt." Als Verräter an seinen Kameraden fühlt sich Ivan Medina wegen seiner Antikriegsaktivitäten nicht. „Die meisten Soldaten sind doch dankbar, wenn jemand die Wahrheit sagt.“ Weil sein Bruder gefallen ist, muss Medina nicht mehr in den Irak. Das ist eine der Regeln der US-Army. Aber die Integration in das zivile Leben fällt ihm sichtlich schwer. „Ein normales Leben werde ich nie mehr führen.“

Die Schicksale der Irak-Heimkehrer erinnern an das zerstörte Leben von Hunderttausenden Veteranen des anderen großen gescheiterten Krieges der amerikanischen Supermacht, in Indochina. Das Denkmal für die amerikanischen Toten des Vietnamkrieges in Washington DC liegt am Fuße des Memorials für Abraham Lincoln, dem Präsidenten, der nach George Washington am stärksten verehrt wird. Es ist das nachdenklichste Kriegerdenkmal der amerikanischen Hauptstadt, berührend und gar nicht kriegerisch pompös. Die Namen von 58.256 Gefallenen sind hier festgehalten. Wenn man fragt, stellen viele Besucher einen ziemlich eindeutigen Bezug zur Gegenwart her.

„Vietnam ist nie vergessen worden.“ Ein nachdenklicher, älterer Herr aus Virginia, der an einem kalten Wintertag nach dem Namen eines Freundes sucht, schüttelt den Kopf. „Vor allem was jetzt passiert, das bringt alles wieder hoch. Mit dem jetzigen Krieg wird es vielleicht einmal nötig sein, noch so ein Memorial zu bauen.“

Auch die politischen Wunden von damals wollen nicht verheilen. Bob Muller, einer der prominentesten Sprecher der Vietnam-Veteranen, wundert das gar nicht. Mullers Organisation „Vietnam Veterans of America“ hat ein Büro in der Innenstadt von Washington DC. Muller sitzt im Rollstuhl hinter seinem Schreibtisch, aber seine Augen blitzen, als wäre es eine Massendemonstration, vor der er spricht: „Der Vietnamkrieg hat das Verhältnis zu unserer eigenen Regierung und unser Selbstverständnis grundlegend verändert. Wir haben das Vertrauen in die politische Führung verloren. Heute stehen wir wieder im Krieg, und wieder wird Vietnam zum entscheidenden Bezugspunkt.“

Das Symbol für die militärische Macht Amerikas und deren Missbrauch war damals wie heute das Pentagon. Der gigantische, aus fünf fünfeckigen Ringen bestehende Büroklotz, umgeben von Parkplätzen und Autobahnen, ist das furchterregendste Gebäude im Umkreis der amerikanischen Hauptstadt. „Sieg dem Vietkong, Bomben auf das Pentagon", skandierten radikale Studenten 1968. Mehr als 30 Jahre später, am 11. September 2001, lenkte der „Al Kaida"-Terrorist Hani Hanjour die Boeing 757 des „American Airlines"-Fluges 77 mit 58 Menschen an Bord in den Westflügel des Gebäudes. Die Mitarbeiter im Osttrakt haben nichts von alldem bemerkt und erst aus dem Fernsehsender CNN erfahren, dass sie angegriffen wurden. Das Alarmsystem brach so gründlich zusammen, dass Verteidigungsminister Donald Rumsfeld sein Büro verlassen musste, um sich vom Parkplatz aus ein Bild der Lage zu machen.

Von den Zerstörungen des 11. September 2001 ist mehr als fünf Jahre später nichts mehr zu sehen. An einer Gedenkstätte für die 184 Opfer wird gebaut. Über eine eigene Station der Gelben Linie bringt die Washingtoner Metro täglich Tausende zu ihrem Arbeitsplatz im Verteidigungsministerium. Sie werden unmittelbar beim Eingang von einem riesigen Wandteppich, bestehend aus Porträts aller Opfer des Terrorangriffs, begrüßt. Auch eine Shoppingmall mit einer Dunkin Donuts-Filiale, einer Bank, einem Juweliergeschäft und einem Drogerie-Supermarkt ist im Pentagon zu finden. Für Journalisten ist der Zugang zum Allerheiligsten der amerikanischen Streitkräfte kompliziert. Es gibt weiträumig so viele Checkpoints, dass man leicht den Überblick verlieren kann. Ist die letzte Hürde genommen und man erhält die begehrte Erkennungsmarke für den Tag, dann bedeutet das: Man darf sich in Begleitung von Mitarbeitern der Presseabteilung im Gebäude bewegen. Ohne Begleitung wären wir wahrscheinlich nicht nur ein Sicherheitsrisiko, sondern würden uns vor allem innerhalb kürzester Zeit hoffnungslos verlaufen.

Zivilisten und Uniformierte hetzen an patriotisch ausgestatteten Ausstellungsvitrinen vorbei. Die Verbündeten des Ersten Weltkrieges werden geehrt. „Warriors for America“ steht über einer Tafel, die Soldaten aus den Indianerstämmen Amerikas gewidmet ist. „Fit to Win“ wirbt für Fitness im Bürobetrieb der größten Bürokratie der Erde. Der Weg führt durch die langen Korridore des Trakts, in dem die Büros des amerikanischen Generalstabs liegen. An den Wänden die endlose Reihe von historischen Porträts der obersten Soldaten Amerikas. Peter Pace, der Generalstabschef, blickt grimmig von einem protzigen Ölgemälde voller Panzer und Kampfjets. Aus einer Ecke kommen Küchengerüche. Die militärische Führung Amerikas muss auch ernährt werden.

Robert Gates, der Vertraute von George Bush senior, der für den Sohn nach der Niederlage bei den Kongresswahlen 2006 die Kastanien aus dem Feuer holen sollte, hat das Ritual der Pressekonferenzen im Pentagon völlig verändert. Anstelle der dramatischen Wortgefechte, die sein Vorgänger Donald Rumsfeld den Reportern lieferte, gibt Gates knappe und sachliche Antworten. Rumsfeld, der in Natura schmaler wirkt als im Fernsehen, war bei seinen legendären Auftritten konzentriert und energiegeladen gestanden. Gates sitzt an einem Mahagonitisch, mit einer riesigen blauen Weltkarte im Hintergrund. Als ich ihn im Frühjahr 2007 nach angeblich im Irak aufgetauchten österreichischen Steyr-Mannlicher-Scharfschützengewehren fragte, da meinte er nur schlicht, darüber sei er nicht informiert. Von Rumsfeld hätte man bei einem derartigen Anlass auf eine Strafpredigt über die angebliche Negativpropaganda der internationalen Medien gefasst sein müssen.

Fast sechs Jahre lang war Donald Rumsfeld der unbestrittene Herrscher über dieses Reich gewesen. George W. Bush hatte ihn gegen den ausdrücklichen Rat seines Vaters in sein Kabinett geholt. Der für harte Bandagen im innerbürokratischen Machtkampf bekannte Haudegen war stolz darauf, sowohl der älteste als auch der jüngste Verteidigungsminister der USA zu sein. Bereits 1975 war er hier einmal der Chef gewesen. Den verhängnisvollen Plan, mit möglichst wenig Soldaten und ohne Konzept für die Zeit danach, auf Bagdad zu marschieren, hatte er gegen den Willen eines großen Teils des militärischen Establishments durchgeboxt. Seine Verbündeten waren neokonservative Ideologen mit hochfliegenden Plänen, die an zentralen Schalthebeln in der zivilen Führung des Pentagons saßen: Paul Wolfowitz, bis 2005 Stellvertretender Verteidigungsminister und intellektueller Architekt der Irakinvasion, und Unterstaatssekretär Douglas Feith, der eine eigene, vom CIA unabhängige Nachrichtendienstzentrale zur Propagierung des Krieges aufbaute. Die Neokonservativen waren überzeugt, dass die USA viel zu zögerlich waren, ihre militärische Macht zur Verbreitung von Freiheit und Demokratie in der Welt einzusetzen. Eine Haltung, die Rumsfelds Plänen für schlankere und schlagkräftigere Streitkräfte entgegenkam.

Donald Rumsfeld war ein autoritärer Charakter. Sogar hart gesottene Generäle wagten nicht, ihm zu widersprechen. Kritische Fragen bekam er dafür von einfachen Soldaten zu hören. Bei einem Besuch in Bagdad im Dezember 2004 wollte er auf einer Versammlung mit Hunderten Soldaten wissen, ob es Probleme gibt. Die ließen sich das nicht zweimal sagen. „Warum müssen wir Soldaten eigentlich selbst in Mülldeponien nach Altmetall suchen, um unsere Fahrzeuge zu panzern?“, wollte Specialist Thomas Wilson aus Tennessee wissen. „Warum gibt uns die Armee nicht genug Panzerwagen?“ Das sei eine Frage der Produktion, antwortete Rumsfeld. „Aber wissen Sie“, kam es dann typisch kaltschnäuzig vom Verteidigungsminister, „man zieht mit der Armee in den Krieg, die man hat, und nicht mit der Armee, die man sich wünscht.“ Auch das gehört zur amerikanischen Wirklichkeit, die in vielen anderen Staaten schwer vorstellbar ist: ein Verteidigungsminister, der sich vor laufenden Kameras vor den eigenen Soldaten rechtfertigen muss.

Das Militärbudget ist unter der Regierung Bush so rasch in die Höhe geschnellt wie selten zuvor. 2008 werden die USA mindestens 620 Milliarden Dollar für ihre Streitkräfte ausgeben. Ein gigantischer Betrag, der fast doppelt so groß ist wie die gesamte österreichische Wirtschaftsleistung. Wenn man die Kriege im Irak und in Afghanistan und die amerikanische Nuklearstreitmacht berücksichtigt, wenden die USA für ihre Rüstung mehr auf als die restliche Welt zusammen. Gemessen am riesigen amerikanischen Bruttonationalprodukt sind das aber nur erstaunlich wenig 4 Prozent.[2] Noch im teuren Wettrüsten des Kalten Krieges unter Ronald Reagan machten die Militärausgaben 6,5 Prozent des Bruttonationalproduktes aus. Hier liegt eine der großen Stärken der USA: Die wichtigste Wirtschaftsmacht der Erde kann über Jahre Ausgaben verkraften, die andere Staaten in kürzester Zeit in den Ruin treiben würden. „Die einzige Supermacht zum Billigtarif zu sein, das ist erstaunlich“, wunderte sich schon 2002 der Militärhistoriker Paul Kennedy.[3]

Im Irak haben den USA ihre hochmodernen Waffen allerdings wenig geholfen. Ein Krieg, mit dem Washington der ganzen Welt die Überlegenheit der allein agierenden Supermacht demonstrieren wollte, hat in Wirklichkeit gezeigt, wo die großen Schwächen Amerikas liegen.

6. Dezember 2006: Im überfüllten Verhandlungssaal 216 des Hart Buildings am Kapitol in Washington DC präsentierten die Mitglieder der Irak-Untersuchungskommission unter Ex-Außenminister James A. Baker vor der versammelten Presse ihren mit Spannung erwarteten Bericht. Die Kernaussagen ließen keinen Zweifel: Die gesamte seit der Invasion des Jahres 2003 verfolgte Strategie im Irak ist gescheitert.[4] „The situation in Iraq is grave and deteriorating“, „Die Lage im Irak ist schlimm und sie verschlechtert sich.“ Die hochrangigsten Elder Statesmen und Elder Stateswomen Amerikas unter der Führung von Ex-Außenminister James Baker sowie des demokratischen Ex-Abgeordneten Lee H. Hamilton haben ein vernichtendes Urteil über die gesamte Nahostpolitik der Regierung Bush gefällt. „Die gegenwärtige Politik der Vereinigten Staaten greift nicht. Die Gewalt nimmt zu

im Irak und die Regierung bringt die Nationale Versöhnung nicht voran." Und immer wieder: „Die Situation verschlechtert sich ständig."

Von diesem Augenblick an begannen die USA zu realisieren, dass sie dabei sind, den Irakkrieg zu verlieren.

Dabei hatte der Feldzug gegen Saddam Hussein so triumphal begonnen. Als das Pentagon unter der martialischen Bezeichnung „Shock and Awe", „Schock und Einschüchterung", am 21. März 2003 die ersten Cruise Missiles in Richtung Bagdad abfeuern ließ, da hieß es, eine völlig neue Art der Kriegsführung habe begonnen. Präzisionsgelenkte Waffen würden den traditionellen Bodenkampf minimieren und nur eine geringe Zahl ziviler Opfer fordern. Und tatsächlich war der Marsch auf Bagdad für die amerikanischen Soldaten der Spaziergang, oder „cakewalk", wie die Amerikaner sagen, den die Kriegsbefürworter prophezeit hatten. Nach wenigen Wochen standen die Marines in den Palästen Saddam Husseins. Die angeblich so furchtbare Militärmaschinerie des irakischen Baath-Regimes löste sich in Luft auf. Kurden, Schiiten und auch viele von der Tyrannei Saddam Husseins unterdrückte Sunniten begrüßten den Sturz des Diktators. Am 1. Mai 2003 erklärte George Bush unter dem seither heftig diskutierten Transparent mit der Aufschrift „Mission Accomplished" vom Flugzeugträger USS Abraham Lincoln aus, die Kampfhandlungen seien beendet.

Wie sich die damalige Pentagon-Führung die weitere Entwicklung vorstellte, zeigt eine Powerpoint-Präsentation des Irak-Oberbefehlshabers General Tommy R. Franks, deren Veröffentlichung von Friedensaktivisten gerichtlich erzwungen wurde. Franks glaubte, dass im September 2003 nur mehr 30.000 US-Soldaten erforderlich sein würden. Nach einer dreimonatigen „Stabilisierungsphase" prophezeite das Pentagon 18 bis 24 Monate „Wiederaufbau" und schließlich spätestens 45 Monate nach der Invasion den „Übergang" zu stabilen Verhältnissen. Ende Dezember 2006 würden die USA mit 5000 Soldaten im Irak auskommen, erwartete die militärische Führung.[5]

Tatsächlich jedoch lief vom ersten Tag der amerikanischen Besatzung an so ziemlich alles schief. Statt der erträumten 5000 Soldaten waren vier Jahre nach dem offiziellen Kriegsende 140.000 US-Soldaten im Irak im Einsatz. Das Pentagon hatte bewusst auf die Ausarbeitung eines detaillierten Besatzungsplanes verzichtet, weil die neokonservativen Strategen den Beteuerungen der Exil-Iraker um Ahmed Chalabi vertraut hatten, dass nach der Beseitigung der Diktatur spontan eine neue Ordnung erwachsen werde.[6]

Als die tagelangen Plünderungen in Bagdad und anderen irakischen Städten diese idealistische Vorstellung widerlegten, hatten die amerikanischen Kommandanten weder ein Konzept noch ausreichend Soldaten, um Ordnung zu schaffen. Paul Bremer, ein Sicherheitsexperte und Diplomat mit guten Verbindungen zur republikanischen Führung, den George Bush im Mai 2003 überstürzt als eine Art amerikanischen Prokonsul mit absolutistischen Kompetenzen nach Bagdad schickte, verschlimmerte die Situation durch die Auflösung aller mit dem alten Regime verbundenen Exekutivorgane. Die in den neokonservativen Kreisen der USA üblichen Parallelen zu Deutschland nach dem Zweiten Weltkrieg, als Wehrmacht, NSDAP und alle Naziorganisationen aufgelöst wurden, erwiesen sich in der komplizierten irakischen Situation als fatal. Schlagartig hatte das Land weder Armee noch Polizei. Hunderttausende verstoßene ehemalige Soldaten und Polizisten wurden zu potenziellen Aufständischen.[7]

Mit 20 Milliarden Dollar aus irakischen Öleinnahmen und weiteren 18 Milliarden Dollar amerikanischer Steuergelder sollte Zivilverwalter Paul Bremer den Aufbau des erhofften demokratischen Irak in die Wege leiten.[8] Aber die Regierung in Washington schickte nicht Experten mit Erfahrung in Entwicklungshilfe oder Kenner des Nahen Ostens, sondern republikanische Parteigänger nach Bagdad. Die gut bezahlten Jobs wurden über eine Schaltstelle im Pentagon vermittelt, deren Chef, ein gewisser Jim O'Beirne, die Bewerber nach ihrer Haltung zu George Bush oder zur Abtreibung fragte, nicht jedoch, ob sie arabisch sprachen oder schon je etwas mit „Nation Building“ zu tun gehabt hatten.[9] Ehemalige republikanische Wahlhelfer aus dem christlich-fundamentalistischen Flügel wurden bevorzugt. Mehr als die Hälfte der rasch total überforderten jungen Leute war vor dem Irak-Einsatz überhaupt noch nie im Ausland gewesen und musste das erste Mal in ihrem Leben einen Pass beantragen.

Riesige Geldmittel und viel Goodwill wurden auf diese Weise vergeudet.[10] Der kalifornische Vorsitzende des Aufsichtsausschusses im Repräsentantenhaus, Henry Waxman, vermutet, dass allein in den letzten sechs Wochen der Regentschaft Paul Bremers im Irak 360 Tonnen Bargeld im Wert von mehr als fünf Milliarden Dollar ohne Belege verteilt wurden.[11] Gleichzeitig weigerte sich die militärische Führung über Monate hinweg, die Anzeichen der beginnenden Aufstandsbewegung ernst zu nehmen.[12] Der Weg ins Debakel war vorgezeichnet. Der Irakkrieg wurde nicht nur zum Desaster in der Region. Das Bild der Konzeptlosigkeit von dem Augenblick an, als die neokonservativen Träume auf die nahöstliche Realität prallten, hinterließ einen fatalen Eindruck: Die mächtige Supermacht hatte nicht nur Schwäche gezeigt, sondern auch kaum vorstellbare Kompetenzlosigkeit.

Für die amerikanische Öffentlichkeit besonders bitter: Der Glaubwürdigkeitsverlust im Irak trifft die Streitkräfte, die aus historischen Gründen die bei Weitem angesehenste Institution der USA sind. Fast wie ein Staatsgeheimnis behandelt das Pentagon die heimgekehrten Särge gefallener amerikanischer Soldaten: Am Militärflughafen von Dover im Bundesstaat Delaware, wo seit den Fünfzigerjahren die Transportmaschinen mit ihrer traurigen Last aus den diversen Kriegsgebieten eintreffen, herrscht strenges Fotografierverbot. Die wenigen bekannten Bilder von den mit Fahnen bedeckten Särgen in den Bäuchen der riesigen Transportmaschinen wurden unter der Hand von einem Transportarbeiter geschossen.

Nach dem Machtwechsel zu den Demokraten im Kongress im Herbst 2006 musste das Pentagon zugeben, dass Heldengeschichten aus Afghanistan und dem Irak, die in die ganze Welt verbreitet wurden, frei erfunden waren. Den erstaunten Abgeordneten berichtete im April 2007 die ehemalige Soldatin Jessica Lynch, deren Befreiung nach ihrem angeblichen heroischen Kampf gegen Aufständische 2003 von der PR-Abteilung des Pentagons sogar gefilmt wurde, dass sie nie auch nur einen Schuss abgegeben hatte. „Das amerikanische Volk braucht für Helden keine Lügengeschichten“, lautete ihr vernichtendes Urteil. Auch die Familie von Pat Tillman, einem bekannten Footballspieler, der sich freiwillig zum Kriegsdienst im Irak und in Afghanistan gemeldet hatte, bezichtigt das Pentagon der bewussten Lüge. Tillman ist im Mai 2004 bei einem Feuergefecht in Afghanistan umgekommen. Oberkommandierender John Abizaid ließ den bekannten Spitzensportler wochenlang als Held feiern, obwohl intern längst bekannt war, dass Schüsse aus den eigenen Reihen zu seinem Tod geführt hatten. Die Angehörigen vermuten, dass das Pentagon durch diese Falschinformationen von dem zur gleichen Zeit geplatzten Skandal um die Folterszenen im Gefängnis von Abu Ghraib ablenken wollte.[13]

Besonders schwer wogen innenpolitisch die durch monatelange Recherchen der „Washington Post“ im Februar 2007 aufgedeckten Missstände im Walter-Reed-Militärspital bei Washington DC.[14] Während die Regierung mit salbungsvollen Worten den Heroismus der Soldaten lobte, mussten sich zum Teil schwer verletzte Soldaten in der Rehabilitation mit einer starren Bürokratie, desolaten Wohnbedingungen und heillos überfordertem medizinischen Personal herumschlagen. Der für die Armee zuständige Minister musste seinen Hut nehmen und mehrere Generäle wurden gefeuert. Aus Militärspitälern im ganzen Land berichteten Veteranen über schlechte Behandlung.[15]

International am folgenschwersten erwiesen sich jedoch die Folterfotos von Abu Ghraib, die im April 2004 vor der gesamten Weltöffentlichkeit das Ausmaß der von US-Soldaten begangenen Menschenrechtsverletzungen dokumentierten. Donald Rumsfeld, der als politischer Verantwortlicher damals knapp am Rücktritt vorbeiging, bezeichnete Abu Ghraib als die schlimmste Zeit seiner Amtszeit. Die angesehene amerikanische Menschenrechtsorganisation „Human Rights Watch" sieht den ehemaligen Pentagon-Chef jedoch selbst als einen der Hauptverantwortlichen für diese Fehlentwicklungen. Im April 2005 forderte die Menschenrechtsorganisation – vergeblich – die Einsetzung eines Sonderstaatsanwaltes, der die Vorwürfe von Folter und Kriegsverbrechen gegen Donald Rumsfeld, CIA-Chef George Tenet und die militärischen Verantwortlichen im Irak untersuchen sollte: Fast 100 Gefangene sind zwischen August 2002 und Anfang 2006 in amerikanischem Gewahrsam zu Tode gekommen, bei mehr als einem Drittel besteht Mordverdacht. Nur in den wenigsten Fällen wurden die Schuldigen bestraft. Die Schlussfolgerung der Menschenrechtsaktivisten lautet, dass in den US-Streitkräften in Afghanistan und im Irak eine „Kultur der Straflosigkeit" bei Übergriffen gegen Gefangene und gegen die Zivilbevölkerung entstanden sei, die von ganz oben ihren Ausgang genommen habe.[16]

Die Sprecher des Pentagons weisen diese Darstellung wütend zurück. Die dreijährige Gefängnisstrafe für Lynndie England, die junge Soldatin auf einigen der schlimmsten Folterfotos, und für andere direkte Täter von Abu Ghraib werden als Beispiel dafür angeführt, dass der Rechtsstaat auch bei den Streitkräften funktioniert. Dem ist wohl nur beschränkt zuzustimmen. General Antonio Taquba, der 2004 die erste interne Untersuchung zu Abu Ghraib durchgeführt hat, erzählte dem Aufdeckungsjournalisten Seymour Hersh nach seiner unfreiwilligen Pensionierung, wie seine Vorgesetzten Ermittlungen gegen die im Irak verantwortlichen Generäle blockiert haben.[17]

Geahndet wurden die schlimmsten sadistischen Übergriffe. Aber das aus Guantanamo importierte System gezielter Misshandlungen bei Verhören war nach Darstellung General Taqubas viel weiter verbreitet. Bestätigt wurden diese Vorwürfe durch das spektakuläre Geständnis eines arabisch sprechenden Verhörbeamten Anfang 2007: Eric Fair hat 2004 für die 82. Luftlandesdivision bei Falludja Verhöre durchgeführt. „Mein Vorgesetzter gab mir genaue Anweisungen: Den Gefangenen, den ich zu verhören hatte, sollte ich durch stündliches Öffnen der Zellentür am Schlafen hindern. Er sollte gezwungen werden, ohne Kleider in der Ecke zu stehen. (...) Ich habe gesehen, wie Gefangene die ganze Nacht in ihren kalten Zellen zitternd stehen mussten. (...) Schlafentzug und Nahrungsmittelentzug waren normal, genauso wie physische Misshandlungen wie Schläge und Tritte. Ich war entsetzt, aber mir fehlte der Mut, diesem Status Quo entgegenzutreten.“[18]

Der Antiguerillakrieg, den die amerikanischen Streitkräfte heute in Afghanistan und im Irak führen, hat die anfängliche Illusion vom „sauberen Krieg“ auf jeden Fall gründlich zerstört. Die Armee Frankreichs, der historischen Geburtsstätte der Deklaration der Menschen- und Bürgerrechte, hat einst im algerischen Kolonialkrieg systematisch gefoltert. In Vietnam wurde das amerikanische Massaker an Hunderten Frauen und Kindern im Dorf My Lai zum Symbol des moralischen Debakels der USA im Kalten Krieg. Anfang des 21. Jahrhunderts sind die amerikanischen Streitkräfte auch in dem von George W. Bush proklamierten Feldzug für Freiheit und Demokratie dem Fluch imperialer Kriegsführung in der Dritten Welt nicht entgangen.

Unter General David Petraeus, dem vom Präsidenten 2007 neu eingesetzten Oberbefehlshaber im Irak, gaben die amerikanischen Militärs auch offen zu, dass das rücksichtslose Vorgehen der Besatzer gegenüber irakischen Zivilisten geholfen hat, die Reihen der Aufstandsbewegung zu füllen.

Eine Besonderheit, die die US-Streitkräfte im Zweistromland von den britischen Vorgängern unter dem legendären Lawrence of Arabia nach dem Ersten Weltkrieg unterscheidet, ist die Teilprivatisierung der Kriegsführung, die erstmals in diesem Ausmaß gegriffen hat. Nie zuvor haben private Firmen so viele militärische Aufgaben übernommen. Vom täglichen Munitionstransport über die Versorgung der Truppe mit Lebensmitteln und Treibstoff bis zum persönlichen Schutz des obersten amerikanischen Zivilverwalters Paul Bremer waren, ganz im Sinn der konservativen Anti-Staatsideologie der Regierung Bush, gewinnorientierte Unternehmen im Einsatz. Auch quasimilitärische Schutzfunktionen werden von der Besatzungsmacht an private Sicherheitsdienstleister „outgesourced", wie der englische Fachausdruck lautet. Der Schutz Paul Bremers soll der in South Carolina angesiedelten Firma Blackwater USA 21 Millionen Dollar gebracht haben. Dass Paul Bremer und die ihm nachfolgenden amerikanischen Botschafter – dank Blackwater – ihren Einsatz im Irak überlebt haben, wird in der Eigenwerbung der Firma seither gerne hervorgehoben.

„Outsourcer in Chief" nennt „New York Times"-Kolumnist Paul Krugman ironisch den „Commander in Chief".[19] Nicht zuletzt die für die amerikanische Öffentlichkeit so wichtigen Angaben über die zahlenmäßigen Kosten der Besatzung sind auf diese Weise leichter zu verdauen. 140.000 US-Soldaten gab es im Sommer 2007 im Irak. Das ist viel, klingt aber trotzdem besser als die 220.000, die es wären, würde man die etwa 20.000 bis 30.000 privaten Sicherheitsleute und die etwa 50.000 zivilen Mitarbeiter privater Firmen dazuzählen.[20]

Was Mitarbeiter privater Firmen in den Irak treibt, ist die außergewöhnlich gute Bezahlung, die drei- bis viermal über dem Verdienst von Soldaten oder Nationalgardisten liegt. Ein Blackwater-Mitarbeiter kann pro Tag 500 bis 600 Dollar verdienen. Halliburton wirbt um seine Trucker mit einem Jahresgehalt von 100.000 Dollar. Die Halliburton-Tochter Kellog, Brown & Root, KBR, bezifferte ihre Flotte von Trucks im Irak im Mai 2006 mit 1000.[21] Jeden Tag sind 700 Lastwagen unterwegs, die „Munition, Wasser, Ersatzteile für Panzer und Militärfahrzeuge, Treibstoff und Medikamente für militärische Zwecke" für die Armee transportieren.

Es sind oft harte Burschen mit einem Hang zum Abenteuer, im mittleren Alter, mit Spitznamen wie Rubber Duck, Smokey Joe,

Boozer, Big Money oder Wolf Pack, die noch einmal versuchen wollen, richtig gut zu verdienen.[22]

Amerikanische Medien haben wiederholt Missstände aufgedeckt, die von gewissenloser Geschäftemacherei bis zu Straflosigkeit privater Sicherheitsleute bei Übergriffen gegen irakische Bürger reichen.[23]

Einen spektakulären Prozess gegen die private Sicherheitsfirma Blackwater strengen die Familien von vier Männern an, die sich am 31. März 2004 im Zentrum der Stadt Falludja verfahren hatten, von Aufständischen angegriffen und dann von einer rasenden Menge buchstäblich zerstückelt wurden. Die Leichen hingen tagelang an einer Brücke über den Euphrat. Die klagenden Angehörigen sagen, Blackwater habe die vier Mitarbeiter ohne ausreichende Vorbereitung und ohne hinreichende Verteidigungsmöglichkeiten in eine voraussehbare tödliche Gefahr geschickt. Nicht einmal eine ordentliche Landkarte hätten sie dabei gehabt.

Obwohl George W. Bush nicht müde wird, die verheerenden Folgen einer Niederlage für den amerikanischen Antiterrorkampf hervorzuheben, hat der Irakkrieg seine Legitimität in den Augen der amerikanischen Öffentlichkeit verloren. Von den ursprünglichen Kriegsgründen ist nichts mehr übrig geblieben, seit der amerikanische Waffeninspektor David Kay das Land Anfang 2004 mit der sensationellen Aussage „We were all wrong", „Wir hatten alle unrecht", schockierte und verkündete, dass der Glaube an die bedrohlichen chemischen, biologischen oder gar nuklearen Waffen im Besitz Saddam Husseins auf einem Irrtum beruht habe.

Wie sehr die amerikanische Führung selbst an die These von den Massenvernichtungswaffen geglaubt hat, ist seither Gegenstand heftiger Diskussionen. Vom ehemaligen Finanzminister Paul O'Neill bis zu Ex-Sicherheitsberater Richard A. Clarke und dem ehemaligen CIA-Chef George Tenet berichten ehemalige Mitarbeiter von ersten Kriegsvorbereitungen schon in den Tagen nach dem 11. September 2001.[24] In einem seltenen Augenblick ungeschützter Offenheit hat Paul Wolfowitz, als damaliger Stellvertretender Pentagon-Chef einer der Architekten des Irakkrieges, im Mai 2003 gegenüber der Zeitschrift „Vanity Fair“ gemeint, die Frage der Massenvernichtungswaffen sei ausgewählt worden, weil sich darauf alle Teile der amerikanischen Regierungsbürokratie einigen konnten.[25] Das nährte den Verdacht, dass es sich dabei um vorgeschobene Gründe gehandelt hat.

Offiziell ist von einem Versagen der Geheimdienste die Rede. Aber ob diese Erklärung wirklich ausreicht? Dagegen steht die historische Erfahrung, dass sich Geheimdienste letztlich immer nach dem politischen Willen der Herrschenden richten. Diese Logik verstand auf jeden Fall nach einem Besuch in Washington der Chef des legendären britischen Auslandsgeheimdienstes MI6, Richard Dearlove, als er Tony Blairs Kriegskabinett am 23. Juli 2002, ein dreiviertel Jahr vor Beginn der Invasion, berichtete: „The intelligence and facts were being fixed around the policy“, „Geheimdiensterkenntnisse und Tatsachen werden der Politik entsprechend ausgerichtet.“ Das entlarvende Zitat stammt aus den sogenannten „Downing Street Memos“, der nie dementierten Mitschrift interner Konferenzen am Sitz des britischen Premierministers. Eine Militäraktion werde in Washingtoner Regierungskreisen inzwischen als „unvermeidlich“ angesehen: „Bush will Saddam Hussein durch eine Militäraktion stürzen.“ Was dem scharfsinnigen MI6-Chef ebenfalls auffiel: „In Washington gab es wenig Diskussionen, was nach einer Militäraktion kommen soll.“

Bleibt die Frage, was wirklich der entscheidende Grund für den Irakkrieg gewesen ist. Erdöl? Diese Vermutung stand hinter unzähligen Demonstrationen auf der ganzen Welt, die mit dem Ruf „Kein Blut für Öl“ durchgeführt wurden. Die Pro-Israel-Lobby in Washington, wie jene Kritiker meinen, die die gesamte auf dem strategischen Bündnis mit Israel basierende amerikanische Nahostpolitik in Frage stellen? Oder gar ein persönliches Rachebedürfnis des Präsidenten, der ein Jahr nach dem 11. September gegenüber texanischen Republikanern meinte: „Der Mann hat versucht, meinen Daddy umzubringen.“? Eine gewisse Rolle mögen all diese Faktoren gespielt haben. Vor allem die These vom Durst nach dem irakischen Öl, die auf den ersten Blick etwas eindimensional klingt, wird durch die häufigen Hinweise höchster Regierungsvertreter auf den irakischen Ölreichtum gestützt.

Aber letztlich ausschlaggebend dafür, dass sich die neokonservative Lobby, die schon seit Jahren militärische Maßnahmen gegen Saddam Hussein propagierte, bei George Bush, Donald Rumsfeld und Dick Cheney durchsetzte, war die neue geopolitische Situation nach den Angriffen des 11. September 2001. Man realisierte, auf welch tönernen Füßen der für die imperiale Stellung der USA in der Welt so wichtige Einfluss Amerikas im Nahen Osten ruhte. Osama bin Laden kommt aus Saudi-Arabien, 15 der 19 Attentäter in New York und Washington waren Saudis. Eine islamische Revolution in Saudi-Arabien, dem reichsten Ölproduzenten der Erde, schien nicht mehr ausgeschlossen. Für diesen Fall glaubten die USA vorsorgen zu müssen. Wenn Korruption und Ineffizienz der diktatorischen proamerikanischen arabischen Regimes von Amman über Kairo bis nach Rabat dazu beitrugen, die arabischen Massen für den antiwestlichen Fanatismus von „Al Kaida“ empfänglich zu machen, dann brauchten die USA ein zweites Standbein. Das sollte der Irak sein, wenn nach dem Sturz Saddam Husseins, ähnlich wie in Deutschland und Japan nach dem Zweiten Weltkrieg, eine kurze Besatzungszeit ein proamerikanisches und möglichst demokratisches Regime hervorbrächte. Dank der Allmacht der amerikanischen Waffen, der die wichtigsten Vertreter der Regierung in nahezu mystischer Weise vertrauten, glaubte die Bush-Administration dieses Kunststück im Alleingang zustande zu bringen.

Für die selbstherrliche Hybris, mit der sich die Supermacht Amerika über die Bedenken der Welt ebenso wie die lokalen Bedingungen hinweggesetzt hat, mussten die USA bitter bezahlen. Der Irak bewies, dass die modernste Hightech-Armee der Erde mit primitiven Bomben am Straßenrand und fanatisierten Selbstmordattentätern nicht fertig werden kann. Im Augenblick ihres größten technologischen Vorsprungs gegenüber allen Konkurrenten hat der Irakkrieg die amerikanischen Streitkräfte in eine tiefe Krise gestürzt.

Amerika droht die größte Niederlage seit dem Vietnamkrieg. Die verzweifelte Situation, in die sich die USA hineinmanövriert haben, wird nicht nur die restliche Amtszeit George Bushs überschatten. Jedem zukünftigen Präsidenten überlässt die Administration eine schwere Hypothek. Der Preis des Scheiterns könnte im Nahen Osten mit seinen strategischen Ölreserven und den bis an die Zähne bewaffneten, rivalisierenden Machtgruppen leicht noch höher werden als 1975 in Indochina.

---

1 Nightline, 3.3.2005, ABC

2 Ein Betrag, der allerdings weit über den durchschnittlichen 2,5 Prozent liegt, die die Europäer für ihr Militär ausgeben. Das ungewöhnlich niedrige österreichische Verteidigungsbudget beträgt weniger als 0,8 Prozent des BIP. Für Hinweise zum US-Budget danke ich Univ.-Prof. Dr. Heinz Gärtner, Wien.

3 Paul Kennedy, The Eagle has Landed, Financial Times, 2.2.2002

4 The Iraq Study Group Report: The Way Forward – A New Approach, by the Iraq Study Group, James A. Baker III, Lee H. Hamilton, Washington DC 2006

5 Michael R. Gordon, A Prewar Slide Show Cast Iraq in Rosy Hues, New York Times, 15.2.2007

6 Zu den Details der Invasion und ihrer unmittelbaren Folgen zu empfehlen: Fiasco: The American Military Adventure in Iraq, Thomas E. Ricks, New York 2006
Cobra II: The Inside Story of the Invasion and Occupation of Iraq, Michael R. Gordon, Bernhard E. Trainor, New York 2006; The Assassins' Gate: America in Iraq, George Packer, New York 2005

7 Zivilverwalter Paul Bremer versuchte in seinem Buch zwei Jahre später die verhängnisvollen Beschlüsse auf Entscheidungen der Führung in Washington zurückzuführen. Vgl.: Paul Bremer, My Year in Iraq. The Struggle to Build a Future of Hope, New York 2006

8 Wobei nur die irakischen Gelder wirklich ausgegeben wurden, siehe: US Funds for Iraq Are Largely Unspent, Rajiv Chandrasekaran, Washington Post, 4.7.2005

9 Ties to GOP Trumped Know How Among Staff Sent to Rebuild Iraq, Rajiv Chandrasekaran, Washington Post, 17.9.2006

10 Imperial Life in the Emerald City: Inside Iraq's Green Zone, Rajiv Chandrasekaran, 2006

11 Die Gelder kamen allerdings nicht von den amerikanischen Steuerzahlern, sondern von in den vergangenen Jahrzehnten beschlagnahmten irakischen Konten, Financial Times, 7.2.2007

12 Fiasco: The American Military Adventure in Iraq, Thomas E. Ricks, New York 2006

13 Josh White, Panel Vows to Pursue Tillman Case, Washington Post, 25.4.2007

14 Dana Priest and Anne Hull, The Other Walter Reed, Washington Post, 18.2.2007

15 Anne Hull and Dana Priest, It's Just Not Walter Reed, Washington Post, 5.3.2007

16 Command's Responsability: Detainee Deaths in US Costudy in Iraq and Afghanistan, Human Rights First, New York, February 22, 2006; Getting Away with Torture? Command Responsibility for the US Abuse of Detainees, New York, April 2005

17 Seymour Hersh, The General's Report, The New Yorker, 25.6.2007

18 Eric Fair, An Iraq Interrogator's Nightmare, Washington Post, 9.2.2007

19 Outsourcer in Chief, Paul Krugman, New York Times, 11.12.2006

20 Steve Fairnaru, Iraq Contractors Face Growing Parallel War, Washington Post, 16.6.2007. Zur wachsenden Bedeutung von Söldnern in der modernen Kriegsführung siehe: Peter Singer, Corporate Warriors, The Rise of the Private Military Industry, Cornell University 2004; über die Rolle privater Unternehmen im Irak: Blood Money, Wasted Billions, Lost Lives, and Corporate Greed in Iraq, T. Christian Miller, New York 2006

21 Presseerklärung an National Public Radio vom 25.5.2006

22 The Truckers' War: On the Road in Iraq, John Burnett, All Things Considered, May 2006

23 Pipeline to Peril, Cam Simpson, Chicago Tribune, Oktober 2005; Iraq war contractors ordered to end abuses, Cam Simpson, Chicago Tribune, 23.4.2006

24 Ron Suskind, The Price of Loyalty: George W. Bush, the White House, and the Education of Paul O'Neill, New York 2004; Richard A. Clarke, Against All Enemies: Inside America's War on Terror, Free Press 2004; George Tenet, At the Center of the Storm, New York 2007

25 Sam Tannenhaus, Vanity Fair, 15.5.2003

Arnold's Kalifornien

Gouverneure äußern sich in den USA selten zur Außenpolitik. Mit dem Irakkrieg hatte auch Arnold Schwarzenegger wenig zu tun. Bis die Meldungen über aus Kalifornien stammende Gefallene immer häufiger wurden. Seit dem Beginn der irakischen Aufstandsbewegung gab es keine Woche, in der die Fahnen des Kapitols in Sacramento nicht auf Halbmast standen. Der Gouverneur ist für die Ehrung toter Soldaten zuständig. Wieder und wieder musste Arnold Schwarzeneggers Büro Beileidserklärungen veröffentlichen. Im Juni 2007 verging fast kein Tag ohne offizielle Traueranzeigen.

„Sergeant Shawn Dressler aus Santa Monica hat mit Entschlossenheit und Mut gedient und das letzte Opfer für Freiheit und Demokratie gebracht. Maria und ich sind in unseren Gedanken und Gebeten bei seiner Familie, seinen Freunden und Kameraden."

„Sergeant Charles Wyckoff aus Chula Vista hat eine ungeheure Verantwortung für die Bürger unserer Nation wahrgenommen. Maria und ich übermitteln der Familie und den Freunden unser Mitgefühl und unsere Gebete."

„Private First Class Cameron Payrne aus Corona wird wegen seines selbstlosen Opfers für alle Amerikaner in Erinnerung bleiben. Sein Mut und sein tiefes Engagement für Freiheit und Demokratie werden nicht vergessen sein."

Als Politiker hat sich Arnold Schwarzenegger von der durch den Irakkrieg ausgelösten Krise seines Parteifreundes George Bush im Weißen Haus freigespielt. Die triumphale Wiederwahl 2006 machte den kalifornischen Gouverneur zu einem der einflussreichsten Politiker der republikanischen Regierungspartei.

Die Faszination, die der zum Politiker gewandelte Filmstar weit über die Grenzen Kaliforniens hinaus ausstrahlt, hat der Austroamerikaner immer schon zu zelebrieren gewusst.

In Los Angeles sollte Arnold Schwarzenegger zu 5000 Tourismusvertretern sprechen. Der „New Yorker" beschreibt die Szene so: Zuerst kommt der Einführungsfilm mit viel Hollywood, Ausschnitte aus dem Wahlkampf, die feierliche Amtseinführung und schließlich „Terminator 3". Kaum gehen die Lichter an, heult der Motor einer schweren Harley Davidson auf. Eine in schwarzes Leder gekleidete Figur donnert auf dem Motorrad auf die Bühne und ruft, ganz mit dem vertrauten steirisch-österreichischen Akzent „I told you, I'll be back", „Wie versprochen: Ich bin zurück". Der Saal applaudiert begeistert. Der echte Gouverneur allerdings kommt breit grinsend im dunklen Anzug hinter dem Vorhang hervor, verabschiedet den Imitator und begrüßt die Delegierten seinerseits mit einem Gag: „Danke, dass ihr die amerikanische Verfassung verändert habt, hiermit verkünde ich meine Kandidatur für das Präsidentenamt." Eine kleine Pause, Schwarzenegger schmunzelt: „Oje, das war die falsche Rede."[1]

Eine austroamerikanische Präsidentschaftskandidatur wird es trotzdem nicht geben, auch wenn der Gouverneur davon träumen mag. Nach der Verfassung können nur in den USA geborene Amerikaner Präsident werden und Verfassungsänderungen sind extrem selten. Nur 17 Mal ist die amerikanische Verfassung in den vergangenen 220 Jahren geändert worden. Erforderlich ist eine Zweidrittelmehrheit in beiden Häusern des Kongresses mit anschließender Ratifizierung in drei Viertel der Bundesstaaten innerhalb von sieben Jahren. Das ist auch für den „Terminator" eine unüberwindbare Hürde.

Schwarzenegger wirkt in Natura kleiner als auf der Leinwand. Charisma, Beharrlichkeit und ein guter Instinkt für Stimmungswechsel in der Öffentlichkeit haben ihm geholfen, Krisen und Missgeschicke zu übertauchen. Zu weit vorgewagt gegen die vorherrschende Meinung hat sich Schwarzenegger dabei nie:

Mit seiner Unterstützung der Todesstrafe oder dem Nein zur Homosexuellen-Ehe blieb er immer vorsichtig in der gemäßigten Mitte.

Wie schwer der Sprung vom Filmstar zum Politiker eigentlich für ihn war, wollte ich im Herbst 2003 vom frisch gebackenen Gouverneur wissen?

„Ich habe in den letzten Jahren schon sehr viel in diese Richtung getan. Mit den Special Olympics oder als Präsidentenberater für körperliche Fitness. Dort war ich der Chairman", gab sich Schwarzenegger selbstsicher. „Der Druck ist jetzt nur größer, denn schließlich ist Kalifornien für sich genommen eine der größten Volkswirtschaften der Erde." Als österreichischen Beitrag zu seiner Karriere nannte Schwarzenegger die Erziehung durch seine Eltern: „Das war das wichtigste Fundament."

Für die Öffentlichkeit ist der Gouverneur immer dynamisch und braun gebrannt, mit gegenüber den bekannten Filmszenen nur wenig veränderten, etwas unbeweglichen Gesichtszügen. Aber der Zahn der Zeit geht auch an dem ehemaligen Bodybuilder nicht vorbei: Die „Los Angeles Times" erinnerte respektlos daran, dass er nicht nur mit einer künstlichen Hüfte, erweiterten Herzklappen und reparierten Schultern leben muss. Badefotos zeigen den einstigen „Mister Univers" um seinen 60. Geburtstag mit „herunterhängender Brust, beträchtlichem Bauch und aschgrauem Brusthaar."[2]

Arnold Schwarzenegger ist ein durch und durch amerikanischer Politiker. Aber als Kalifornier, der schon durch seinen unverändert starken Akzent permanent als Einwanderer identifiziert wird, macht er die österreichisch-steirische Herkunft ganz gezielt zu einem wichtigen Teil seiner Identität. Bei der Amtseinführung, 2003 in Sacramento, fanden die Festgäste auch Apfelkuchen und Sachertorte beim Buffet. Als die Kapelle „Edelweiß" anstimmte, den allen Amerikanern bekannten Song aus dem Filmmusical „The Sound of Music", da waren die meisten Anwesenden überzeugt, dass es sich dabei um die österreichische Nationalhymne handelt. Mit dem liberalen Senator John Burton, der nach dem Krieg als Besatzungssoldat in Österreich gewesen ist, traf sich Schwarzenegger beim Wiener Schnitzel. Dem demokratischen Parlamentspräsidenten Fabian Nunez, selbst ein Einwanderer aus Mexiko, präsentierte er österreichische Tradition mit einem Auftritt der Wiener Sängerknaben in der Rotunda des Kapitols von Sacramento.

Ob er nicht manchmal übertreibt mit seiner imperialen Art, fragte der „New Yorker" den Gouverneur? Der warf einen fragenden Blick auf seinen Pressesprecher und meinte dann trocken: es ist eben die austrokalifornische Monarchie.[3]

So ganz nach k. u. k. sieht es an dem von Orangenbäumen umgebenen Amtssitz des Gouverneurs im Kapitol von Sacramento allerdings nicht aus.

Vor den Stufen zum Haupteingang demonstriert fast täglich eine andere Gruppe. In vollem Federschmuck protestierten im Frühjahr 2005 Vertreter des Stammes der „Yurok" gegen Stromregulierungspläne in ihren heiligen Gewässern im Nordwesten Kaliforniens. „First Buffalo, now the Salmon", „Zuerst die Büffel, jetzt der Lachs", erinnerten die Aktivisten an die verheerenden früheren Folgen der weißen Besiedlung. Jene Indianerstämme, die auf ihren Reservaten Kasinos errichtet haben, sind in den letzten Jahren sehr reich geworden. Durch großzügige Wahlspenden haben sie versucht, zu einem Machtfaktor in der kalifornischen Politik zu werden. Der Stamm der Yurok-Indianer, der größte des Bundesstaates, war bisher auch der ärmste. Jetzt setzen auch die Yurok auf Glücksspiel.

Sowohl das kalifornische Parlament als auch der Gouverneur haben im Kapitol ihren Sitz. In das Büro des Gouverneurs kommt man durch eine schwere, in Marmor eingerahmte Eichentüre, über der in goldenen Lettern der Name „Arnold Schwarzenegger" prangt. Gleich daneben ein riesiges Bild des Gouverneurs, dazu das große Idol der kalifornischen Konservativen: Ronald Reagan. Ein einsamer State Trooper bewacht den Eingang mit der kalifornischen Fahne, die einen Bären und ein Schild zeigt. Im Gang davor drängen sich bunt gemischt Touristen, Politiker, Lobbyisten und Reporter.

Informell residiert Schwarzenegger in einem in Kalifornien inzwischen berühmt gewordenen Zelt im Hof des Kapitols, wo der Gouverneur trotz der strengen kalifornischen Antiraucherregeln auch zur Zigarre greifen kann. Ob das Budget, der Führerschein für illegale Einwanderer oder die Kasinos in den Indianerreservaten: Bei Kaffee und Zigarre im Zelt ließen sich bisher selbst die umstrittensten Fragen auf dem Kompromissweg lösen.

Nicht nur die Sicherheitsvorkehrungen, auch die Umgangsformen sind locker in Sacramento. Fast alle Abgeordneten nehmen sich vor der Eingangstür zur „Assembly", dem kalifornischen Unterhaus, Zeit für ein kurzes Gespräch mit den wartenden Journalisten. Wenn man sagt, dass man aus „Austria" kommt, ist das Interesse besonders groß.

Die Demokraten stellen hier traditionell die Mehrheit. Sie standen dem Gouverneur lange sehr kritisch gegenüber. Aber seit einem spektakulären Kurswechsel Schwarzeneggers, weg von den stramm konservativen Positionen der Anfangsjahre, ist die Zusammenarbeit ausnehmend gut. Dafür hat der „Governor" bei den Republikanern Kaliforniens nicht nur Freunde. Als Befürworter des Rechts auf Abtreibung ist er vielen Konservativen zu liberal.

Der wichtigste innenpolitische Partner, aber auch Gegenspieler Schwarzeneggers ist Parlamentssprecher Fabian Nunez. Nunez kommt aus einer mexikanischen Arbeiterfamilie mit 12 Kindern. Ein etwas anderes Einwandererschicksal als jenes des austroamerikanischen Gouverneurs. „Wir haben eine Gesundheitskrise, fast sechs Millionen Bürger sind nicht krankenversichert. Da ist viel zu lange nichts geschehen", zählte Nunez uns die grundlegenden Probleme des Bundesstaates auf. „Die Infrastruktur liegt im Argen, seit Jahren sind keine Autobahnen mehr gebaut worden." In der ersten Amtszeit Schwarzeneggers war das die Anklagerede eines politischen Gegners. Inzwischen hat Schwarzenegger diese demokratischen Anliegen adoptiert und in Sacramento herrscht fast großkoalitionäre Eintracht.

Eingelenkt hat Schwarzenegger nach einer verlorenen Kraftprobe mit den Gewerkschaften 2005. Durch Volksabstimmungen hatte er versucht, ein strenges Sparprogramm durchzusetzen. Lehrer und Krankenpfleger liefen gegen das Projekt Sturm. Anti-Schwarzenegger-Demonstrationen mit Spottsprüchen, überall wo Schwarzenegger auftrat, prägten die Stimmung: „Hey hey, ho ho, Schwarzenegger has got to go." „Kalifornia – Kaiser" stand auf den Plakaten. Das Annus horribilis 2005 endete mit vernichtenden Abstimmungsniederlagen für Schwarzeneggers Kürzungspläne. Der liberale „San Francisco Chronicle" spottete, der furchtlose Terminator, der es mit jedem Gegner aufnimmt, sehe eher aus wie ein von allen Seiten belagerter und am Boden festgezurrter Gulliver.[4] Aber vom Tief hat sich Schwarzenegger durch eine beispiellose politische Pirouette in Richtung von Infrastrukturinvestitionen, Geld für die Schulen und Umweltschutz rechtzeitig zur Wiederwahl 2006 erholt. Nicht mehr sparen hieß jetzt seine Devise, sondern die Förderung öffentlicher Investitionen, die Erhöhung der Mindestlöhne und flächendeckende Krankenversicherung. Die Demokraten im Kongress machten begeistert mit, während die Republikaner ihren einstigen Helden kaum mehr wiedererkannten.

Was sie über Austria wissen, wollte ich von einer Gruppe 14-jähriger Schüler aus Los Angeles erfahren, die das Kapitol ihrer Hauptstadt besichtigten? „Australia?", lautete zuerst die unvermeidliche Gegenfrage. „Die Deutschen sind im Zweiten Weltkrieg dort einmarschiert", zeigte ein Blondschopf auf. „Der ‚Sound of Music' spielt in Österreich." „Den Film kenne ich", nickte die afroamerikanische Mitschülerin. „Ich glaube, meine Großeltern kommen von dort", warf ein Dritter ein. „Hitler kam aus Österreich", wusste der Blondschopf, „meine Großeltern kommen aus Norwegen." „Ich weiß nichts über dieses Land", gestand seine schwarzhaarige Freundin, „meine Großeltern kommen aus Mexiko.“ Dass „Arnold“ aus Austria kommen soll, fand sie aber cool.

Bei dem folgenden Konzert der Wiener Sängerknaben unter der Rotunde des Kapitols stahl allerdings Clint Eastwood, den der Gouverneur als prominenten Gast geladen hatte, den jungen österreichischen Künstlern die Show: Der Hollywoodveteran ist sichtlich in allen Altersgruppen gleich populär. Ob solche Vorführungen nicht hauptsächlich Klischees transportieren, wollte ich von Eastwood wissen? Der schüttelte unwirsch den Kopf: „Kitsch und Klischees, die gibt es doch vor allem in unserer Kommerzmusik.“

„Downtown Sacramento“ wird ganz bewusst als Goldgräberstadt des Wilden Westens erhalten. In der Touristenzone betritt man die Saloons über Brettergehsteige und Pferdekutschen drehen ihre Runden. Aus ganz Kalifornien kommen die Besucher. An Arnold Schwarzenegger schätzen die meisten die unkonventionelle Laufbahn des Selfmademans. „Er ist kein Gefangener der Parteien und Interessengruppen“, lobt der Kutscher George. „Außerdem macht er gute Filme und wirbt für Fitness.“ „Ich finde, man sollte die Verfassung ändern, damit er Präsident werden kann“, wirft ein Kunde aus San Diego ein. „Und wie mögt Ihr ihn in Austria?“, lautet die Gegenfrage.

Zumindest für in den USA lebende Österreicher bringt Arnold Schwarzenegger nur Vorteile. Der austroamerikanische Gouverneur hat die Erinnerung an Kurt Waldheim verdrängt und auch Jörg Haider ist nicht mehr die erste Assoziation, wenn man sich als Österreicher in ein Taxi setzt, egal ob in New York, Washington DC oder Los Angeles. Dafür halten jetzt viele Amerikaner Bodybuilding für einen österreichischen Volkssport. Sogar der bekannte Streit um die Todesstrafe, der schließlich das Grazer Stadion den Namen „Arnold Schwarzenegger Stadion“ gekostet hat, kam bei einem Teil der kalifornischen Öffentlichkeit nicht so schlecht an: Immer wieder stößt man auf Todesstrafen-Gegner, die sich über die Schützenhilfe aus Österreich freuen.

Dass Arnold Schwarzenegger im Herbst 2006 souverän seine Wiederwahl schaffte, hing mit der gezielten Abgrenzung von der republikanischen Führung in Washington und von George Bush zusammen. Dabei hatte Schwarzenegger Bush noch in den Präsidentschaftswahlen 2004 aktiv unterstützt. Als der Präsident wenige Wochen vor dem Wahltermin Kalifornien besuchte, da hatte Schwarzenegger einen dringenden Wahlkampftermin Hunderte Kilometer weit weg im Contras Costa College bei Oakland.

Ob er sich damit nicht etwas auffällig von seinem Präsidenten distanziert, fragte eine Journalistin? „Mit Bush kann ich jederzeit zusammentreffen, jetzt geht es um den Wiederaufbau Kaliforniens“, lautete die lakonische Antwort des Gouverneurs.

„Schwarzenegger ist immer dem Vater des jetzigen Präsidenten Bush näher gestanden als George W.“, erläutert Insider Dan Weintraub von der immer gut informierten lokalen Tageszeitung „Sacramento Bee“. „Er ist kein Bush-Republikaner, das ist inzwischen sonnenklar.“ Die Distanz zum gegenwärtigen republikanischen Kurs erstreckt sich von der Umweltpolitik, wo Kalifornien amerikaweit Vorreiter ist, über die Einwanderungspolitik bis zu der von Schwarzenegger geförderten Stammzellenforschung, die George Bush ablehnt. „Der Kampf gegen den Terrorismus ist für Kalifornien weit weg“, weiß Dan Weintraub. „Die Leute reden mehr über die Staus auf den Autobahnen, die Solarenergie oder das Gesundheitswesen.“ Nach Beendigung seiner zweiten Amtszeit 2010 wird Schwarzenegger ein Ex-Governor sein. Die kalifornische Verfassung verbietet eine dritte Kandidatur. Welche Wege ihm dann offen stehen? „Schwarzenegger könnte versuchen, Senator in Washington zu werden“, spekuliert Dan Weintraub von der „Sacramento Bee“, „oder er wird eine Art globaler Elder Statesman, der sich mit Wohltätigkeit und Umweltschutz befasst.“

Ein Lebensweg, der wohl auch in den USA in einem anderen Bundesstaat nur schwer vorstellbar wäre. Denn in Kalifornien lebt die ganze Welt. Jeder dritte Kalifornier ist im Ausland geboren. Kein anderer Teil der USA zieht Einwanderer so stark an wie die innovationsfreudige amerikanische Westküste.

In den kalifornischen Hochschulen ist zwar dem System der „Affirmative Action" früherer Zeiten, durch das Minderheiten nach einem ausgeklügelten Quotensystem gefördert wurden, ein gesetzlicher Riegel vorgeschoben worden. Ethnische Vielfalt wird aber unverändert als wichtige Errungenschaft verteidigt.

Wenn es auf den Brücken über die Bay keinen Stau gibt, ist man von San Francisco in einer Dreiviertelstunde in Berkeley. Die Straßen der Universitätsstadt erinnern noch ein bisschen an die Jugendbewegung der Sechzigerjahre, die einst von hier ihren Ausgang genommen hat.

Aber an der Zettelwand vor dem bekannten Bogen, der in den Campus der Universität führt, sind nur mehr wenige politische Flugblätter zu finden. Yoga, Esoterik und Tierschutz überwiegen.

Auffällig ist die große Anzahl von Studierenden aus allen Teilen Asiens. Chang-Lin Tien, der inzwischen verstorbene langjährige Kanzler der Universität, vertrat offensiv die Ansicht, das gemeinsame Zusammenwirken von Menschen aus möglichst vielen Kulturkreisen sei wichtiger als akademische Standards: „In einer globalisierten und international verschränkten Welt mit der riesigen wirtschaftlichen Konkurrenz ist Vielfalt eine große Stärke. Je mehr Leute man mit verschiedenem Hintergrund hat, desto besser für die Wirtschaft. Das fördert internationale Kontakte und Geschäfte rund um die Welt. Die Vereinigten Staaten sind anderen Staaten in diesem Bereich weit voraus. Im 21. Jahrhundert wird die Wechselbeziehung zwischen verschiedenen Kulturen das Allerwichtigste sein."

Wie durchlässig das amerikanische System nach wie vor ist, zeigt der Lebensweg des jungen Hull Xu, den ich kennenlernte, als er in der Zentrale des Computer-Multis Hewlett-Packard Chips programmierte. 9 Jahre zuvor war er mit seinen Eltern von Shanghai in die USA gekommen. Hewlett-Packard hat ihn direkt vom College abgeworben. Innerhalb von wenigen Monaten wurde er als Designingenieur für kundenorientierte Software zu einem vielversprechenden Computerfachmann des Hightech-Konzerns. Um ihm die Karriere zu ermöglichen, hatte sich die Familie jahrelang jeden Dollar vom Mund abgespart.

Hull Xu betonte, wie sehr ihm die bestehende Infrastruktur für Einwanderer in Kalifornien geholfen hat. „Ich bin in San Francisco zur Schulverwaltung gegangen, und sie haben mich in die Newcomer High School geschickt. Das ist eine Schule extra für Einwanderer, die auf die kulturellen Unterschiede unter Neueinwanderern eingestellt ist und ihnen bei ihren Sprachproblemen zur Seite steht. Dank ihrer Hilfe habe ich mich sehr schnell eingelebt."

Die bewusste Suche nach Vielfalt im Personal und nach den Besten aus allen Teilen Welt gehört bei Hewlett-Packard zur Firmenpolitik.

Im Stammsitz von Hewlett-Packard im kalifornischen Palo Alto ist man stolz darauf, dass die Mitarbeiter aus mehr als hundert Ländern kommen. Schlagzeilen hat der Informationstechnologie-Riese in den letzten Jahren vor allem durch wilde Intrigen in der Geschäftsführung rund um einen Abhörskandal gemacht. An der Suche nach „Diversity", ethnischer Vielfalt der Arbeitskräfte, haben aber auch die jüngsten Turbulenzen nichts geändert. Die Firmengewaltigen begründen das mit harten Geschäftsinteressen.

„Wie dauerhaft die Lösung eines anstehenden Problems ist, das hängt unserer Erfahrung nach direkt damit zusammen, wie vielfältig das Team zusammengesetzt ist, das an diesem Problem arbeitet", erklärte uns Hull Xus Vorgesetzter, John Vink. „Unterschiedliche Fähigkeiten und Ansätze in einem Team machen sich langfristig einfach bezahlt. Sie führen zu solideren und besser durchdachten Lösungen. Auch wenn die Entscheidungsprozesse selbst langsamer ablaufen."

In der Newcomer High School in San Francisco, die Hull Xu den Einstieg ins amerikanische Leben so erleichtert hat, ist der ursprüngliche Geist des Einwanderungslandes Amerika noch intakt. Nach der Green Card, der begehrten Aufenthaltsgenehmigung, werden die Schüler hier nicht gefragt. Alle sind willkommen, egal ob sie legal oder illegal hier leben. Die Jugendlichen lernen die ersten Schritte in der für sie fremden, neuen Welt. Auch die Ausdrucksformen von amerikanischen Teenagern, die unter dem Bauchnabel hängenden Hosen und die dunklen Brillen, gehören dazu.

Zoya Wrboblewski unterrichtet seit Jahren Einwandererkinder. Die Eingewöhnung dauert hier nur wenige Monate, erzählt die Lehrerin, die selbst aus einer polnischen Familie kommt: „Wenn die Kinder im September in unsere Schule kommen, stecken sie mitten im Kulturschock. Meistens können sie nicht Englisch und haben keine Ahnung, wie sie sich zurechtfinden sollen. Wir machen eine eigene Unterrichtsstunde über Nachrichten, damit sie lernen, mit den Themen umzugehen, die die Amerikaner interessieren. Nach wenigen Monaten sind diese stillen und scheuen Kinder nicht mehr wiederzuerkennen. Sie plaudern munter vor sich hin, tragen Baggy-Jeans und sind schon richtig amerikanisiert."

Die Jugendlichen sind vom lockeren Umgang im amerikanischen Schulsystem sichtlich angetan: „Die Schule gefällt mir", versichert nach der Pause die aus dem Kongo stammende Alice. „Hier bekommt man die Schulbücher gratis, sogar für das Mittagessen wird gesorgt. Wo ich herkomme, da muss man sogar in der Privatschule alles selbst kaufen." „Alles ist so neu", schüttelt der 16-jährige Gennadi aus Odessa den Kopf. „Die Sprache, die Verhältnisse der Menschen zueinander sind anders. Die Schule ist um vieles freier."

Auch in den USA kommen in Wellen immer wieder Überfremdungsängste hoch. 2006 zielten die Gesetzesvorschläge mächtiger republikanischer Abgeordneter in Washington zur Reform der Einwanderungspolitik auf eine Kriminalisierung der auf etwa 12 Millionen geschätzten illegalen Einwanderer im Land ab. Die

Folge war im Frühjahr 2006 eine Welle von Protesten, die durch ihre Breite und die beispiellose Mobilisierung von „Latinos" aller Altersgruppen und aus allen sozialen Schichten an die Anfänge der schwarzen Bürgerrechtsbewegung erinnerte.

Die bislang unsichtbaren Frauen und Männer, die als Gärtner, Erdbeerpflücker und Fließbandarbeiter aus dem Süden im ganzen Land tätig sind, haben im Frühjahr 2006 wie aus dem Boden gestampft von Los Angeles über Chicago bis New York zu Hunderttausenden die Straßen der großen amerikanischen Städte gefüllt. „Einwanderer sind keine Verbrecher", stand auf den Transparenten, und immer wieder: „Si, se puede!", „Ja, wir schaffen es!"

In Kalifornien gab es in diesen Wochen tagelang Schüler- und Studentenstreiks. Treffpunkt der Demonstranten in der südkalifornischen Stadt San Diego war der sogenannte „Chicano Park". Das Gelände liegt unter mehreren einander überkreuzenden Autobahnen, die Pfeiler sind mit Che Guevara, Emiliano Zapata und anderen Helden lateinamerikanischer Befreiungsbewegungen geschmückt. Die 20-jährige Maria Tancul besucht das College. Dass sie half, den Streik der Highschools zu organisieren, hatte auch persönliche Gründe: „Ich habe selbst Verwandte, die keine Papiere haben. Wenn das im Kongress in Washington diskutierte Gesetz durchgeht, dann werden sie zurückgeschickt. Das darf doch nicht sein, schließlich ist das doch auch unser Land." Alle in den USA geborenen Kinder sind amerikanische Staatsbürger, selbst dann, wenn die Eltern illegal im Land sind. Das bedeutet: Viele der im Frühjahr in Kalifornien demonstrierenden Schüler gingen auf die Straße, damit ihre eigenen Eltern nicht deportiert werden können.

Zu den vielen Einwanderern, die ursprünglich auch „Illegale" waren, gehört die aus El Salvador stammende Fatima Colindres, die wir beim Volksfest zum mexikanischen Nationalfeiertag, dem „Cinco de Mayo", in San Francisco trafen. Der Bürgerkrieg in El Salvador hatte Fatima als kleines Kind aus der Heimat vertrieben, inzwischen ist sie längst Amerikanerin. Aber das Trauma der ille-

Im Weißen Haus laufen alle Fäden der imperialen Macht der USA zusammen. Als Gegenstück zu den Palästen der gekrönten Häupter im alten Europa sollte der Sitz des Präsidenten in Washington DC ursprünglich Bürgernähe und Volksverbundenheit demonstrieren.

THE WHITE HOUSE

Stellvertretender US-Außenminister John Negroponte war auch in seinen früheren Funktionen als UNO-Botschafter, US-Botschafter in Bagdad und Oberster Geheimdienstchef häufiger Gast im Briefing Room.

Der Press Briefing Room im Westflügel des Weißen Hauses ist in Wirklichkeit viel enger gebaut, als es die TV-Bilder vermuten lassen. Direkt darunter liegt der ehemalige Swimmingpool früherer Präsidenten. Zwei Mal täglich stellen sich die Pressesprecher den Fragen der gedrängt wartenden Reporter. Bush-Sprecher Scott McClellan bestätigt dem Autor den Wien-Besuch des Präsidenten im Frühsommer 2006.

Die „Al Kaida"-Anschläge vom 11. September 2001 haben die nationale Sicherheit über Jahre zu dem beherrschenden Thema der amerikanischen Politik gemacht.

Die Gedenkfeiern an „Ground Zero“ in Manhattan halten die Erinnerung an den Schreckensstag des 11. September 2001 wach. Die Ehrenfahne enthält die Namen aller 2603 allein in New York Getöteten.

Auch nach Jahren ist die emotionale Bedeutung des 11. September enorm, auch wenn sich das Gefühl der nationalen Einheit von 2001 nicht mehr so recht einstellen will.

Rudolph Giuliani und Hillary Rodham Clinton im September 2001 mit New Yorks Gouverneur George Pataki (links). Giuliani und Clinton gehören inzwischen zu den prominentesten Hoffnungsträgern ihrer Parteien für die Präsidentschaftswahlen 2008.

Der Republikaner Rudolph Giuliani bei seiner Wiederwahl durch die mehrheitlich demokratisch gesinnten New Yorker im November 1997: Das Kunststück will der ehrgeizige Ex-Bürgermeister als Präsidentschaftskandidat auf nationaler Ebene wiederholen.

Wie eine offene Wunde prägt die Baugrube von „Ground Zero" die Südspitze von Manhattan. Als Erinnerung an das Jahr der amerikanischen Unabhängigkeit soll der Freiheitsturm hier einmal symbolisch 1776 Fuß, umgerechnet 541 Meter, in den Himmel ragen.

Einlieferung der ersten Gefangenen in das inzwischen geschlossene Camp X-Ray der Gefängnisanlage von Guantanamo 2002. Die Regierung Bush will Hunderte Gefangene auf dem US-Marinestützpunkt auf Kuba auf unbeschränkte Zeit als „feindliche Kämpfer" festhalten. Guantanamo wurde zur größten Belastung für die Glaubwürdigkeit der USA als Verteidiger von Demokratie und Menschenrechten.

Die Folterbilder von Abu Ghraib sind zu Symbolen für die Fehlentwicklung des Irakkrieges geworden. Charles Graner und Lynndie England (oben) wurden zu je 10 und 3 Jahren Haft verurteilt. Keine Gefängnisstrafen gab es für die Verantwortlichen aus den Führungsetagen.

Anfangs als Befreier von der Diktatur Saddam Husseins begrüßt, sahen sich die USA sehr rasch mit einer Aufstandsbewegung konfrontiert, auf die sie in keiner Weise vorbereitet waren.

Donald Rumsfeld war als Pentagon-Chef bis 2006 einer der mächtigsten Politiker der Bush-Administration. Er gilt als einer der Architekten des Irakkrieges. Detaillierte Planungen für die Besatzungszeit hielt Rumsfeld für überflüssig.

CLINTON Lied about SEX
BUSH Lies about IRAQ
IMPEACH CHENEY
FIRST
CLINTON Lied about SEX
BUSH Lies about EVERYTHING
BUSH Lies about EVERYTHING
IMPEACH CHENEY
FIRST

IMPEACH
BUSH
CHENEY
IMPEACH
IMPEACH
IMPEACH
BUSH

Der Irakkrieg ist inzwischen unpopulärer, als es der Vietnamkrieg je gewesen ist, aber die Parolen sind ähnlich. Die Proteste richten sich sowohl gegen die Regierung Bush als auch gegen die Führung der Demokraten, denen die Friedensaktivisten übertriebene Kompromissbereitschaft vorwerfen.

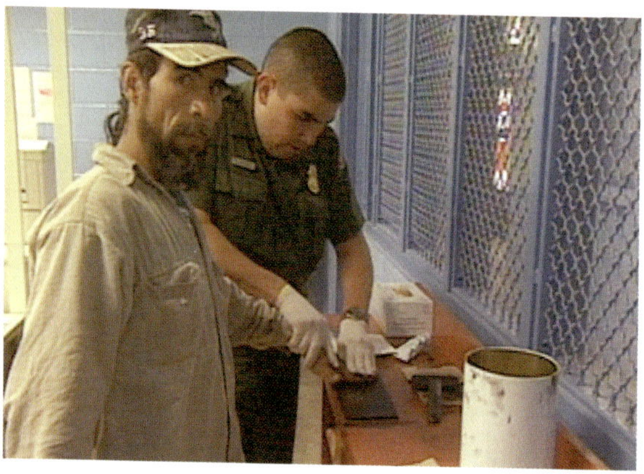

Auch verschärfte Kontrollen in der Grenzregion und die Agitation ausländerfeindlicher Gruppen, die Mexiko Gebietsansprüche auf den Südwesten der USA unterstellen, konnten den Strom der illegalen Einwanderung aus dem Süden nicht stoppen.

Mitglieder der Organisation „Minutemen" errichten im Juni 2006 einen privaten Grenzzaun zu Mexiko.

Einwanderer-Friedhof in Holtville im Bundesstaat Kalifornien. Hunderte illegale Einwanderer sind beim Versuch, die Grenze zu überwinden, ums Leben gekommen.

Seit den Neunzigerjahren ist die Zahl der sichtbaren Obdachlosen in den Straßen von New York zurückgegangen. Aber gleichzeitig war die Diskrepanz zwischen Arm und Reich seit hundert Jahren nicht mehr so groß.

Die Folgen des Hurrikans „Katrina" haben die großen Lücken bei Katastrophenhilfe für die ärmsten Bevölkerungsschichten im reichsten Land der Erde offengelegt.

Obwohl der Präsident seinen Vater zum Co-Vorsitzenden einer Hilfsaktion für New Orleans machte, wurde das Debakel um den Hurrikan „Katrina“ zu einem der Tiefpunkte in der Amtszeit von George W. Bush.

Demonstration gegen die Hinrichtung des ehemaligen Gang-Gründers Stanley Tookie Williams im Dezember 2005 vor dem kalifornischen Gefängnis von San Quentin. 2006 wurden Hinrichtungen in Kalifornien wegen eines Rechtsstreits um den Giftcocktail ausgesetzt.

Der neuseeländische Bariton und Anti-Todesstrafen-Aktivist Teddy Tahu Rhodes mit Helen Prejean vor der Opernpremiere zu Prejeans Buch „Dead Man Walking“ in Sydney.

Verteidigungsminister Robert Gates hat nach der Entlassung Donald Rumsfelds im Pentagon einen neuen Stil entwickelt. An die Stelle von medienwirksamer Theatralik ist trockene Sachlichkeit getreten. Im Irak sucht Gates durch eine gezielte Taktik des Anti-Guerillakrieges eine Niederlage der USA abzuwenden.

Verbalinjurien gegen George W. Bush vor der Generalversammlung der Vereinten Nationen durch Venezuelas Präsident Hugo Chavez 2006. Den amerikanischen Präsidenten vergleicht Chavez mit dem Satan. Die Verwicklung Amerikas im Irak und in Afghanistan hat weltweit neuen Spielraum für Kritiker der USA geschaffen.

Das jüdische Chanukka-Fest wird im Weißen Haus auch unter dem wiedergeborenen Christen George W. Bush ebenso selbstverständlich gefeiert wie das christliche Weihnachten oder der islamische Ramadan.

Prominente Unterstützung für den Kirchenchor in der Mt. Olivet-Kirche der Stadt Columbia im Bundesstaat Ohio: Genauso wie andere amerikanische Politiker zeigt sich auch der demokratische Präsidentschaftskandidat von 2004, John Kerry, gerne beim Gottesdienst.

Nicht enden wollende Verkehrslawinen machen Ökologie und Umweltschutz in Kalifornien zum wichtigen Anliegen. Der Ausbau von Solaranlagen wie in der Stadt Roseville und von Windparks soll helfen, den kalifornischen Treibhausgasausstoß zu reduzieren.

Arnold Schwarzenegger setzt auf die neue Technologie von Wasserstoffautos. Der kalifornische Gouverneur stellt sich mit seiner Umweltpolitik bewusst gegen den bremsenden Kurs seines Parteifreundes George W. Bush im Weißen Haus.

Der Erfolg der Demokraten bei den Kongresswahlen 2006 hat mit Nancy Pelosi erstmals eine Frau in das Amt des „Speakers" im Repräsentantenhaus gebracht, die hierarchisch drittwichtigste Person des Landes. Pelosi hat die Beendigung des Irakkrieges zu ihrem vorrangigsten Ziel erklärt. Eine Kampfansage an George W. Bush, die der Abgeordnete Tom Lantos, ein angesehener Außenpolitikexperte, mitträgt.

Hillary Rodham Clinton kann auf ihren Bekanntheitsgrad, ihre Erfahrung als erfolgreiche Senatorin von New York und die Schützenhilfe ihres Gatten, des Ex-Präsidenten Bill Clinton, zählen. Nie zuvor hat sich eine ehemalige First Lady für das Präsidentenamt beworben.

US-Präsident George W. Bush im Weißen Haus, flankiert von EU-Kommissions-präsident José Manuel Barroso und dem luxemburgischen Ministerpräsidenten Jean-Claude Juncker beim EU-USA-Gipfel im Juni 2005. Ob die Menschen-rechte für die USA im Kampf gegen den Terrorismus zweit-rangig geworden sind, will der Autor vom amerikanischen Präsidenten wissen?

galen Flucht über die Grenze ist noch immer sehr lebendig. „Wir waren in einem kleinen Auto unterwegs. Die Männer waren im Gepäcksraum, die Frauen waren mit dem Schlepper, dem Coyote, vorne", erinnerte sich Fatima Colindres an ihre so typische Reise in die USA. „Als die Grenzer auf uns zu sind, konnten wir nicht mehr weg. Meine Mutter haben sie ins Gefängnis gesteckt, und ich bin zu Pflegeeltern gekommen. Ich war damals 12 Jahre alt. Es war einfach schrecklich für mich. Tagelang habe ich nach meiner Mutter geweint. Sie haben uns dann nach Mexiko geschickt, weil wir gesagt haben, dass wir Mexikaner sind. Wir haben es gleich darauf noch einmal versucht, in die Vereinigten Staaten zu kommen, und da ist es geglückt. Mein Onkel hat uns nach Los Angeles und dann nach San Francisco gebracht."

Einwanderer, die sich etabliert haben, teilen manchmal die gängigen Vorurteile gegen die „Illegalen", die, entgegen allen ökonomischen Realitäten, als Sozialschmarotzer gelten. Für Fatima Colindres stand dagegen die Erinnerung an die eigene Vergangenheit im Vordergrund: „Ich versetze mich immer in die Situation dieser Leute, schließlich waren auch wir einmal illegal", argumentierte Fatima. „Diese Angriffe machen mich traurig und wütend."

Die Volksgruppe der Spanisch sprechenden Latinos war bisher in der amerikanischen Politik ein zu vernachlässigender Faktor, da viele Latinos bei Wahlen zu Hause geblieben sind. Wie rasch sich das ändert, wird für die Zukunft von entscheidender Bedeutung werden. Kaliforniens smarter austroamerikanischer „Governor" hat vorgebaut und sich von ausländerfeindlichen Strömungen in seiner eigenen republikanischen Partei stets elegant abgesetzt.

Verschärft wird die Anti-Einwandererstimmung in der „weißen" angelsächsischen Bevölkerung durch die Angst vor Terroristen. Hunderte Millionen Dollar werden für die Einreisekontrollen an den Flughäfen ausgegeben. Da ist es tatsächlich unlogisch, wenn die Grenze im Süden über weite Strecken ungeschützt bleibt. Manche Politiker wiederholen es wie ein Mantra: Unter die illegalen Grenzgänger und Schmuggler, die sich täglich auf Schleichwegen auf amerikanisches Staatsgebiet durchschlagen, könnten auch von Osama bin Laden entsandte Attentäter sein. Der meterhohe Zaun an der Südgrenze der USA, der die Erste von der Dritten Welt trennt, ist auf das Einzugsgebiet großer Siedlungen und Verkehrsverbindungen beschränkt. Über 3000 Kilometer zieht sich die Grenze von Texas über die Bundesstaaten New Mexico und Arizona bis nach Kalifornien. Der Ausbau des Grenzzauns ist aber höchstens für 1100 Kilometer geplant, große, unwirtliche Wüstengebiete werden weiter offen bleiben. Ungeachtet aller Sensoren, Nachtsichtgeräte und anderer moderner technischer Überwachungseinrichtungen, mit denen die „Border Patrol" ausgerüstet wurde, wird der Strom illegaler Einwanderer nicht kleiner. Zu groß ist die Anziehungskraft Amerikas in den unterentwickelten Regionen Mexikos und Zentralamerikas.

Sogar bei San Diego, im Süden Kaliforniens, wo der am stärksten befahrene Grenzübertritt der Erde liegt, warten auf der mexikanischen Seite jeden Tag Hunderte darauf, durch einen gewagten Sprung über die Mauer nach Amerika zu gelangen. Jede Nacht nimmt die Border Patrol Dutzende illegale Grenzgänger fest. Die meisten werden nach Abnahme der Fingerabdrücke ohne viele Formalitäten, noch in der gleichen Nacht, wieder nach Mexiko zurückgeschickt. Erst wer drei Mal hintereinander erwischt wird, bekommt ernste Probleme mit der amerikanischen Justiz.

Durch ein Loch im Zaun unterhielten wir uns an einem Nachmittag mit zwei jungen Männern aus der Gegend von Acapulco. Sie suchten einen Job in Amerika. Diese Nacht wollten sie den Sprung über die Mauer wagen. Misslingt die Aktion, dann müssen sie sich auf den riskanten Marsch durch die Wüste einlassen, sagen sie, der ohne teure „Coyotes", die Schlepper, kaum zu schaffen ist.

Vier Autostunden östlich von San Diego, mitten im Grenzland, besuchten wir die Ranch der Familie Tilsdale, die sich durch den täglichen illegalen Grenzverkehr in ihrer Existenz bedroht sah. „Sie marschieren direkt an unserem Haus vorbei. Während des Tages genauso wie in der Nacht“, klagte der Rancher Ed Tilsdale. „In der Nacht klingt das wie eine Elefantenherde“, ergänzte seine Frau Donna, „man bekommt richtig Gänsehaut. Normalerweise ist es sehr ruhig hier. Jeder kennt jeden. Und dann bricht plötzlich eine Horde fremder Menschen bei uns ein.“ Der nächste Sheriff ist weit entfernt. Für die persönliche Sicherheit muss hier jeder selbst sorgen. Die Nachbarin Carey House hat die Pistole immer bei der Hand: „Bei mir ist eingebrochen worden, man hat mich bedroht und terrorisiert. Vor einer Woche ist eine Gruppe dort über den Zaun gestiegen. Ich wollte sie verjagen, da sind sie aggressiv geworden. Die Pistole und die Hunde sind das Einzige, was sie vertreibt.“

Der Zustrom illegaler Einwanderer in die USA hat in den letzten Jahren massiv zugenommen, vor allem aus Mexiko. Die Gründe sind auf beiden Seiten der Grenze zu finden. Die unter Bill Clinton errichtete Nordamerikanische Freihandelszone NAFTA hat dem Nachbarn Mexiko zwar einen Modernisierungsschub gebracht. Aber unter dem rechtsliberalen Präsidenten Vicente Fox wurden viel weniger Arbeitsplätze geschaffen als erwartet. Die Zahl jener, die bereit sind, Heimat und Familie zu verlassen, um Arbeit im Norden zu finden, steigt. Umgekehrt ist der Hunger der amerikanischen Wirtschaft nach Arbeitskräften, die bereit sind, für Beträge rund um den Mindestlohn zu arbeiten, schier unerschöpflich. Ob im Agrarbusiness in Kalifornien und Texas, in den Hühnerfarmen von Arkansas oder bei den mobilen Gärtnereien des wohlhabenden Maryland: Niemand fragt ernsthaft nach gültigen Papieren, wenn sich Arbeitswillige melden. Arbeitgeber sind per Gesetz nicht verpflichtet zu überprüfen, ob „Social Security“-Karten echt sind, die jeder Arbeitswillige vorweisen muss. Der Internal Revenue Service, die Steuerbehörde des Bundes, handelt nicht anders: Ende des Jahres bekommen Ausländer eigene W-2-Formulare, um die Einkommenssteuer zu entrichten.

Ob der Steuerzahler überhaupt eine Arbeitsgenehmigung hat, wird dabei nicht überprüft. Große amerikanische Banken wie die Citigroup und die Bank of America haben undokumentierte Arbeiter als Zukunftsmarkt entdeckt: Sie bieten eigene auf illegale Einwanderer zugeschnittene Kreditkarten an, die man auch ohne amerikanische Papiere erhalten kann. Ein mexikanischer Ausweis genügt.

Erst 2006 begann die Einwanderungsbehörde auf die Kritik zu reagieren, es würde gegen den Missstand von 12 Millionen illegalen Einwanderern nichts unternommen. Noch vor wenigen Jahren konnten sich in den USA Ausländer ohne Aufenthaltsgenehmigung außerhalb der Grenzregionen sehr sicher fühlen. Es gab nur sehr wenige Kontrollen, und Verhaftungen waren extrem selten.[5] 2006 setzte plötzlich eine Serie von Razzien unter dem etwas zynisch anmutenden Namen „Operation Return to Sender“ ein, bei denen in verschiedenen Bundesstaaten auf einen Schlag Hunderte oder Tausende undokumentierte Arbeiter festgenommen und mit großer Härte von ihrem Arbeitsplatz weg direkt in Abschiebelager gebracht wurden. Menschenrechtsorganisationen sprechen von traumatischen Erfahrungen für Zehntausende Familien und Kinder, die plötzlich ohne Eltern waren. Öffentlichkeitswirksam hatte man einige Exempel statuiert. Eine tatsächliche Kontrolle des Arbeitsmarktes ist jedoch unmöglich. Der Eindruck bleibt, dass die Behörden ungeachtet aller politischen Turbulenzen einen wesentlichen Teil des amerikanischen Wirtschaftslebens toleriert haben. Während die Politiker in Washington bei den Wählern mit populistischen Anti-Ausländer-Parolen zu punkten versuchten, beschränkte sich die Regierung auf symbolische Kontrolle.

Ein Widerspruch, der zum Wiederaufleben weit rechts stehender Gruppen rund um die Einwanderungsfrage geführt hat. „Minutemen“ hieß die nach einer Miliz des amerikanischen Freiheitskampfes benannte Organisation, die als Privatinitiative die Lücken der staatlichen Grenzüberwachung füllen wollte.

Vier Autostunden von San Diego entfernt, im kalifornischen Flecken Campo, sammelten sich im Frühjahr 2006 unter den patriotischen Klängen der amerikanischen Hymne und vielen Fahnen ein paar Dutzend pensionierte Polizeibeamte, Ex-Militärs, engagierte Hausfrauen und rechtsradikale Aktivisten, die der Grenzmisere auf eigene Faust zu Leibe rücken wollen. Die „Minutemen" sind ein typisch amerikanisches Vorhaben, dessen Teilnehmer vorgeben, als eigenverantwortliche Bürger dort einzuspringen, wo der Staat auslässt. In Wirklichkeit sind die selbst ernannten Patrioten, die wir an der kalifornisch-mexikanischen Grenze getroffen haben, nicht viel mehr als ein gut durchdachter PR-Gag, um durch möglichst viel Öffentlichkeit Druck auf die Politiker zu machen. Unter den grimmig dreinblickenden „Minutemen" waren so viele Senioren, dass jede Entfernung vom sogenannten „Basislager" unmittelbar neben dem Grenzzaun zum gefährlichen Abenteuer wurde. Alle paar hundert Meter sollte eine Dreiergruppe ausharren, um die Border Patrol über illegale Grenzgänger zu informieren. Viele haben Schusswaffen mit dabei, alle verfügen über Funkgeräte. Die Border Patrol kommt auch, wenn jemandem unwohl wird, versichert Jim Gilchrist, der Gründer der Bewegung. Den einzigen Zwischenfall während unserer Anwesenheit verursachte ein übereifriger patriotischer Motorradfahrer, der eine Kurve allzu forsch genommen hatte und stürzte.

Jim Gilchrist, ein drahtiger ehemaliger Vietnamkriegskämpfer und charismatischer Star am rechten Rand der amerikanischen Politik, sieht die Existenz der USA gefährdet: „Das ist ein Tsunami, Millionen illegaler Einwanderer kommen jedes Jahr ins Land, und das sind nicht die, die wir brauchen. Die USA kollabieren. Wenn es so weiter geht, werden wir bald zu einem großen Mexiko." Das ist kein leichtfertig hingeworfener Satz: Der amerikanische Südwesten ist im 19. Jahrhundert tatsächlich Mexiko in mehreren kriegerischen Auseinandersetzungen entrissen worden. Nicht wenige Anti-Einwanderungsaktivisten hängen der etwas paranoiden Vorstellung nach, dass hinter der Einwanderung aus Mexiko ein düsterer geopolitischer Plan zur „Reconquista", der Abtrennung der südwestlichen Landesteile von den USA, steckt.

Mit dem Ende der konservativen Hegemonie in Washington DC nach den Kongresswahlen 2006 ist auch die Einwanderungsdebatte wieder offener geworden. Die republikanischen Gouverneure der größten betroffenen Bundesstaaten, Kaliforniens Arnold Schwarzenegger und Texas' Rick Perry, lehnen den Bau neuer Grenzanlagen ab. Schwarzeneggers Pläne für eine alle Bürger erfassende Krankenversicherung gelten auch für „illegale" Einwanderer.

Tatsache ist, dass die Dynamik der amerikanischen Gesellschaft ganz entscheidend mit den demografischen Veränderungen der letzten Jahrzehnte zusammenhängt. Während die Bevölkerung in Japan und Westeuropa schrumpft oder bestenfalls stagniert, hat die amerikanische Bevölkerung 2006 erstmals die 300-Millionen-Grenze überschritten. Für das Jahr 2040 werden 400 Millionen Amerikaner prognostiziert. Dieses Wachstum ist zum größten Teil auf die Einwanderung zurückzuführen. Die amerikanische Gesellschaft ist erstmals durch und durch multikulturell geworden, mit starken lateinamerikanischen und asiatischen Bevölkerungsanteilen selbst in den entlegensten Landesteilen. Die „Baby Boomer", die in diesem Jahrzehnt in Pension gehen, sind dagegen vor vierzig oder fünfzig Jahren in einem Land aufgewachsen, in dem Nachfahren weißer Europäer den Ton angegeben haben. Kein Wunder, dass ein derart dramatischer Wandel von politischen Brüchen, Ängsten und Widersprüchen begleitet wird.

Immerhin: Dass ein Einwanderer wie Schwarzenegger mit seiner österreichischen Herkunft und seinem schweren Akzent Gouverneur im bevölkerungsreichsten Bundesstaat werden konnte, zeigt, wie durchlässig das amerikanische System im Vergleich zu den meisten europäischen Gesellschaften ist. Einen jugoslawischen oder türkischen Einwanderer als österreichischen

Bundeskanzler oder als bayerischen Ministerpräsidenten kann man sich ziemlich schwer vorstellen.

---

1 Connie Bruck, Letter from California: Supermoderate! – The New Governor Dazzles the Celebrity-Struck Legislators of Sacramento, The New Yorker, 28.6.2004

2 Robert Salladay, Bodybuilder governor feels the unforgiving weight of time, Los Angeles Times, 26.1.2007

3 Connie Bruck, Letter from California: Supermoderate! – The New Governor Dazzles the Celebrity-Struck Legislators of Sacramento, The New Yorker, 28.6.2004

4 Carla Marinucci, Sand kicked in face of strong-man governor, San Francisco Chronicle, 24.7.2005

5 Eduardo Porter, Here Illegally, Working Hard and Paying Taxes, New York Times, 19.6.2006; Barry Newman, Immigration Crackdown Targets Bosses This Time, Wall Street Journal, 27.2.2007

Die große Schere

Mark Schroeder wartete am Parkplatz des neuen Shoppingcenters von Torrey Highlands in der südkalifornischen Stadt Del Mar, eine halbe Autostunde von San Diego entfernt. An seiner traditionellen Mönchskutte war er leicht zu erkennen. Inmitten der Wochenendeinkäufer, die riesige Einkaufswagen der Supermarktkette „Albertsons" zu ihren Pick Up Trucks schieben, wirkte der Franziskanerpater wie aus einer anderen Zeit. Mark Schroeder kümmert sich als Chef der „National Farmworkers Ministry" der Diözese Los Angeles um die in der Landwirtschaft tätigen Wanderarbeiter.

Er führt uns auf eine Nebenstraße abseits des Highways, der sich sehr bald in eine Schlammpiste verwandelt. Unser Toyota Camry wird auf eine harte Probe gestellt. Aus unerklärlichen Gründen säumen immer wieder vergilbte Schilder mit dem Hinweis auf ein Naturschutzgebiet „Nature Reserve" den Weg in den Cañon von San Diego. Ein grotesker Kontrast zu den Abfallhaufen und Autowracks am Rand der holprigen Fahrbahn. Dann ein erster zeltartiger Verschlag im Gebüsch, dahinter mehrere mit Plastik verkleidete Kartonwände. Einige hundert Meter von den Suburbs mit ihrem boomenden Immobilienmarkt entfernt sind wir in der Dritten Welt mitten in der Ersten gelandet.

Mark Schroeder führte uns im Frühjahr 2006 in Südkalifornien durch das größte Camp illegaler Wanderarbeiter in der Umgebung von San Diego.

„Das hier ist kein Einzelfall", beteuert der Geistliche, und seine Augen leuchten vor Zorn, „solche Lager illegaler Arbeiter gibt es Hunderte in ganz Amerika."

Immer wieder bringen Kleinbusse die ermüdeten Menschen von der Arbeit „nach Hause". Das „Zuhause" besteht aus Zeltverschlägen und Pappendeckelhütten im Unterholz. In der Ferne leuchten die Einfamilienhäuser der Stadt Del Mar. Aber hinter jeder Biegung kommt ein neuer Verschlag zum Vorschein. Behausungen kann man diese Konstruktionen kaum nennen. Abfall und Wohnraum sind eins. Es gibt weder Toiletten noch sauberes Wasser. In Wirklichkeit campieren diese Menschen in der freien Natur. Am Tag unseres Besuches ist es trocken und halbwegs warm. Wie das Gelände bei Regen und Sturm aussieht, will man sich lieber gar nicht vorstellen. Gegen diese Verschläge wirken die Slums, die ich in Rio de Janeiro oder São Paulo gesehen habe, richtiggehend komfortabel. Die „Wohnverhältnisse" dieser Menschen sind nur mit den Erdlöchern in den Müllhalden riesiger Drittweltstädte wie Djakarta oder Kairo vergleichbar.

Jeden Morgen transportieren Kleinbusse die Arbeiter aus diesem Slum auf die Felder des einträglichen Agrobusiness in der Umgebung. Sie ernten Erdbeeren, Avocado und Melonen, bearbeiten Pilzplantagen und Kartoffelfelder. Bei Sonnenuntergang gehen die Transporte wieder in die andere Richtung zurück. Etwa 200 Menschen leben in diesem Slum. Die meisten Bewohner des Camps sind aus Indiosiedlungen im armen Süden Mexikos über die Grenze gekommen, ihre Familien haben sie zurückgelassen.

„Die landwirtschaftlichen Betriebe zahlen den kalifornischen Mindestlohn von 7,50 Dollar", erzählt uns ein junger Mann, der sich Milla nennt. „Wer spart, kann es in einigen Monaten auf ein paar Tausend Dollar bringen. Das ist bei uns in Mexiko ein Vermögen. Dann muss man sich entscheiden, ob man zurückgeht oder versucht, in Kalifornien Fuß zu fassen."

Milla stammt wie die meisten Arbeiter des Lagers aus dem Bundesstaat Oaxaca an der mexikanischen Pazifikküste. Er lebt schon zwei Jahre zwischen den Kartons im Gebüsch, sagt er. Was er tut, wenn er krank wird? Milla verzieht das Gesicht. „Dann verliert man eben die Arbeitstage. Wenn es ganz schlimm ist, gibt es einige Kliniken, die uns aufnehmen, ohne viel Fragen zu stellen." Bei der Familie zu Hause war Milla schon lange nicht.

Über die Grenze zu gehen ist ein anstrengendes und gefährliches Abenteuer, denn Milla hat wie alle seine Kameraden keine Papiere. „Mühsam, aber nicht unmöglich", nennt er die riskante illegale Grenzüberquerung. Dass er in den USA als „Illegaler" gilt, ficht ihn nicht an: „Sollen sie uns nennen, wie sie wollen. Wir wollen nur arbeiten." Nein, Angst hat er nicht. Wir sehen im ganzen Lager nur zwei Frauen, Kinder gibt es keine. „Die meisten Arbeiter wollen nicht bleiben, sondern wieder zurück zu ihren Familien gehen", erklärt der Franziskanerpater Mark Schroeder.

Englisch versteht niemand, selbst Spanisch ist für viele Wanderarbeiter eine Fremdsprache. Gesprochen werden die Indiosprachen des südlichen Mexiko. „Santa Cruz Yukutani" steht auf dem Pappendeckel eines der Verschläge aus schwarzen Plastiksäckchen.

„Das ist der Name unseres Dorfes", klärt uns ein hagerer Mann auf, der sich Epifani nennt. „Es liegt zwischen den Bundesstaaten Oaxaca und Guerrero. Wir sind hier zusammengeblieben." Ob das Leben dort nicht besser ist als hier im Zelt in freier Natur? Epifani, einer der Älteren unter den Männern, verneint, Arbeit gibt es daheim überhaupt keine. Die Familie ist auf seine Überweisungen angewiesen.

Ein Lieferwagen bringt Sandwichs und Getränke. Die sind nicht billig, aber Kochgelegenheiten gibt es keine. Die Männer hocken auf Baumstämmen und essen.

Es war eine Zeit, in der Latinos überall in den USA gegen die geplante Verschärfung der Einwanderungsgesetze auf die Straße gingen.

José Gonzales ist Aktivist der „Binationalen Front der Ureinwohner in Oaxaca", „Frente Indigena Oaxaqueno Binacional", die für die nationalen Rechte der Indios eintritt. Er verteilt Flugblätter für einen „Zapata-Marsch" im „Chicano Park" in San Diego. „Exigimos Igualdad, Respeto y Justicia", „Wir fordern Gleichberechtigung, Respekt und Gerechtigkeit", steht auf den Flugblättern.

„Ich habe selbst fünf Jahre so gelebt wie diese Arbeiter", erzählt José Gonzales. Er schüttelt den Kopf. „Fünf Jahre lang

12 Monate im Jahr ohne fließendes Wasser, ohne Toilette, ohne vier Wände über dem Kopf." Auf Spanisch warnt er die Umstehenden vor einem neuen harten Kurs der Behörden. „Wenn ihr hier ohne Papiere seid, könnt ihr ins Gefängnis kommen", ruft José auf Spanisch, dann wiederholt er die Ansprache in den Indiosprachen Mixteco und Zapateco. „Wenn wir uns nicht selbst wehren, wird keiner das für uns tun. Niemand darf ins Gefängnis kommen, nur weil er einer ehrlichen Arbeit nachgeht." Schließlich wendet sich José Gonzales auf Englisch an die Journalisten: „Wie Tiere leben die Menschen hier, schlimmer als Tiere. Ihre Menschenrechte werden grundlos verletzt. Die Regierung sagt, wir seien Illegale oder Terroristen. Das ist absurd. Wir sind hart arbeitende Menschen, das ist alles."

Den Franziskanerpater Mark Schroeder empört vor allem die „Verlogenheit" seiner Mitbürger: „Jeder Amerikaner weiß, wie sehr die Arbeit dieser Menschen gebraucht wird. Trotzdem fühlt sich niemand dafür zuständig, menschenwürdige Unterkünfte zu bauen." Oft verweigern die Gemeinden den Hilfsorganisationen die Baugenehmigung, weil sie die Wanderarbeiter nicht innerhalb der Stadtgrenzen haben wollen. Während die Politiker versuchen, aus der Angst vor offenen Grenzen politisches Kleingeld zu machen, werden die Camps der Wanderarbeiter von den Behörden bewusst in Ruhe gelassen. „In den vielen Jahren, die ich diese Menschen betreue, habe ich keine einzige Razzia erlebt", sagt Schroeder. Der Geistliche öffnet den Kofferraum seines Wagens, um Kleider und Schlafsäcke zu verteilen, die er unter den Gläubigen gesammelt hat.

Die weitverbreitete Ignoranz der amerikanischen Öffentlichkeit gegenüber extremer Armut ist nicht auf fremde Wanderarbeiter beschränkt. Nicht viel größer ist das öffentliche Interesse am Schicksal des Heeres der 37 Millionen, die laut Regierungsstatistik im reichsten Land der Erde unter der Armutsgrenze leben. Spektakulärstes Symbol für das Desinteresse an den Folgen eines kompletten sozialen Absturzes sind die Obdachlosen in den

Straßen und Parks der amerikanischen Großstädte, die jedem europäischen Besucher auffallen. Dabei ist die Zahl der auf den Straßen lebenden Bettler in den letzten Jahren geschrumpft. Das „Ministerium für Wohnbau und Stadtentwicklung" in Washington schätzt, dass es in Amerika etwa 750.000 „Homeless" gibt. Allerdings werden dabei die immer zahlreicher werdenden obdachlosen Familien, die nicht im Freien, sondern bei Freunden oder in Notbehausungen unterkommen, ausgeblendet. Die „Konferenz der amerikanischen Bürgermeister" zählte anders als die Bundesregierung 2005 3,5 Millionen Obdachlose, darunter 1,5 Millionen Kinder. Die große Mehrheit dieser Menschen leidet unter schweren psychischen Störungen, sie sind Alkoholiker oder drogenabhängig. In den meisten westeuropäischen Staaten wären sie wahrscheinlich in psychiatrischer Behandlung.

Der sprunghafte Anstieg der Obdachlosen ist in den USA auf die Siebzigerjahre zurückzuführen, als unter Ronald Reagan mittellose Langzeitpatienten aus staatlichen psychiatrischen Spitälern entlassen wurden und die öffentliche Hand psychiatrische Kliniken sperrte. Theoretisch hätten die entlassenen Patienten von den Heimatgemeinden auf dem Weg der „offenen Psychiatrie" betreut werden sollen. In Wirklichkeit landeten die meisten auf der Straße.

Wenn man in den USA lebt und arbeitet, gewöhnt man sich rasch an die Allgegenwart der „Homeless". Vor dem Büro des ORF im mondänen Washingtoner Stadtteil Georgetown hielt sich jeden Tag ein junger Mann namens Leval auf, der den Anrainern längst vertraut war. Viele gaben alle paar Tage einen Dollar. Wenn es ihm besser ging, war er gerne bereit, Möbel oder Kisten zu transportieren. Leval hat in seiner Jugend Basketball gespielt. Er war ein sehr guter Basketballspieler, erzählte er. Für den Unterricht hatte er sich nie besonders interessiert. Dann kam die Droge Crack. Die Polizei nahm ihn immer wieder fest. Grundlos, wie er meinte. Er verbrachte einige Tage im Gefängnis. Ein Kollege hat Leval einmal einen Job in einem Spital verschafft. Aber er konnte so schlecht schreiben, dass er abgelehnt wurde. Irgendwann ist Leval verschwunden, nur manchmal sehen wir ihn an irgendeiner Kreuzung betteln.

Besser ging es einer etwa vierzigjährigen Frau, die jahrelang fast direkt vor dem Büro campierte und offensichtlich an schweren psychischen Störungen litt. Immer wieder begann sie laut zu schreien, was unwissende Passanten verstörte. Die Anfälle gingen nach einigen Minuten wieder vorbei. Eine Mitarbeiterin des ORF-Büros brachte ihr regelmäßig Kleider und Schuhe und lud sie auch zum Essen ins Restaurant ein. Ihren Namen wollte die obdachlose Frau nie nennen. Nach einiger Zeit ist sie nicht mehr gekommen. Unter den Nachbarn heißt es, sie habe endlich die richtige medizinische Behandlung erhalten, sei ein neuer Mensch und arbeite in einem Büro in Georgetown. Überprüfen ließ sich das nie.

So wie in Europa gibt es auch in den USA Suppenküchen und Heime, die von den Obdachlosen benützt werden. Wenn es eisig kalt wird im Winter, fahren die Sozialarbeiter durch die Straßen, um die in Hauseingängen oder über U-Bahnschächten frierenden Bettler außer Lebensgefahr zu bringen. Immer wieder drängen Sozialarbeiter Drogenabhängige zu Entziehungskuren, aber mangels kontinuierlicher Betreuung sind die Erfolge begrenzt.

In New York City reagierte Bürgermeister Rudolph Giuliani in den Neunzigerjahren auf die Allgegenwart von Obdachlosen mit harten Polizeieinsätzen. Längst vergessen geglaubte Paragrafen gegen Vagabundage wurden ausgegraben, um die „Homeless“ aus dem Zentrum an den Rand der Stadt zu drängen. Die umstrittene „Broken Window“-Theorie, wonach die kleinsten Zeichen von Vandalismus zu gefährlicher Kriminalität führen, kam gegen die sichtbaren Obdachlosen zum Einsatz. Vom Standpunkt der Touristen und Geschäftsleute war die Initiative ein Erfolg: In Manhattan sieht man kaum noch Bettler. Unbestreitbar geht man heute um vieles unbeschwerter durch die Fifth Avenue als vor 15 Jahren.

Mit unterschiedlichem Erfolg versuchen seither die Stadtverwaltungen anderer amerikanischer Städte dem Beispiel von New York zu folgen. Immer wieder krachen sie mit Hilfsorganisationen zusammen, die warmes Essen in Parks und anderen öffentlichen Plätzen verteilen. Die verslumten Parks mit Bänken, die von übel riechenden Bettlern besetzt sind, werden von der Bevölkerung gemieden und stellen für die Stadtväter ein ständiges Ärgernis dar. Statt teurer psychiatrischer Betreuung entschließen sich die meisten zu schärferen Polizeieinsätzen.[1]

Catherine Ross, Sozialrechtsexpertin der George Washington University in Washington DC, bezweifelt das New Yorker Erfolgsrezept. Das Problem wurde nur verschoben, sagt sie. „Die Obdachlosen, die man aus Manhattan entfernt hat, sind einfach in die Bronx oder noch weiter weg gezogen. Es wurde nichts getan, um die Menschen zu versorgen, die man in Manhattan nicht mehr haben wollte."

Sogar in der amerikanischen Bundesregierung gibt es einen wenig bekannten „Obdachlosenrat".[2] Der Obdachlosenbeauftragte, Philip F. Mangano, verfolgt seit Jahren ein Pilotprogramm namens „Housing First", das chronisch Obdachlosen kostenlose Wohnungen zur Verfügung stellen soll. Man versucht die skeptischen Gemeinden, die jahrelang Sozialausgaben immer nur gekürzt haben, davon zu überzeugen, dass die Bereitstellung von Wohnraum mit elementarer medizinischer Betreuung billiger ist als der „endlose Zyklus von Heim, Suppenküche, Straße, Ambulanz, Entzug und Gefängnis". Private Hilfsorganisationen argumentieren ähnlich: Ein Dach über dem Kopf mit gewisser medizinischer Betreuung und Hilfe bei der Jobsuche kostet die Gesellschaft weniger als Polizeieinsätze und Ambulanzbesuche.[3]

Die engagierte Sozialrechtlerin Catherine Ross von der George Washington University sieht diese Initiativen der Regierung Bush höchstens als Tropfen auf dem heißen Stein. „Genauso wichtig wäre es zu verhindern, dass Menschen überhaupt obdachlos werden. Aber die Regierung senkt die Wohnbeihilfen und reduziert den öffentlichen Wohnbau, während Mieten und Wohnungspreise steigen. Daher werden immer mehr Familien obdachlos, auch wenn die dann glücklicherweise nicht gleich als Bettler auf der Straße landen."

Ein überdurchschnittlicher Prozentsatz der Armen kommt in den USA aus nationalen Minderheiten. Aber die große Mehrheit ist weiß. Für die weiße Unterschicht, die es nicht schafft, in die „Middle Class" der Durchschnittsverdiener aufzusteigen, hat der erbarmungslose Volksmund ein abschätziges Schimpfwort gefunden: Als „White Trash", „weißer Abschaum" gelten die notorisch erfolglosen Familien, die ethnisch europäischen Ursprungs sind.

Robert Iles hat einen Traum: Er möchte einmal ins College gehen, um Musiklehrer zu werden. Es wird wohl ein Traum bleiben. Denn drückende Schulden, kranke Eltern und ein Job zum Mindestlohn lassen ihm nicht den geringsten Spielraum. Robert wohnt mit seinen Eltern auf einem Müllabladeplatz in Nortonville im Bundesstaat Kansas.[4] Er ist 23 Jahre alt und arbeitet in einem Dollar Shop des Nachbardorfes. Seine Mutter Patricia betreut den kranken Vater, der nach einem Herzinfarkt seine Arbeit in der lokalen Gießerei verloren hat. Das „Heim" der Familie ist ein verfallener Wohnwagen. Von der Landstraße geht man an alten Autoreifen, kaputten Sofas, Drähten und Bauschutt vorbei, um zu den Iles zu kommen. Den vergangenen Winter hat die Heizung ihren Geist aufgegeben, aber für die Reparatur war kein Geld da.

„Wir haben die ganze Zeit mit elektrischen Heizstrahlern und mit dem Backofen geheizt", seufzt Patricia Iles, Roberts Mutter, die erschöpft und deprimiert wirkt. Jetzt kommt zur Abzahlung der Schulden für den Trailer noch die gestiegene Stromrechnung. Die Heizung wird wahrscheinlich auch noch im nächsten Winter defekt sein.

Die Familie lebt von der staatlichen Mindestrente des Vaters, der geistig verwirrt ist und an Diabetes leidet. Glücklicherweise hat der Vater Anrecht auf „Medicare", die staatliche Gesundheitsversicherung für Senioren, eine der Säulen des verbleibenden sozialen Netzes in den USA. Aber weder der Sohn noch die Mutter sind krankenversichert – wie 45 Millionen Amerikaner. Mit schlimmen Konsequenzen. Robert hat sich mit einem Küchenmesser die Sehnen der rechten Hand durchgeschnitten. Das Spital schickte eine Rechnung von über 20.000 Dollar. „Jeden Monat zahle ich zurück, was ich kann", sagt Robert. „Manchmal schaffe ich 5 Dollar, manchmal sogar 20 Dollar." Wenn er einmal 10.000 Dollar abgezahlt hat, dann hofft er, dass das Spital den Rest erlassen wird. Wann das sein wird, das will er sich gar nicht ausrechnen. Schließlich hat er noch die Raten für seinen kleinen Dodge Avenger zu bedienen, mit dem er zur Arbeit fährt. Den Gebrauchtwagen hat er sich nach der letzten Lohnerhöhung gekauft. Er ist eine Art zweiter Wohnraum. Eine Fluchtmöglichkeit, wenn er es bei den Eltern im Trailer nicht mehr aushält.

„Mir geht es noch halbwegs gut", schüttelt Robert Iles den Kopf, „die Mädchen an den Kassen verdienen noch weniger." Dem Eigentümer des Billigwarengeschäfts im benachbarten Dorf Atchison, in dem er arbeitet, kann er nichts vorwerfen. Der Chef kommt selbst kaum über die Runden, sagt Robert. Ein paar Meilen entfernt liegt ein Fluss, zu dem der junge Mann gerne hinfährt, wenn er im Auto sein Mittagssandwich verzehrt. Er sieht sich dann gerne die Angebote der preisgünstigen öffentlichen Community Colleges der Umgebung für eine Ausbildung als Musiklehrer durch. Anmeldegebühren unter 2000 Dollar sind selten. Jeder Kurs kostet meist dann noch extra ein paar Dollar. Die Hoffnung, dass er den Sprung einmal schafft, gibt er nicht auf.

Der geringe Stellenwert der sozialen Frage in der öffentlichen Diskussion hängt in den USA mit der guten Wirtschaftsentwicklung zusammen, die sich die Regierung Bush mit einem gewissen Recht auf die Fahnen schreibt. Auch nach dem Einbruch des 11. September 2001 blieb die Arbeitslosigkeit deutlich unter 5 Prozent. Wenn es der großen Mehrheit relativ gut geht, fällt es leichter, die erfolglose Minderheit zu vergessen. Armut wurde in den republikanischen Regierungsjahren nicht abgebaut, aber sie hat auch nicht signifikant zugenommen.

Dazu kommt die amerikanische Grundideologie, wonach jeder für sein eigenes Schicksal verantwortlich ist. In den USA glauben nach Umfragen 85 Prozent der Menschen, dass die Armen an ihrem Schicksal selbst schuld sind. Da können Soziologen noch so überzeugend zeigen, wie wenig Aufstiegschancen Kinder aus dem unteren sozialen Viertel haben. Sogar in den Unterschichten ist der Glaube weit verbreitet, am eigenen Schicksal sei man selbst schuld.[5]

In den USA in Armut zu leben, das bedeutet anders als in den Sechzigerjahren nur mehr ganz selten, dass man Hunger leidet. Heute steht schlechte und billige Ernährung im Vordergrund. Dickleibigkeit und Diabetes sind die Folgen. Selbst in den ärmsten Slums von Los Angeles oder Washington DC haben 92 Prozent der Familien Fernsehgeräte und meistens gibt es auch ein Auto. 55 Prozent verfügen über einen Videorekorder und 42 Prozent über eine Stereoanlage. Konservative Sozialwissenschaftler argumentieren, dass der offizielle Armutsindex kein wirkliches Spiegelbild der Lebensverhältnisse in den amerikanischen Unterschichten darstellt. Sie verweisen auf eine große Anzahl ehemaliger Sozialhilfebezieher, die seit der „welfare reform" der Neunzigerjahre im Arbeitsmarkt Fuß gefasst haben.[6]

Als einziger amerikanischer Politiker stellt John Edwards, der ehemalige Senator von North Carolina, ein offensives Programm zur Armutsbekämpfung ins Zentrum. Er knüpft an die Tradition der Sechzigerjahre an, als Lynden B. Johnson den „Krieg gegen die Armut" verkündete.

Die weit verbreitete Meinung, dass die soziale Frage in den USA nie angegangen wurde, ist historisch gesehen falsch. Franklin D. Roosevelt hat mit „Social Security" ein alle 50 Bundesstaaten umfassendes System von Sozialpensionen geschaffen. Eine soziale Klammer, zu der sich zum Beispiel die Europäische Union mit ihren völlig unterschiedlichen Pensionssystemen bisher nicht durchringen konnte. „Social Security“ war die Antwort auf den drohenden sozialen Verfall in der Depression der Dreißigerjahre. Mit Lynden B. Johnsons kühnem Ziel, die Armut abzuschaffen, reagierten die USA auf die Herausforderung durch die Sowjetunion in der Systemkonkurrenz des Kalten Krieges. Seit sich in den Achtzigerjahren unter Ronald Reagan das Dogma vom schlanken Staat durchgesetzt hat, ist diese Tradition verschüttet.

George Bush hat den Kampf gegen die Armut während seiner gesamten Präsidentschaft nur ein einziges Mal zum Thema gemacht. In einer Fernsehansprache nach dem Hurrikan „Katrina“ im Herbst 2005 wandte sich der Präsident vom berühmten Jackson Square in New Orleans aus an die Nation. Es war eine eindrucksvolle Rede: George Bush versprach das Massenelend auszumerzen, das durch die Katastrophe des Hurrikans sichtbar geworden war. Die Nation hörte zu. Aber zu einer neuen Sozialpolitik konnte sich die Regierung nicht durchringen.[7]

Die Verdrängung sozialer Probleme war einer der Hauptgründe für die Katastrophe von New Orleans gewesen.

Das war schon an den endlosen Autokolonnen zu erkennen, die sich in der Nacht vor dem Hurrikan Ende August 2005 mit flüchtenden Bewohnern auf den Autobahnen in Richtung Westen nach Texas und in den Nordteil des Bundesstaates Louisiana bewegten. Es waren fast nur Pkws, oft schwer beladen mit Hausrat jeder Art. Aber es gab keine Busse oder gar Armeelastwagen. Die Stadtväter von New Orleans hatten bei ihrem Evakuierungsbefehl 19 Stunden vor dem Eintreffen des Sturmes jenen Teil der Bevölkerung vernachlässigt, der über keine Fortbewegungsmittel verfügte. Die Folge: Als nach dem Sturm die Flut kam, weil die Dämme brachen, befanden sich noch 70.000 Menschen in der Stadt. Es waren jene Menschen, die in letzter Not auf die Dächer ihrer Häuser stiegen, um nach Hilfe zu rufen. Amerika sah entsetzt zu, wie hilflos die Schwächsten und Kränksten der Krise ausgeliefert waren.

Aber schon vier Monate später präsentierte sich New Orleans wieder als der lebenslustige Besuchermagnet von einst. Das French

Quartier im historischen Zentrum vermittelte den Eindruck, alles sei wie früher. Vor dem legendären „Café du Monde" boten Straßenmusikanten leichten Jazz und am Jackson Square priesen Straßenhändler ihre Bilder an. In den Souvenirläden sind die T-Shirts mit Aufschriften wie „Katrina That Bitch! New Orleans" der Renner.

Aber bei näherem Hinsehen merkte man, dass höchstens jedes dritte Lokal geöffnet war. Schutt und Abfall auf den Straßen wuchsen, je weiter man sich von den Touristengebieten entfernte. Schon nach wenigen Straßenzügen befand man sich in den Geisterstädten der am stärksten getroffenen Bezirke, in denen es auch Monate später so aussah, als sei „Katrina" erst gestern durchgezogen. Die gespenstischen Markierungen, die die Rettungsmannschaften im vollständig zerstörten Lower Ninth Ward, dem Neunten Bezirk, hinterlassen haben, blieben die wichtigsten Wegweiser: „1 dog dead", „Cat dead" mit Datum, Kreuzen und Zeichen der Einsatzkräfte aus allen Teilen Amerikas. „We want our city back", „Wir wollen unsere Stadt zurück", lautete die Schrift auf einem anderen Schild. Daneben nicht enden wollende Schuttberge. An der Ecke hatte jemand Dutzende kaputte Fernsehgeräte auf der Straße zusammengetragen.

Ronald W. Lewis ist eine führende Persönlichkeit des Bezirks. Die Karnevalstradition des „Mardi Gras" ist seine Passion. Aber ob sein „Marching Club The Nine" je wieder zusammenkommen wird, weiß er nicht. Die Mitglieder sind über das ganze Land verstreut. In der Garage neben seinem Haus hat der Sechzigjährige liebevoll ein Museum der sogenannten „Mardi Gras Indians" eingerichtet. „Indianer" nennen sich die afroamerikanischen Gruppen, die sich über das ganze Jahr auf den bunten Aufmarsch am Faschingsdienstag vorbereiten. Doch alle Fotos, Puppen und Kostüme des Museums wurden ein Opfer des Wassers. Eine Skelettpuppe, die vom Giebel baumelt und einige vergilbte Fotos von Aufmärschen früherer Jahre sind alles, was geblieben ist. Es war völlig unklar, was mit dem Haus passiert und welche

Hilfe der Staat für den Wiederaufbau zur Verfügung stellen wird.

Ob die am stärksten zerstörten Bezirke in New Orleans überhaupt wieder bewohnbar gemacht werden, war Gegenstand endloser Verhandlungen zwischen Stadt, Bundesstaat und Bundesregierung.

Charles Pavoir kommt alle paar Wochen zu seinem Haus in der 17. Straße, um nach den Aufräumungsarbeiten zu sehen. Er hat unmittelbar neben dem Damm gewohnt, der während des Sturmes geborsten ist. Im angrenzenden Kanal hat sich ein schlecht festgezurrter Schlepper losgerissen und das gesamte Mauerwerk durchbrochen. Das Schiff liegt jetzt wenige Meter neben den Ruinen von Charles Pavoirs Haus im Trockenen. „Allen Häusern hier in der Gegend ist nicht mehr zu helfen“, schüttelt der Mann den Kopf. Er selbst hat Glück gehabt, weil er gut versichert war. „Vielleicht machen sie eine Grünzone oder einen Golfplatz daraus.“

Wenige Monate später bestätigte der vernichtende Untersuchungsbericht des Kongresses 2006 das Bild des völligen Versagens der Behörden vor und nach dem Sturm.[8] Dem Präsidenten war New Orleans bald keine Erwähnung mehr wert.

Besser als den sozial Schwachen ging es in den letzten Jahren den Reichen und Superreichen. Die USA zählen inzwischen 5 Millionen Dollarmillionäre. Viele europäische Kleinstaaten haben eine größere Anzahl von Einwohnern. Wenn der gegenwärtige Trend anhält, wird diese Gruppe der erfolgreichsten Amerikaner in 10 Jahren auf 20 Millionen anwachsen. Ein beträchtliches Marktsegment, das auch zahlenmäßig nicht mehr zu übersehen ist.

Auch der exklusivere Klub der Milliardäre wächst. 2006 kamen erstmals die 400 reichsten Amerikaner alle über ein Vermögen von mindestens 1000 Millionen Dollar.[9] Diese Ansammlung materiellen Reichtums am oberen Ende ist Folge einer sozialen Absetzbewegung der Oberschicht vom Leben der Durchschnittsbürger, die es in der Geschichte das letzte Mal vor dem Ersten Weltkrieg gegeben hat. Software-Zampano Bill Gates und das Finanzgenie Warren Buffett sind an die Stelle der Ölbarone und Stahlmagnaten John Rockefeller und Henry Frick getreten.[10] 1960 ergab eine Untersuchung in den USA, dass Vorstandsdirektoren im Durchschnitt 42-mal mehr verdienen als Arbeiter. Das galt als schreiende Ungerechtigkeit. 2004 betrug dieses Verhältnis sagenhafte 1:431.[11] Diese Zahl muss man sich noch einmal vergegenwärtigen: 1:431. Während der Anteil der 80 Prozent Durchschnittsverdiener und Armen am gesellschaftlichen Reichtum sinkt, wächst der relative Reichtum der Reichen und Superreichen immer schneller, je weiter man die Einkommensleiter hinaufsteigt.

Eine von zwei Ökonomen, Emmanuel Saez und Thomas Piketty, durchgeführte Studie ergibt, dass die reichsten 1 Prozent der Amerikaner ihren Einkommensanteil am Volksvermögen „von 8 Prozent im Jahr 1980 auf 16 Prozent 2004 verdoppeln konnten."

Die 300.000 reichsten Amerikaner verfügen über das gleiche Gesamteinkommen wie 150 Millionen Normalbürger in der unteren Hälfte der Einkommensskala.[12]

Dieser Trend der immer größer werdenden sozialen Schere wurde durch die Steuerkürzungen der Regierung Bush gefördert. Die verringerte Besteuerung von Dividenden und Kapitalerträgen brachte den 70 Prozent der Steuerzahler mit einem Einkommen von unter 50.000 Dollar nach Angaben der Organisation „Citizens for Tax Justice" im Jahr 2003 gerade 10 Dollar im Jahr. Dafür ersparten sich Millionäre im Durchschnitt satte 41.400 Dollar.[13]

Die wachsende Konzentration von Reichtum ganz oben hat weitreichende Folgen für die gesamte Gesellschaft. „Je größer in einer Gesellschaft die Ungleichheit ist", warnte im Frühjahr 2006 die „Washington Post", „desto härter wird es für die Bürger in der unteren Hälfte. Denn je mehr überschüssiges Einkommen die Oberschicht zur Verfügung hat, desto höher werden die Preise, die für knappe Ressourcen bezahlt werden – wie zum Beispiel für Wohnraum in guten Schulbezirken oder für Studienplätze an den besten Universitäten."[14]

Dieser Mechanismus erklärt finanzielle Barrieren für Einrichtungen, die in den europäischen Sozialstaaten entweder kostenlos sind oder für bescheidene Beiträge zur Verfügung gestellt werden.

Dauerthema bei amerikanischen Eltern aus der Mittelklasse mit Kindern im Schulalter sind die riesigen finanziellen Opfer, die für die Ausbildung der Kinder gebracht werden müssen. Die Studiengebühren an privaten Top-Universitäten wie Harvard oder Princeton betragen mehr als 40.000 Dollar im Jahr. Die staatlichen Universitäten, bei denen man mit ein paar Tausend Dollar pro Jahr wegkommt, erreichen weder die exzellente Ausbildungsqualität privater Hochschulen, noch können sie als Sprungbrett für eine Karriere nach ganz oben dienen.

Frances Chastang gehört als Mutter mehrerer studierender Kinder zu jenen Amerikanern, deren ganzes Familienleben sich darum dreht, die Schulden abzuzahlen, die das Studium der Sprösslinge verursacht hat. Dabei hatte Frances' Mann sein ganzes Leben als Universitätsprofessor einen hervorragenden Job. Frances arbeitet als Verkäuferin in der Brotabteilung des Delikatessengeschäfts „Dean and Deluca" in Washington DC. Auch in den USA ist das für die Ehefrau eines Universitätsprofessors ungewöhnlich. Aber sie hat fünf hochbegabte Kinder in die Welt gesetzt, die es ausnahmslos alle an teure Eliteuniversitäten zog.

Die ungewöhnliche Begabung der Kinder trieb die Familie fast in den Ruin. „Um Stipendien zu bekommen, waren wir ökonomisch zu gut gestellt", erinnert sich Frances. 45.000 Dollar pro Jahr machten über Jahre Studiengebühren und Lebenshaltungskosten jedes der Kinder aus. „Das hat den vom Großvater geerbten respektablen Ausbildungsfonds in kürzester Zeit geleert", so Frances. „Jahrelang hatten wir beide zwei Jobs." Schließlich mussten die Eltern die Familienvilla in einer teuren Gegend in Washington DC verkaufen, um die Studien der Kinder zu finanzieren.

Mit Armut hat das alles zweifelsohne nichts zu tun. Aber 12 Jahre lang hat sich Frances keinen einzigen Urlaub geleistet. Sie wird arbeiten, bis der letzte Sprössling die Universitätsausbildung hinter sich gebracht hat. Ihr prominentester Kunde ist John Kerry, der Senator und ehemalige Präsidentschaftskandidat. „Er will immer wissen, wie es meinen begabten Kindern geht“, scherzt Frances. Wahrscheinlich hat John Kerry, Multimillionär wie die meisten seiner Kollegen im Senat, keine Vorstellung, was eine derartige Häufung von akademischem Interesse für eine Familie bedeutet.

Die soziale Polarisierung des Landes aufzuhalten könnte sich als schwieriger herausstellen als eine neue politische Weichenstellung. Immerhin gelang es den Demokraten schon zu Beginn der zweiten Amtszeit George Bushs, eine neuerliche Privatisierungswelle zu blockieren, die das soziale Netz weiter gelockert hätte: Die geplante Teilprivatisierung des staatlichen Sozialversicherungssystems „Social Security“, das 48 Millionen Amerikanern Mindestrenten, Witwen- und Waisenpensionen oder Berufsunfähigkeitspensionen zahlt, scheiterte an der Skepsis der Bevölkerung gegenüber der Idee von noch mehr Marktwirtschaft im sozialen Bereich.

Die Abwehr der Privatisierungspläne von „Social Security“, die George Bush ursprünglich als wichtigstes innenpolitisches Anliegen seiner zweiten Amtszeit angesehen hatte, war ein seltener Erfolg für eine Kraft, die zu den großen Verlierern der letzten 15 Jahre gehört: die amerikanische Gewerkschaftsbewegung.

Nur mehr 12 Prozent der Lohnabhängigen sind in den USA gewerkschaftlich organisiert, in der Privatwirtschaft sind es überhaupt nur mehr knappe 8 Prozent. Ein Organisationsgrad, der den relativ gesehen stärkeren europäischen Gewerkschaften den kalten Schauer über den Rücken jagt. Noch in den Fünfzigerjahren waren 35 Prozent der amerikanischen Werktätigen gewerkschaftlich organisiert gewesen. Der einst so stolze Dachverband AFL-CIO unter Langzeitvorsitzendem John Sweeney verliert nicht nur Mitglieder. Er ist zusätzlich durch eine Abspaltung geschwächt. In Washington DC, wo die AFL-CIO-Chefs einst dank ihrer 14 Millionen Mitglieder demokratische Präsidentschaftskandidaten blockieren oder küren konnten, sind die Arbeitnehmerorganisationen nur mehr eine unter vielen Lobbygruppen. Um nach Jahrzehnten konservativer Wirtschaftspolitik und scheinbar unaufhaltsam sinkendem Organisationsgrad der Arbeitnehmer zumindest einen Teil der sozialen Errungenschaften zu retten, sind die Gewerkschaften in den USA immer öfter gezwungen, riskante Arbeitskämpfe zu wagen. Supermarktketten in Kalifornien und Hotels in Chicago waren monatelang mit Streiks und Picket Lines konfrontiert.

Symbolfigur einer neuen gewerkschaftlichen Militanz, die auch den Konflikt mit mächtigen Meinungsmachern nicht scheut, ist der Chef der New Yorker Transportarbeitergewerkschaft, Roger Toussaint. Rupert Murdochs Massenblatt „New York Post" beschimpfte den charismatischen Organisator als „Moron" oder „Jerk", was so viel wie „Schwachsinniger" oder „Trottel" bedeutet. Staatsanwaltschaft und Polizei mussten sich von dem rechten Kampfblatt regelmäßig vorwerfen lassen, dass sie den Mann mit Glaceehandschuhen anfassen. Dagegen gingen seine Anhänger mit ihm durch dick und dünn. Als Toussaint im April 2006 in Brooklyn zu einer zehntägigen Gefängnisstrafe verurteilt wurde, marschierten Tausende vor dem Gerichtsgebäude auf.

Roger Toussaint ist ein Gewerkschaftsführer neuen Typs. Sein „Local 100" der Transportarbeitergewerkschaft TWU hat im Dezember 2005 durch einen Streik der U-Bahnen die Stadt New York für drei Tage lahmgelegt. Es war der erste Transportarbeiterstreik in der Siebenmillionenmetropole seit einem Vierteljahrhundert. Der ungestüme Mann von der Basis hatte die New Yorker Transportarbeiter im Widerspruch zum gesetzlichen Streikverbot für öffentliche Bedienstete und entgegen den Empfehlungen der nationalen Gewerkschaftsführung in den Kampf geführt.

Toussaint stammt aus Trinidad, er ist schwarz und glaubt an gewerkschaftliche Kampfmaßnahmen alten Stils. Seine pathetische Sprache erinnert an die Anfänge des Sozialismus. „Man kann Leute nicht dauernd beschimpfen und dann erwarten, dass sie immer nur nicken“, verteidigte er gegenüber der Öffentlichkeit den Streik, der ihn ins Gefängnis brachte.[15] Die Bürokraten an der Spitze der TWU sind weiß, sie verwalten zahlreiche Pensionsfonds und pflegen viele politische Verbindungen. Sie hassen Risiken wie die Pest. Aber gleichzeitig wissen sie: Picket Lines, Streiks und Blockaden sind ein Lebenszeichen, auf das gerade eine geschwächte Gewerkschaftsbewegung nicht verzichten kann. Auch wenn die Konfliktaustragung mehr an das 19. Jahrhundert erinnert als an die angebliche Konsensdemokratie der modernen Welt.

---

1 Randal C. Archibold, Las Vegas Bans Feeding the Poor In Its City Parks, New York Times, 28.7.2006

2 „United States Interagency Council on Homelessness“

3 Darren Walker, Vizepräsident und Armutsexperte der Rockefeller Foundation, New York Times, 7.6.2006

4 Für die Details dieser Reportage des ORF Washington bedanke ich mich bei meinem Kollegen Christian Lininger.

5 Jeremy Rifkin, The European Dream, New York 2004, p. 41: Zwei Drittel der Amerikaner glauben laut einer Umfrage, dass Erfolg von ihnen selbst abhängt. In Deutschland glauben 68 Prozent das Gegenteil. In Mehrheit von 6:1 glauben Amerikaner, dass erfolglose Menschen wegen eigener Fehler erfolglos sind, und nicht, dass die Gesellschaft schuld ist.

6 The Poor Get Richter, Wall Street Journal, 23.5.2007; Nicholas Eberstadt, Why Poverty Doesn’t Rate, Washington Post, 3.9.2006

7 Michael A. Fletcher, Bush’s Poverty Talk Is No All but Silent, Washington Post, 20.7.2006

8 A Failure of Initiative: The Final Report of the Select Bipartisan Committee to Investigate the Preparation for and Response to Hurrikane Katrina, Washington, 2006

9 Matthew Miller und Tatiana Serafin, America’s 400 Richest, Forbes Magazine, 21.9.2006

10 Louis Uchitelle, The Richest of the Rich, Proud of a New Gilded Age, New York Times, 15.7.2007

11 The rich, the poor and the growing gap between them – Inequality and the American Dream, Economist, 15.6.2006

12 Der Anteil der „obersten 10 Prozent dieses einen Prozents stieg von 2 Prozent 1980 auf heutige 7 Prozent.“ Und der Anteil „des obersten Hundertstels der obersten ein Prozent – also der oberen 14.000 – hat sich von 0,65 Prozent 1980 auf 2,87 Prozent im Jahr 2004 vervierfacht.“ Ebenda, Christopher Shea, Soak the rest of us, Boston Globe, 15.4.2007

13 David Cay Johnston, Big Gain for Rich Seen in Tax Cuts for Investments, New York Times, 5.4.2006

14 A Rising Tide?, Washington Post, 12.3.2006

15 Steve Fishman, Anger Management, New York Times Magazine, 2007

Der Schatten von „Death Row“

„Rassismus, die Diskriminierung der Armen und den Glauben an Gewalt zur Lösung gesellschaftlicher Probleme“ hält die katholische Nonne und Vorkämpferin gegen die Todesstrafe, Helen Prejean, für Amerikas größte wunde Punkte.

Die im Antiterrorkampf aus einer ferngelenkten Drohne gegen einen Verdächtigen abgefeuerte tödliche Rakete und der elektrische Stuhl im Strafvollzug entspringen demnach der gleichen Denkweise. Durch die rasche Ausschaltung einzelner Verbrecher soll das Verbrechen bekämpft werden. Für die Suche nach tieferen Hintergründen fehlen Geduld und Motivation.

Helen Prejean hat ihr Leben dem Kampf gegen diesen gedanklichen und moralischen Irrweg gewidmet. Die katholische Nonne, die dank des Hollywood-Films „Dead Man Walking“, mit Susan Sarandon und Sean Penn, auch über die Grenzen des Landes hinaus bekannt wurde, ist die wichtigste Symbolfigur der Bewegung gegen die Todesstrafe in den USA. Im Zentrum ihrer Tätigkeit steht die Betreuung von Häftlingen in „Death Row“, den dicht besetzten Todeszellen des Gefängniskomplexes von „Angola“ etwa drei Autostunden nördlich von New Orleans. Der Name kommt vom Herkunftsland der Sklaven, die einst auf den Plantagen gearbeitet haben, auf denen später eine gefürchtete Strafanstalt errichtet wurde. So dicht hängt neben den Straßen am Rande des Mississippi das Spanische Moos von den Eichenbäumen, dass man unwillkürlich an grausige Lynchszenen aus der Zeit der Rassentrennung erinnert wird.

„Louisiana State Penitentiary“ steht auf dem großen Schild beim Eingang.

Der Strafvollzug wurde in den letzten Jahren immer wieder reformiert. Aber wenige hundert Meter entfernt verrichten Dutzende aneinandergekettete Häftlinge Feldarbeit. Daneben sitzen die Wachebeamten mit ihren geladenen Gewehren hoch zu Ross. In „Angola" scheint die Zeit stehen geblieben zu sein.

Zum Zeitpunkt unserer Reportage Mitte der Neunzigerjahre betreute Helen Prejean ihren vierten Todeskandidaten, Dobbie Gillis Williams. Die monatlichen Besuche in „Angola" waren Teil ihres einsamen Feldzuges für die Abschaffung der Todesstrafe.[1]

Helen Prejean erinnert mit ihren kurzen Haaren, den Brillen und dem energischen Auftreten an eine Lehrerin. Sie hat einen offenen Blick und strömt die Warmherzigkeit der Südstaaten aus. „Zu erleben, was für riesige technische und finanzielle Mittel aufgewendet werden, nur um völlig vorsätzlich ein menschliches Wesen zu töten, das hat tiefe Narben in meiner Seele hinterlassen", schüttelte Helen Prejean den Kopf. „Ich habe das drei Mal durchgemacht. Es trifft einen tief, wenn man sieht, wie der Staat genau die Gewalt reproduziert, vor der wir die Menschen bewahren wollen."

Die Ordensschwestern des „Heiligen Josef von der Medaille" haben sich Anfang der Achtzigerjahre, unter dem Einfluss der aus Lateinamerika kommenden Befreiungstheologie, den Armen zugewandt. Das hat Helen Prejean auf die Problematik der Todesstrafe gestoßen. „Immer wieder bin ich von den Mitschwestern gefragt worden, warum ich das alles tue, für diese Mörder und Verbrecher." Sie ist zum Schluss gekommen, dass die Todesstrafe eine Form der Folter gegen Menschen ist, die längst völlig wehrlos geworden sind. „Der Gesellschaft bringt das nichts Gutes. Aber das kann man nur verstehen, wenn man die Perspektive der Armen einnimmt. Denn in unserer Gesellschaft werden nur Arme zum Tode verurteilt."

„Angola" hat die Dimensionen einer mittleren Kleinstadt. Um zum Trakt mit den Todeszellen zu kommen, fährt man an der Siedlung der Gefängniswärter mit den dazugehörenden Familien vorbei, an der Schule, dem Postamt, dem Golfplatz und der Kirche. Sogar einen Radiosender gibt es, er spielt die meiste Zeit christliche Musik.

Acht Jahre vor unserem Besuch war Dobbie Williams zum Tode verurteilt worden. Die Geschworenen hielten ihn für schuldig, eine 43-jährige Frau in ihrem Badezimmer ermordet zu haben. Der Mann des Opfers hat vor Gericht ausgesagt, er habe seine Frau schreien gehört: „Ein schwarzer Mann bringt mich um." Dobbie Williams war schwarz, er büßte gerade eine Gefängnisstrafe ab und hatte Ausgang. Die Polizei nahm ihn bei seinem Großvater fest. Die Geschworenen waren alle weiß und akzeptierten den Polizeibericht, wonach ihr Gefangener den grausamen Mord gestanden hatte. „Dobbie ist Afroamerikaner, er war auf Gefängnisurlaub, das Opfer war weiß." Helen Prejean weiß aus Erfahrung: „Bei einer solchen Konstellation hat ein Angeklagter in Louisiana keine Chance." Vor Gericht beteuerte der Angeklagte seine Unschuld, aber der Verteidiger in der Hauptverhandlung war desinteressiert. In 5 Tagen hatten die Geschworenen das Schicksal von Dobbie Gillis Williams entschieden. Die Familie verstieß ihn, Helen Prejean blieb sein einziger Kontakt zur Außenwelt.

Dobbie Williams war Mitte dreißig, ein schmächtiger Mann mit unstetem Blick. Langsam bewegte er sich vorwärts, an jeder Seite einen Wärter, Hände und Füße in Ketten. Es dauerte lange, bis er den Weg von der Zelle zur Besucherkabine zurückgelegt hatte. Der Gefangene litt an Arthritis und konnte seine Hände kaum mehr bewegen. Erst nach einem Richterspruch hat sich die Gefängnisverwaltung dazu bereit erklärt, den Todgeweihten mit Medikamenten zu versorgen.

Ein Hinrichtungsdatum gab es zum Zeitpunkt unseres Besuches noch nicht, die amerikanischen Bundesgerichte prüften neuerlich seine Berufung. Das wichtigste Argument seiner Anwälte lautete, dass Dobbie Williams aufgrund der Sorglosigkeit des ursprünglichen Verteidigers in Wirklichkeit nie ein faires Verfahren gehabt hatte.

Im Besucherzimmer sprach der Todeskandidat, durch eine Glaswand getrennt, mit der Nonne. Es war ihre erste Begegnung seit Wochen. Dann wurde er durch die schweren Eisentüren zum Interview geführt. Hinter den Eisengittern von „Death Row“ leben die Todeskandidaten von Louisiana. Immer wieder waren Hände zu sehen, die durch die Gitter gestreckt werden. Die dazugehörenden Gesichter musste man erahnen.

Dobbie Williams durfte für das österreichische Fernsehen die Handschellen ablegen. Der Gefängnisdirektor hat es ausdrücklich gestattet, und ich gab dem verschreckten Mann die Hand. Ob er ein Mörder war, kann ich nicht beurteilen. In diesem Augenblick trat er mir als todgeweihter Gefangener gegenüber. Nur langsam und stockend kamen die Antworten auf meine Fragen.

Am schwersten zu ertragen sind die Todeszellen immer dann, wenn eine Hinrichtung angesetzt ist, sagte Dobbie Williams: „Dann sind alle deprimiert und traurig, man weiß, einer von uns wird hingerichtet werden. Manche Typen, auf die es zukommt, geben sich stark. Sie lassen sich nicht anmerken, wie sie sich fühlen. Aber ich weiß nicht, ich versetze mich dann immer an ihre Stelle. So gut wie manche der Typen könnte ich nicht damit umgehen.“ Dobbie Williams warf einen scheuen Blick um sich. Die Fernsehkamera, der ausländische Reporter, sie mussten für ihn völlig unwirklich wirken. „Die Idee, dass man jetzt einfach sterben wird, damit könnte ich einfach nicht umgehen.“ Er wiederholte den Satz immer wieder. „Ich glaube, ich könnte damit nicht umgehen, dass man mir sagt, ich muss jetzt sterben.“

Am 1. August 1999 wurde Dobbie Gillis Williams in der Todeskammer von „Angola“ durch Verabreichung von Gift getötet. Helen Prejean war bis zuletzt felsenfest von seiner Unschuld überzeugt. Seinem langen Todeskampf hat sie ein ganzes Buch gewidmet.[2]

Die Hinrichtungen werden im Gefängnis von „Angola“ ebenso wie in anderen Gefängnissen der USA in der sogenannten „Todeskammer“ vollzogen. Bis Mitte der Neunzigerjahre stand hier ein elektrischer Stuhl. Der Gesetzgeber des Bundesstaates Louisiana hat inzwischen Giftspritzen als vermeintlich humanere

Hinrichtungsart angeordnet. Das Gift fließt durch kleine Röhrchen aus dem Henkerszimmer in die Adern des Todgeweihten. Die roten Telefone verbinden die Todeskammer direkt mit dem Büro des Gouverneurs, damit noch bis zum letzten Augenblick eine Begnadigung möglich ist. In der Realität hat es einen solchen Gnadenakt allerdings schon lange nicht mehr gegeben.

„Es macht niemanden sicherer, jedes Jahr ein paar Leute umzubringen, um zu zeigen, dass der Staat genauso töten kann wie gemeine Verbrecher", klagte die leidenschaftliche Ordensschwester Helen Prejean nach dem Besuch im Todestrakt gegen die Überzeugung des amerikanischen Mainstream. „Niemand hat je einen Zusammenhang zwischen Todesstrafe und Kriminalität nachweisen können. In 38 Bundesstaaten der USA gilt die Todesstrafe, aber es gibt dort nicht weniger Verbrechen als in Bundesstaaten ohne Todesstrafe."

Die amerikanische Öffentlichkeit nimmt von Hinrichtungen kaum Notiz. Zwar kommt es auch in den Bundesstaaten mit vielen Todesurteilen, wie Texas und Virginia, immer wieder zu Protesten und Mahnwachen. Aber nur selten erreicht die Kontroverse eine breitere Öffentlichkeit. Schlagzeilen gibt es oft erst dann, wenn ein Fall in Europa besonderen Staub aufwirbelt. Selten zeigte sich der kulturelle Bruch zwischen den USA und dem Rest der entwickelten westlichen Welt so deutlich wie in diesem Streit der Werte. Schließlich ist die Todesstrafe aus der Europäischen Union seit Jahrzehnten verbannt.

In der amerikanischen Politik ist die Todesstrafe ein derartiges Tabu geblieben, dass man bis zum glücklosen demokratischen Präsidentschaftskandidaten Michael Dukakis 1988 zurückgehen muss, um einen bekennenden Gegner in einer bundespolitischen Auseinandersetzung zu finden. Aber in der Bevölkerung geht die einst bedingungslose Zustimmung zurück. Noch 1986 hielten 61 Prozent der Bevölkerung die Todesstrafe für eine wirksame Abschreckung. 2004 waren ziemlich genauso viele Amerikaner (62 Prozent) vom Gegenteil überzeugt. Wenn die Meinungsforscher lebenslange Haft ohne Begnadigung als mögliche Alternative zur Todesstrafe anführten, dann war die Bevölkerung bereits ziemlich genau in der Mitte gespalten. Auch Befragte, die sich prinzipiell als Befürworter der Todesstrafe bezeichneten, sprachen sich für eine solche Regel aus. Noch 1994 hatten sich 80 Prozent der Amerikaner als grundsätzliche Befürworter der Todesstrafe bezeichnet, 2006 waren es nur mehr 65 Prozent.[3] Es stimmt also nicht, dass in der amerikanischen Bevölkerung ausschließlich konservative „Law and Order"-Vorstellungen an Boden gewinnen.

Aus der Praxis der amerikanischen Rechtsprechung zeigt sich seit Jahren eine klare Tendenz zu weniger Todesurteilen und weniger Hinrichtungen. Noch 1998 wurden in den USA 300 Todesurteile verhängt, 2005 waren es nur mehr 106. Seit 1999 ist auch die Zahl der Hinrichtungen von damals 98 auf 53 im Jahr 2006 zurückgegangen.

Bundesweit haben die Gerichte in den letzten Jahren die Todesstrafe deutlich eingeschränkt. Das mehrheitlich konservative Höchstgericht in Washington DC untersagte die Hinrichtung von jugendlichen Tätern und geistig Behinderten. Ein Bundesstaat, Illinois, hat im Jahr 2000 Hinrichtungen völlig ausgesetzt, weil hartnäckige Journalismus-Studenten mit Hilfe moderner DNA-Analyse die Unschuld von 13 Todeskandidaten nachweisen konnten. So beschämend waren die Fehlurteile, dass der republikanische Gouverneur George Ryan, ein Befürworter der Todesstrafe, das gesamte Justizsystem von Illinois für defekt erklärte und alle Hinrichtungen aussetzte. Seither ist Illinois für die Anti-Todesstrafen-Aktivisten das Vorbild: Sie verlangen ein Moratorium. Insgesamt wurden in Amerika von 1973 bis 2004 118 Menschen wegen erwiesener Unschuld aus Todeszellen befreit.[4]

Aber diese Trendwende passiert still, heimlich und leise. In den großen Medien, vor allem im Fernsehen, überwiegen nach wie vor bei jeder Begnadigungsdebatte die ungezügelten Rachegefühle, die von den Opfern von Gewaltverbrechen oft zu hören sind. Die Angehörigen Ermordeter haben nach amerikanischer Tradition das Recht, dabei zu sein, wenn die staatliche Tötungsmaschinerie den Mörder ins Jenseits befördert. Es herrscht die weitverbreitete Ansicht, dass es erst möglich ist, den Verlust eines ermordeten Angehörigen zu verarbeiten, wenn die auf gleicher Ebene liegende Strafe vollzogen ist. Wieder und wieder werden der Öffentlichkeit zornige Verbrechensopfer präsentiert, die nach Rache und strengeren Strafen rufen.

Durchbrochen wurde dieser Mechanismus erstmals völlig unerwartet beim Prozess gegen „Al Kaida"-Mitglied Zacarias Moussaoui im Frühjahr 2006. Der offenbar geistig schwer gestörte gebürtige Marokkaner war Wochen vor den Anschlägen des 11. September 2001 wegen eines Visumvergehens in den USA festgenommen worden, wurde aber trotzdem als Mittäter angeklagt. Der Grund: Moussaoui hatte verschwiegen, was er über die Vorbereitungen der Terrorangriffe wusste.

Um der Forderung der Regierung nach Verhängung der Todesstrafe Nachdruck zu verleihen, lud das Gericht in Alexandria, einer Stadt im Norden des Bundesstaates Virginia, Hunderte Angehörige von Opfern des 11. September 2001 ein, das Verfahren über Videoleitungen live zu verfolgen. Dutzende sagten über das Grauen dieses Tages aus. Der Staatsanwaltschaft ging es ganz offensichtlich mehr darum, die Geschworenen mit dem Horror der Anschläge zu beeindrucken, als im Detail einen Zusammenhang zum Angeklagten nachzuweisen. Doch zur allgemeinen Überraschung sprachen sich ein Dutzend Angehörige gegen die Hinrichtung Moussaouis aus. „Von einer Exekution dieses Mannes kann nichts Gutes kommen", argumentierte Robin Theurkauf, die ihren Mann im World Trade Center verloren hat. „Als Amerikaner sollten wir großmütig genug sein zu erkennen, dass Rache niemals Gerechtigkeit ist."[5] Einige Zeugen warfen der Regierung sogar gezielte Manipulation vor. Moussaoui, der selbst auch hingerichtet werden wollte, wurde schließlich zu lebenslanger Haft verurteilt. Es war eine schwere Niederlage für das

Justizministerium, das unter George W. Bush über Jahre alles getan hatte, um gerade in diesem Fall ein Todesurteil zu erreichen.

Arnold Schwarzenegger hat in all den Jahren als kalifornischer Gouverneur kein einziges Mal von seinem Recht auf Begnadigung eines Todeskandidaten Gebrauch gemacht. Jedes Mal führte die Weigerung in Österreich zu derartigen Protesten, dass der verärgerte Austroamerikaner schließlich die Verwendung seines Namens für das Grazer Stadion untersagte. Der Disput wurde von der Presse auf beiden Seiten des Atlantiks genüsslich verfolgt, aber er vermittelt ein verzerrtes Bild.

Denn Kalifornien gehört zu den Bundesstaaten mit den besten Berufungsmöglichkeiten für zum Tode Verurteilte. Pro Kopf der Bevölkerung gibt es viel weniger Hinrichtungen als in anderen Teilen des Landes. Seit Wiedereinführung der Todesstrafe 1976 sind bis 2004 in Kalifornien nur 13 Verurteilte durch Giftspritzen oder tödliches Gas getötet worden. Texas, wo die Henker am häufigsten im Einsatz sind, hat dagegen in diesem Zeitraum 327 Hinrichtungen durchgeführt, fast die Hälfte davon in der Zeit, als George W. Bush Gouverneur war.

Im Osten der Bay von San Francisco liegt San Quentin, das einzige Gefängnis Kaliforniens für Todeskandidaten. „Death Row", der Trakt mit den Zellen für die zum Tode Verurteilten, ist mit mehr als 600 Insassen hoffnungslos überfüllt, weil es viel mehr Todesurteile gibt als Hinrichtungen. Für die meisten Insassen bedeutet die Todesstrafe in Wirklichkeit lebenslange Haft, allerdings stets mit dem Damoklesschwert eines dramatischen Endes in „Death Chamber".[6]

Im Kapitol in Sacramento haben in Fragen von Law and Order nach wie vor die Hardliner das Sagen. Kaum ein Abgeordneter oder Senator wagt es offen, für die Abschaffung der Todesstrafe einzutreten, so groß ist die Angst vor negativen Reaktionen in der Öffentlichkeit. Kevin McCarthy war mehrere Jahre republikanischer Fraktionsführer und damit Schwarzeneggers engster Bündnispartner im Abgeordnetenhaus. Inzwischen ist er in das

Repräsentantenhaus in Washington aufgerückt. Sein Büro in Sacramento zierte ein historisches Plakat „Nixon for Governor", daneben ein großes Foto des „Assemblyman", wie die Abgeordneten in Kalifornien heißen, mit Schwarzenegger. Die Todesstrafe war seiner Meinung nach einer der Gründe, warum die Kriminalität zurückgeht: „Bei allen Abstimmungen war immer eine klare Mehrheit dafür." Die vielen Berufungsmöglichkeiten garantieren, dass keine Unschuldigen hingerichtet werden, glaubt der republikanische Politiker. Wie er auf die weltweiten Proteste gegen die Todesstrafe in den USA reagiert? „Das müssen die amerikanischen Bundesstaaten schon allein entscheiden, dabei bleibt es."

Warum Kalifornien, das sich sonst doch so gerne als Avantgarde fühlt, in der Diskussion um die Todesstrafe Nachhut bleibt? George Skelton, der langjährige Kolumnist der „Los Angeles Times" in Sacramento, sucht die Erklärung in der Vergangenheit: „In den Sechzigerjahren hatten wir wirklich schlimme Gewaltverbrechen in Kalifornien. Die Ermordung Bobby Kennedys, Charles Manson, wir hatten Massenkiller. Die Öffentlichkeit wollte die Täter aus der Gesellschaft entfernen. Wir hatten Aufstände und Unruhen. Es entstand das Bedürfnis nach Rache und man wollte irgendwie zurückschlagen. Diese Haltung kommt aus der Kultur des Wilden Westens, besser kann ich es nicht erklären."

Vor dem gebogenen Eingangstor zur Universität von Berkeley, von wo einst die amerikanische Studentenbewegung der Sechzigerjahre ihren Ausgang genommen hat, verteilen die Anti-Todesstrafen-Aktivisten der „Campaign to End the Death Penalty" jede Woche ihre Flugblätter. Crystal Bybee, die junge Sprecherin der Organisation, steht etwas verloren hinter dem Klapptisch mit Broschüren und Handzetteln. Auf den Nachbarständen liegt Werbematerial für teure Zusatzkurse oder unpolitische Freizeitklubs. Crystal kommt aus der idealistischen Alternativszene und sie glaubt an einen langsamen Stimmungsumschwung auch in Kalifornien: „Es kommen mehr Leute zu unseren Meetings, die öffentliche Diskussion wird intensiver. Wenn das so weitergeht, wird sich vielleicht auch Arnold Schwarzenegger einmal auf seine europäischen Wurzeln besinnen und einen Schritt gegen die Todesstrafe setzen." Von den österreichischen Anti-Todesstrafen-Aktionen hat Crystal Bybee gehört, sie sieht darin eine Ermutigung für die Aktivitäten ihrer Gruppe.

Zur vorläufigen Unterbrechung aller Hinrichtungen in Kalifornien hat ein auf den ersten Blick skurril anmutender Rechtsstreit um die Abfolge von Betäubungsmitteln und Gift im Gefängnis von San Quentin geführt. Angesichts wachsender Zweifel über die Wirksamkeit eines Narkosemittels, das üblicherweise vor Einführung der zwei schmerzhaften Giftstoffe verabreicht wurde, hat ein Richter die Überwachung des ganzen Vorganges durch einen Anästhesisten verlangt. Ein Mediziner in der Todeskammer, das hatte es bisher nicht gegeben. Weil die Gefängnisverwaltung in ganz Kalifornien keinen Arzt auftreiben konnte, der diese Aufgabe übernehmen wollte, musste schließlich im Februar 2006 die Hinrichtung des 46-jährigen Mörders Michael Morales auf unbestimmte Zeit verschoben werden. Wenige Monate später hatte die Gefängnisverwaltung des Bundesstaates Missouri das gleiche Problem. Eine Art Streik der Ärzte kombiniert mit einer strengeren Auslegung der Rechtslage durch die Gerichte, die durch die Verfassung verpflichtet sind, jede Art von „ungewöhnlicher und grausamer Bestrafung" zu verhindern, brachte die Hinrichtungsmaschinerie in mehreren Bundesstaaten zum Stillstand. Sogar Jeb Bush, der Bruder des Präsidenten, verfügte vor dem Ende seiner Amtszeit als Gouverneur von Florida ein vorläufiges Ende der Hinrichtungen, nachdem Angel N'Diaz, ein rechtskräftig verurteilter Mörder, erst nach 34 Minuten Todeskampf starb, weil die Henker die Schlagader nicht finden konnten.

Von seiner Befürwortung der Exekutionen hat sich Arnold Schwarzenegger in dieser Zeit keinen Millimeter fortbewegt. Die Bemühungen seiner Administration gehen dahin, den Einsatz der Giftspritze durch eine neue Dotierung der Substanzen und eine bessere Ausbildung des Hinrichtungsteams problemloser zu gestalten.[7] Den Tötungsvorgang selbst will er offensichtlich am Leben halten.

Drakonische Strafen sind im amerikanischen Rechtssystem üblich. Aus der Welt des Baseballs kam in den Neunzigerjahren die populäre Devise des „Three Strikes And You Are Out“: Via Volksabstimmung wurde 1994 in Kalifornien festgelegt, dass es für Wiederholungstäter bei schweren Verbrechen nach einer dritten Verurteilung automatisch lebenslänglich geben muss, egal wie ernst das letzte Delikt war. Der Diebstahl von vier Schokoladekeksen brachte nach dieser Logik einen Wiederholungstäter 26 Jahre hinter Gitter. 31 Bundesstaaten haben ähnliche Gesetze erlassen.

Bei zahlreichen Delikten sind die Richter per Gesetz an hohe Mindeststrafen gebunden. Die Folge sind hoffnungslos überfüllte Gefängnisse, in denen kleine Drogendealer, die meist selbst medizinische Betreuung brauchen würden, erst so richtig in die Welt der Kriminalität eingeführt werden.

2,2 Millionen Amerikaner befinden sich in Haft, mehr als 7 Millionen unterstehen in irgendeiner Weise dem Strafvollzug. Das ist fast ein Viertel der gesamten Gefängnispopulation der Erde. In den USA kommen auf 100.000 Einwohner 738 Gefangene. Im Vergleich dazu ist Deutschland mit 95 Gefangenen auf 100.000 Einwohner eine Insel der Liberalität.[8] Allerdings liegt die Kriminalitätsrate in den USA deutlich höher als in anderen entwickelten Industriestaaten.[9] Dieser Anstieg der amerikanischen Gefängnispopulation war ein Resultat der letzten zwei Jahrzehnte: Noch 1980 gab es in den USA keine 320.000 Gefangene. Das Gefängnis ist unbemerkt ein Instrument der Sozialpolitik geworden. 32 Prozent der männlichen schwarzen Amerikaner, in ihrer Mehrheit aus ärmeren Verhältnissen, machen irgendwann während ihres Lebens mit einer Haftanstalt Bekanntschaft. Bei männlichen Weißen beträgt diese Zahl dagegen nur 6 Prozent.

Die Obsession mit Gewalt und Kriminalität, die sich in den USA Abend für Abend in den Lokalnachrichten des Fernsehens widerspiegelt, war Teil des konservativen politischen „Back Clashs" nach den als liberal und permissiv empfundenen Sechzigerjahren. Schwarze Bürgerrechtsaktivisten, die Frauenbewegung und protestierende Hippies hatten die heile Welt von gottesfürchtigen Familien und patriotischen Staatsbürgern auf den Kopf gestellt. Die Vorstellung, zum Opfer eines Verbrechens zu werden, bündelte alle Ängste, mit denen die Menschen auf die laufenden Veränderungen reagierten. Medien und Politik machten aus der in die Höhe schnellenden Kriminalitätsrate über Jahre das wichtigste Thema des Landes. Erst mit der Konzentration auf die nationale Sicherheit, seit dem 11. September 2001 war die Kriminalität nicht mehr das heißeste Thema der Medien.

Die offizielle Statistik registrierte Ende der Neunzigerjahre einen spektakulären Rückgang der Gewaltverbrechen. Konservative Politiker führten diese Entwicklung auf die strengeren Strafen und eine neue, schärfere Gangart der Polizei zurück, die sich ausgehend von Rudolph Giulianis Amtsführung als Bürgermeister von New York in allen amerikanischen Großstädten durchgesetzt hat. Erst 2005 und 2006 gab es erstmals seit Langem wieder eine Zunahme der in den USA gemeldeten Verbrechen.

Doch die amerikanische Kriminalstatistik selbst ist unter Wissenschaftlern heftig umstritten. Der Washingtoner Sozialwissenschaftler William J. Chambliss, einer der angesehensten Kriminalsoziologen der USA, bestreitet, dass die vom FBI veröffentlichten Zahlen, die jedes Jahr zu Schlagzeilen in den Zeitungen führen, einer kritischen Überprüfung standhalten: „Die Statistiken des FBI beruhen allein auf den Angaben der Polizei, sie sind nachweislich manipuliert. Wenn die Lobby der Sicherheitskräfte mehr Steuergelder beansprucht, dann schraubt sie die Kriminalitätszahlen hoch. Wenn sie beweisen wollen, wie effektiv sie vorgehen, dann werden die Zahlen gedrosselt." In Wirklichkeit sei die

Kriminalität in den USA seit Jahrzehnten leicht rückläufig. Ernsthafter als die übertriebenen Polizeiangaben sind, laut Chambliss, die repräsentativen Umfragen des Justizministeriums, die zeigen, dass seit Jahren nicht mehr, sondern weniger Menschen Opfer von Verbrechen werden. Das stützt seine These, wonach die amerikanische Gesellschaft in den Neunzigerjahren Opfer einer von Politikern, Lobbyisten und Medien fabrizierten Selbstpsychose geworden ist, von der das Land sich nur schwer löst. Chambliss spricht von einer einflussreichen Strafvollzugslobby, die längst so mächtig sei wie der „Militärisch-Industrielle Komplex", vor dem einst Präsident Dwight D. Eisenhower gewarnt hatte. Diese Lobby besteht aus Polizeigewerkschaften, Gefängniswärtervereinigungen und den profitträchtigen Ketten von Privatgefängnissen, die dank großzügiger Spenden in diverse Wahlkampfkassen auch über politisches Gewicht verfügen.[10]

Unbestritten ist, dass in den USA um vieles mehr Verbrechen mit Schusswaffen begangen werden als in Europa. Banden, die auf der anderen Seite des Atlantiks mit Schlagstöcken oder Messern aufeinander losgehen würden, sind in den Slums im Südosten von Washington DC oder in South Central Los Angeles mit Pistolen und Revolvern bewaffnet. Die amerikanische Liebesbeziehung zu Schusswaffen lässt sich durch solche Realitäten allerdings nicht ankränkeln. 70 Millionen Amerikaner besitzen geschätzte 250 Millionen Schusswaffen.

In zahlreichen Bundesstaaten ist der Kauf von Schusswaffen an keine staatliche Genehmigung gebunden. Man erwirbt Pistolen, Revolver oder Gewehre fast wie jede andere Ware. Ein Gesetz aus den Neunzigerjahren, das nach Ronald Reagans bei einem Attentat schwer verletzten Pressesprecher „Brady Law" genannt wird, verlangt zwar von registrierten Waffengeschäften die polizeiliche Überprüfung eines potenziellen Käufers. Die Bundesstaaten haben jedoch große Flexibilität, diese Regel umzusetzen, und viele Waffenhändler sind ausgenommen. Nur wenige liberale Bundesstaaten wie Vermont und Massachusetts haben strenge

Kontrollen eingeführt, die dem in Europa üblichen Waffenscheingebot sehr nahe kommen.

Seit der konservativen Wende mit dem Amtsantritt George Bushs sind die in der Clinton-Zeit unternommenen Versuche, strengere Waffenkontrollen einzuführen, stecken geblieben. Der National Rifle Association, eine der einflussreichsten Lobbys des Landes, ist es in mehreren Bundesstaaten gelungen, die Regeln weiter zu lockern. Die Bevölkerung glaubt mehr denn je, dass die Waffe im Haus die eigene Sicherheit erhöht. Die zahlreichen Unfälle mit Schusswaffen werden geflissentlich übergangen. Auch die Demokraten haben sich dieser Stimmung angepasst und ihre ursprüngliche Forderung nach stärkeren Kontrollen zurückgezogen.

„Gilbert Small Arms Range" ist ein kommerzieller Schießstand in einem wenig einladenden Gelände von Fabriken und Lagerhallen, etwas abseits der Interstate 95, im Norden des Bundesstaates Virginia. „All firearms must be unloaded before entering premises", warnt ein Schild beim Eingang, mit geladener Waffe darf man hier nicht herein. Virginia ist ein klassischer Südstaat. Sehr konservativ, gottesfürchtig und höchst freizügig im Umgang mit Schusswaffen. Direkt gegenüber hat die Wiedertäuferbewegung Nord-Virginias ihren Sitz, daneben lädt ein Schild zur messianischen Christengemeinde „Ohev Yisrael". „Gilbert's" bietet alles, was das Herz des Waffenfans begehrt: Revolver, Pistolen, Flobertgewehre, Maschinenpistolen. Eine Remington M 40 ist für 1399 Dollar zu erstehen. Wer einen Wildwest-Revolver, Marke Smith & Wessen 648, bevorzugt, muss immerhin 599 Dollar auf den Tisch legen. Besonders beliebt sind hier die halbautomatischen, österreichischen Glock-Pistolen.

Eine Glock 37 kostet bei ihm 699 Dollar, klärte uns Tim auf, der hinter dem Pult die Kunden bediente. Die Waffe ist populär, weil sie ungewöhnlich solide und verlässlich ist. Ganz selten gibt es Ladehemmungen. Der Amokläufer der Technischen Universität von Virginia, der im April 2007 32 Studenten erschossen hat, verwendete eine Glock 19.

„Was muss man tun, um eine solche Waffe zu kaufen?", wollte ich wissen. „Jeder Käufer muss sich mit zwei Dokumenten ausweisen: einem Führerschein des Bundesstaates Virginia und einem zweiten Ausweispapier." Das kann wie überall sonst bei solchen Anforderungen in den USA eine Gasrechnung oder eine Telefonrechnung sein. „Dann muss man ein paar Formulare ausfüllen. Der Background Check dauert online meistens nur ein, zwei Minuten, und der Kauf ist perfekt." Aber die meisten Kunden bringen entweder die eigene Waffe oder mieten sich eine Pistole, um am angeschlossenen Schießstand zu üben. „Unsere Kunden werden immer jünger", wusste Tim zu berichten. „Sehr viele Kids aus dem College sind dabei, manchmal kommen sie in ganzen Gruppen. Und immer mehr Mädchen." Ob er überhaupt schon einmal geschossen hat, erkundigte er sich vorsichtig bei einem Jugendlichen, der etwas ungeschickt mit seiner gemieteten Pistole hantierte. Die Einführungskurse sind über Monate ausgebucht. Am Schießstand muss jeder Schutzbrillen und Ohrenschutz tragen. In der Ecke entdeckte ich eine vierköpfige Familie beim Wochenendvergnügen. Die beiden Buben konnten nicht älter als 8 und 10 Jahre alt sein. Wenn Erwachsene dabei sind, gibt es keine Altersbeschränkung in Virginia, klärte mich Tim auf. Zu den populärsten Zielscheiben der Schießstände in Virginia gehören Bilder von Osama bin Laden und Saddam Hussein.

Die Lebendigkeit der Waffenlobby hängt mit dem berühmten zweiten Verfassungszusatz zusammen, der im Zusammenhang mit den Milizen der freien Bundesstaaten das Recht der Bürger garantiert, „Waffen zu besitzen und zu tragen". „The right of the people to keep and bear arms shall not be infringed", heißt es in der Verfassung wörtlich. Ob sich daraus wirklich ein individuelles Recht ableiten lässt, ist allerdings eine Frage der Interpretation. Im 18. Jahrhundert war diese historische Bestimmung das Symbol einer Gesellschaft freier Bürger, durch die das Gewaltmonopol des absolutistischen Staates demokratisiert wurde. Unter den Fittichen der „National Rifle Association“ NRA wurde daraus eine Ideologie, die strengere Waffengesetze grundsätzlich als Anschlag auf die Freiheit auffasst. Die blutigen Amokläufe an Schulen und Universitäten, wie im Frühjahr 2007 auf dem Campus von Virginia Tech oder auf der Columbine High School in Colorado 1999, haben an diesen Vorstellungen wenig geändert. Die Medien feierten es schon als großen Fortschritt, dass die Waffenlobby nach dem Massaker von Virginia Tech zugestimmt hat, die Regeln für den Zugang von psychiatrischen Patienten zu Schusswaffen zu verschärfen. Vor allem in den westlichen Bundesstaaten gilt die funktionstüchtige Waffe nicht nur als unverzichtbares Instrument der Selbstverteidigung, sondern auch als Garant für die Selbstständigkeit der Bürger gegenüber Obrigkeit und Staat.

Einige hundert Meter außerhalb der Kleinstadt Tombstone im Bundesstaat Arizona, wo 1881 die legendäre Schießerei des „O. K. Corral“ stattfand, begleiteten wir den 42-jährigen Geschäftsmann Ed Douglas mit seinem 13-jährigen Sohn zum öffentlichen Schießstand. Ed war Jäger und er schoss zur Entspannung. Der Schusswaffenbesitz ist in Arizona selbstverständlich frei. „Die Gründungsväter haben im zweiten Verfassungszusatz verfügt, dass jeder Bürger bewaffnet sein soll“, dozierte Ed, bevor er aus seiner Winchester auf ein Paar Büchsen ballerte. „Wenn wieder eine Tyrannei droht, müssen wir gewappnet sein, unsere Freiheit zu verteidigen.“

Das Misstrauen gegenüber dem Staat ist für viele Waffenbesitzer in den USA ein ebenso starkes Motiv wie die Angst vor Verbrechern.

Im benachbarten Bundesstaat New Mexico hat dieses latente Misstrauen gegen den Staat, weit über jede Wildwest-Folklore hinaus, Mitte der Neunzigerjahre zu einer echten Krise geführt. In jahrzehntelangem Streit zwischen den lokalen Ranchern und den Bundesbehörden um die Kontrolle des Landes, rückte unvermutet die Frage des Waffenbesitzes ins Zentrum.

Catron County im Bundesstaat New Mexico gehört zu den flächenmäßig größten landwirtschaftlichen Bezirken der USA. Im Städtchen Reserve hat Bezirkshauptmann Danny Fryer eine Resolution durchgebracht, die selbst im amerikanischen Westen Aufsehen erregt. Jeder Bürger war danach zum Waffenbesitz verpflichtet. Es war kein Recht, sondern eine Pflicht. Die neue Bestimmung war als direkte Herausforderung an den Staat gedacht, wie uns der streitbare Bezirkshauptmann freimütig versicherte: „Wenn jeder eine Schusswaffe hat, dann wird es für die Zentralregierung ziemlich schwierig, das Volk zu unterjochen." Immerhin, nachprüfen wollte Danny Fryer nicht, ob wirklich alle Bürger das neue Gesetz befolgen.[11]

Das Land, auf dem Rancher wie Danny Fryer ihr Vieh weiden, gehört dem Bund. Aber jedes Jahr steigen die Abgaben, und die Umweltbestimmungen werden immer strenger. Die Rancher glauben, dass die verhasste Bundesregierung in Washington sie von ihrem Land verdrängen will, um die Natur sich selbst zu überlassen. Die Umweltschützer und die Bundesforste sind die großen Feindbilder. Die Gegend ist ärmlich, und die Menschen fühlen sich in einer vom rasenden Tempo der Städte beherrschten Gesellschaft an den Rand gedrängt. Und sie rebellieren auf ihre Weise. „Jeder hat Waffen hier", versicherte uns vor der Tankstelle in Reserve ein junger Rancher im Cowboyhut. „Dort steht mein Truck, da sind drei Gewehre drin." Bereitwillig zeigte uns der junge Mann seine Schätze. Versteht sich, sie sind alle geladen. Auf die Frage, wie er es mit der Schusswaffendirektive der Stadtväter hält, bemühte ein Mechaniker in der benachbarten Autowerkstätte von Reserve die Bibel. „In der Offenbarung ist von der Bestie die Rede, die den Menschen die Freiheit nehmen wird, Gott zu ehren. Wir hier halten die Regierung in Washington für diese Bestie und das macht uns Sorgen." Was das mit dem Tragen von Waffen zu tun haben soll? Der Mechaniker wunderte sich über so viel Unverständnis. „Die Waffen geben den Leuten doch das Gefühl der Unabhängigkeit von der Bestie."

1 Helen Prejean, Dead Man Walking, An Eyewitness Account of the Death Penalty in the United States, New York 1993

2 Helen Prejean, The Death of Innocents, An Eyewitness Account of Wrongful Executions, New York 2005

3 Dahlia Lithwick, The Dying Death Penalty, Washington Post, 11.2.2007; ABC News/Washington Post Poll June 22–25, 2006

4 Das Innocence Project der Benjamin N. Cardozo School of Law der Yeshiva University in New York recherchierte, dass es 194 Korrekturen von Schuldsprüchen dank DNA-Analysen gegeben hat. Zwischen 1900 und 1991 vermuten die Experten 416 Fehlurteile, die zur Verhängung der Todesstrafe geführt haben; Dahlia Lithwick, The Dying Death Penalty, Washington Post, 11.2.2007

5 Jerry Markon and Timothy Dwyer, Moussaoui Gets Some Unusual Help, Washington Post, 20.4.2006

6 Tad Friend, Dean of Death Row, New Yorker, 30.7.2007

7 Henry Weinstein, State offers new lethal injection protocol, Los Angeles Times, 16.5.2007

8 Christopher Hartney, US Rates of Incarceration: A Global Perspective, National Council on Crime and Delinquency, November 2006

9 Jeremy Rifkin vergleicht in seinem Buch über den „Europäischen Traum" die Morde pro Kopf der Bevölkerung und kommt Ende der Neunzigerjahre auf eine vierfach höhere Mordrate in den USA als in der EU. Der Kriminalsoziologe William J. Chambliss hält die realen Unterschiede jedoch für viel geringer: „Die Mordstatistik wird nach völlig unterschiedlichen Kriterien erstellt. Während in den USA jeder Tote, der von einem Polizisten als Mordopfer identifiziert wird, in die Statistik Eingang findet, ist in vielen europäischen Staaten dazu ein rechtskräftiges Urteil erforderlich. Die europäischen Statistiken sind daher viel genauer, Totschlag ist nicht dabei."

10 William J. Chambliss, Power, Politics & Crime, Westview Press 1999, S. 34; die Zahlen des „Uniform Crime Report" des FBI unterscheiden sich deutlich von jenen des „National Crime Survey" des US-Justizministeriums.

11 Ähnliche Gesetze wurden auch in Georgia und Idaho verabschiedet. Siehe: William Yardeley, Proposal Urges Citizens to Keep a Gun at Home, New York Times, 12.10.2006

Krieg um Gott

Die schlichte Karte mit einem Bild des tief verschneiten Weißen Hauses ist Anfang Dezember 2005 auch im ORF-Büro in Washington eingelangt. George W. und Laura Bush übermitteln die „besten Wünsche für die Feiertage“, viel Glück und Hoffnung. Das klang denkbar unverfänglich, führte aber trotzdem zu einer seltenen Protestwelle christlicher Fundamentalisten gegen den von ihnen sonst so enthusiastisch unterstützten Präsidenten. Einige Gruppen fanden es schlicht ungeheuerlich, dass auf der Weihnachtskarte des Präsidenten weder „Jesus“ noch das Wort „Weihnachten“ zu finden waren. „Bush behauptet doch immer, ein wiedergeborener, evangelikaler Christ zu sein“, empörte sich Joseph Farah, der Herausgeber einer konservativen Internetseite. Davon merke man in diesem Fall wenig. Er, Farah, habe die weltlichen Weihnachtsgrüße aus dem Weißen Haus gleich weggeworfen. Dem Präsidenten der „Catholic League for Religious and Civil Rights“, William A. Donohue, bewies der Kartenstreit, dass die „Regierung Bush vor den schlimmsten Elementen unserer Kultur kapituliert“ habe. Das Weiße Haus musste schließlich beruhigen: Selbstverständlich feiere der Präsident Weihnachten. Aber die Karten gingen eben an Mitglieder der unterschiedlichsten Glaubensbekenntnisse, man möchte einfach niemanden ausschließen. Erst wenige Tage zuvor hatte Bush gemeinsam mit Vertretern der jüdischen Gemeinschaft einen Chanukka-Leuchter angezündet. Vor dem Eingang zum Weißen Haus steht im Dezember stets ein großer Weihnachtsbaum und im islamischen Fastenmonat Ramadan lädt der Präsident islamische Geistliche an seinen Amtssitz.

Der „Krieg um Weihnachten“, der die amerikanische Öffentlichkeit im Dezember regelmäßig beschäftigt, wird gerne belächelt.

Aber der Zusammenprall zwischen immer selbstbewusster agierenden religiösen Eiferern, für die die USA zu allererst ein christliches Land sind, und der weltlichen Realität des modernen Lebens ist in den vergangenen Jahren heftiger geworden. Egal ob es um das Recht auf Abtreibung geht oder um die Homosexuellenehe, um die Besetzung von Höchstrichtern oder um den Biologieunterricht an den Schulen: Gut organisierte Gruppen evangelikaler Christen sind ein fixer Bestandteil der öffentlichen Diskussion. General William Boykin, ein für Kommandoaktionen zuständiger evangelikaler General im Pentagon, deutete den „Krieg gegen den Terrorismus" als Schlacht der Christenheit gegen Satan. Die Züge des Teufels wollte er bei Luftaufnahmen über Somalia erkannt haben. Donald Rumsfeld machte den Haudegen zum für die Planung von Kommandoaktionen zuständigen stellvertretenden Unterstaatssekretär im Pentagon. John Ashcroft, als Justizminister im ersten Kabinett Bush ein Vorkämpfer gegen Unzucht und Pornografie, fand die nackte Brust einer „Justitia"-Statue in seinem Ministerium so anstößig, dass er sie bedecken ließ. Hochrangige Regierungsvertreter, die freimütig darüber sprechen, dass sie hinter jedem weltlichen Ereignis ob in der Wirtschaft, in der Politik oder im privaten Leben die Hand Gottes sehen, sind keine Seltenheit.

Fundamentalistische Christen gaben am rechten Flügel der Republikanischen Partei seit Langem den Ton an. Über Tom Coburn, den ultrakonservativen Senator aus Oklahoma, schüttelten aber selbst treue Republikaner den Kopf. Er meinte, dass Abtreibungsärzte die Todesstrafe verdienen. Nicht „Al Kaida" sei die größte Gefahr für Amerika, sondern die lesbische Liebe. Die Behauptung des Senators, Mädchen dürften in Highschools seines Heimatstaates aus diesem Grund nur einzeln zur Toilette gehen, beschäftigte tagelang die Kabarettisten der „Late Night Shows" im Fernsehen. Während noch George Bush senior mit der „Christlichen Rechten" so manchen Strauß ausfocht, machte George W. Bush schon als Gouverneur von Texas seinen Frieden mit den Gotteskriegern. Der Deal zahlte sich aus: Bei den Präsidentschaftswahlen 2004 haben die christlich-fundamentalistischen Gemeinden jene Aktivisten gestellt, die es mit den Gewerkschaften und Bürgerrechtsorganisationen in punkto Wählermobilisierung aufnehmen konnten. Im Verhältnis von 4:1 stimmten evangelikale Christen 2004 für George Bush und gegen John Kerry. Im entscheidenden Bundesstaat Ohio gaben diese Stimmen den Ausschlag.

Der unbestrittene Angelpunkt der Politisierung praktizierender Christen war in den USA in den vergangenen Jahrzehnten die Abtreibungsfrage. Von der Regierung Bush erwartete die christliche Rechte die Ernennung von Richtern, die der bisherigen liberalen Gesetzgebung ein Ende bereiten sollten. Denn anders als in Westeuropa ist die Entkriminalisierung des Schwangerschaftsabbruches in den USA nicht durch Verabschiedung eines Gesetzes erfolgt, sondern durch das inzwischen berühmte Höchstgerichtsurteil „Roe versus Wade“ aus dem Jahre 1973. Die Obersten Richter haben damals mit einer überwältigenden 7:2-Mehrheit das Recht auf Schwangerschaftsabbruch aus dem in der Verfassung garantierten Grundrecht auf Privatheit abgeleitet. Alle Antiabtreibungsgesetze der Bundesstaaten waren damit außer Kraft gesetzt. Diese historische Entscheidung, die von Anfang an durch eine breite Allianz christlicher Kirchen bekämpft wurde, markierte den Anfang des seither tobenden Kulturkampfes zwischen den „Pro Life“-Abtreibungsgegnern und den „Pro Choice“-Befürwortern. Millionen sind über die Jahre für die eine oder die andere Seite auf die Straße gegangen. Ärzte und Krankenschwestern mussten ihr Leben lassen, als religiöse Fanatiker in den Neunzigerjahren zu gewaltsamen Angriffen auf Abtreibungskliniken übergingen.

April 2005, im Bundesstaat Kentucky: die Creme de la Creme der christlichen Rechten versammelte sich in der Stadt Louisville, um der Forderung nach der Ernennung von konservativen Höchstrichtern, die gegen die Abtreibung votieren würden, durch den

Präsidenten Nachdruck zu verleihen. Hinter dem schmucklosen Betonbau der Highway Baptist Church, umgeben von einer nicht enden wollenden Aneinanderreihung von Parkplätzen, verbirgt sich eine der erfolgreichsten sogenannten Mega-Churches. 1200 solche riesigen Gotteshäuser mit Platz für mehr als 2000 Besucher gibt es in den USA. Angeschlossen sind Räume für die Freizeitgestaltung, Kinderbetreuung, Sport und die sonntäglichen Bibelstunden.

Die Antiabtreibungsveranstaltung wurde über eine direkte Fernsehleitung in Dutzenden Gotteshäusern im ganzen Land mitverfolgt und auf christlichen Fernsehsendern übertragen. Die Kirche war gesteckt voll, die meisten Besucher sind weiß und über 40, die Männer im grauen Anzug, die Frauen dezent dunkel gekleidet. Ein ausgeprägt konservatives Publikum, kaum jemand zeigt Emotionen. Wie bei Sportereignissen senkten sich die Fernsehkameras auf großen Schwenkarmen auf die Gläubigen. James Dobson, ein landesweit bekannter Hardliner der Organisation „Focus on the Family", verglich die Abtreibung mit dem Holocaust und sah die Höchstrichter als die Täter: „40 Millionen Tote hat die Freigabe der Abtreibung gekostet. Der größte Holocaust der Weltgeschichte kommt vom Obersten Gerichtshof." Den aus allen Teilen der USA angereisten Reportern stellten die Organisatoren Telefonleitungen, Internetverbindungen, Obst und Sandwichs zur Verfügung, fast wie bei einem Parteitag.

Den Vorwurf, dass sie in Wirklichkeit einen Gottesstaat anstreben, weisen die konservativen Sprecher entrüstet von sich: „Das ist in den USA völlig unmöglich", schüttelte Jack Donavan, Vizepräsident des „Family Research Council", empört den Kopf. „Die Religionsfreiheit bleibt garantiert. Wir wollen nur, dass Religionsvertreter auch in öffentlichen Schulen auftreten können sollen, was jetzt verboten ist. Und wir finden ein Gebet vor dem Football-Spiel ganz in Ordnung. Bekennende Christen dürfen nicht diskriminiert werden in den USA." Dieser Vorwurf, dass engagierte Christen im heutigen Amerika benachteiligt sind, weil

Richter liberale Gesellschaftspolitik betreiben, gehört zu den Standardklagen der Konservativen. Letzter Anlass war die Einführung der Homosexuellenehe im Bundesstaat Massachusetts aufgrund einer Entscheidung des Obersten Gerichtes des Bundesstaates.

Aber der „Justice Sunday" der christlichen Rechten zeigte auch, wie heterogen die politisierenden Christen sind. Gegendemonstranten säumten die Zufahrtsstraße zur konservativen Veranstaltung, ebenfalls mit religiösen Parolen. „God is far bigger than all of us", „Gott ist viel größer als wir alle", stand auf den Transparenten. „The pilgrims would be pissed", „Die Pilgrim Fathers würden sich im Grabe umdrehen", unkte eine andere Gruppe. Einige Häuserblocks entfernt hatten liberale Prediger zu einem bunten Gegentreffen unter dem Titel „Glaube und Freiheit" aufgerufen. Gedrängt saßen die Teilnehmer, Schwarze und Weiße, Junge und Alte, bei der „Freedom and Faith Rally" in der Central Presbyterian Church und hörten Brandreden gegen den Missbrauch der Religion durch die republikanische Rechte. „One Nation, many faiths", „Eine Nation, viele Glaubensrichtungen", stand auf den Flugblättern sowie „The Bible taken literally is a Horror", „Wörtlich genommen ist die Bibel ein Graus". Auch in dieser Kirche hat man eine große amerikanische Fahne aufgestellt. „Meet the all American Taliban", „So sehen amerikanische Taliban aus", hieß es auf einem Transparent in Richtung der republikanischen Kollegen.

Der charismatische Buchautor Jim Wallis möchte so etwas wie eine linksliberale Konkurrenz zur religiösen Rechten ins Leben rufen: „Klar, auch wir wollen unseren Glauben in die Politik einbringen. Der Kampf gegen die Armut ist ein religiöses Thema, genauso wie der Umweltschutz oder die Frage, wie ethisch vertretbar der Krieg im Irak ist", erklärte mir Jim Wallis seinen Zugang. Die Republikaner missbrauchen die Religion für ihre parteipolitischen Zwecke, klagte der kämpferische Reverend. „Sie wollen eine Theokratie errichten", donnerte Wallis schließlich vom Podium aus in den Saal. „Das wird nie gelingen." Es gab viel Applaus und „Amen"-Rufe.

Vor allem in den amerikanischen Südstaaten ist in gezielter Frontstellung gegen das moderne weltliche Leben eine richtiggehende Parallelgesellschaft christlicher Organisationen entstanden. Christliche Popmusik, christliche Therapiestunden, christliche Sportveranstaltungen und selbstverständlich christliche Radio- und Fernsehsender begleiten das Leben der Menschen. Christliche Ärztepraxen, in denen der Gebetsraum fixer Bestandteil der Ordination ist, sind vor allem unter Gynäkologen auch nördlich des „Bibelgürtels" verbreitet: Nach der Untersuchung beten Patientinnen und Ärzte zusammen, es eint sie das religiös motivierte „Nein" zu Abtreibung und Empfängnisverhütung.[1] Doch das Herz der religiös-patriotischen Gegenwelt sind die christlich-fundamentalistischen Schulen und Universitäten.

Das Städtchen Lynchburg im Bundesstaat Virginia beherbergt mit der von dem 2007 verstorbenen Fernsehprediger Jerry Falwell geführten „Liberty University" die bekannteste Institution dieser Art. Jerry Falwell war seit der Gründung der „Moral Majority" als Dachorganisation der konservativen Fundamentalisten jahrelang ein Schwergewicht auf der politischen Bühne. Mit bewusst provokatorischen Auftritten gegen Homosexuelle und Feministinnen, Bill Clinton und die bevorstehende Ankunft des Antichrist machte er regelmäßig die erwünschten Schlagzeilen in den Medien. Den Bogen überspannt hatte der geniale Selbstvermarkter nur am 13. September 2001, als er in einer gemeinsamen Fernsehshow mit dem republikanischen Predigerkollegen Pat Robertson die Anschläge des 11. September als gerechte Strafe für Amerika bezeichnete. „Ich glaube wirklich, dass die Heiden, die Abtreibungsbefürworter, die Feministinnen, Homosexuelle und Lesben und alle, die versucht haben, Amerika zu säkularisieren", etwas damit zu tun haben, lautete der viel diskutierte Ausspruch Falwells. „Ich zeige auf sie und sage ihnen, sie haben dazu beigetragen, dass das passiert ist." Wenn Amerika sein „jüdischchristliches Fundament" aufgibt, dann sei es nur logisch, „dass Gott seine schützende Hand zurückzieht."[2] Das war selbst George Bush zu viel und Falwell musste sich entschuldigen. Der krause Gedanke, dass Hollywood, die Linke und der angebliche moralische Verfall Amerikas am Aufstieg des islamischen Fundamentalismus schuld sind, ist in manchen Kreisen der christlichen Rechten aber erhalten geblieben.[3]

Falwells „Liberty University" unterscheidet sich auf den ersten Blick nicht von anderen amerikanischen Universitäten: Sport ist wichtig, sogar eine Eishockeyhalle ist während des ganzen Studienjahres in Betrieb, ein ungewöhnlicher Luxus für den Süden. Den 25.000 Studenten steht auf dem Campus eine hervorragend ausgestattete Bibliothek zur Verfügung. Zugang zum Internet ist seit Jahren selbstverständlich. Aber bei genauerem Hinsehen fällt einem auf, wie ungeheuer brav Studentinnen und Studenten wirken: bei den Burschen keine langen Haare, keine Jeans, keine kurzen Hosen. Tanzpartys sind verboten. Wer Bier trinkt oder sich verbotene Filme ansieht, muss mit Strafen rechnen. Der Gottesdienst drei Mal in der Woche ist obligatorisch. „Das Universum wurde in sechs historischen Tagen geschaffen und wird von Gott erhalten", heißt es in der Grundsatzerklärung der „Liberty University". „Die Menschen wurden direkt nach dem Ebenbild Gottes erschaffen, sie sind nicht auf dem Weg der Evolution entstanden." Eine deutliche Kriegserklärung an die moderne Wissenschaft. Vor dem Eingang zur Bibliothek fragten wir Andrew, einen etwas schüchtern wirkenden Studenten der Politikwissenschaft, nach seinen Studieninteressen. Die Antwort vor der Fernsehkamera aus Europa war gut eingelernt: „Liberty University lehrt mich, die Bibel zu verstehen. Mein Hauptfach sind Staatswissenschaften. Ich lerne, was die Bibel über den Staat und das Verhalten des Staates sagt." Aktivisten der Antiabtreibungsorganisation „Operation Rescue" haben mit solchen Studenten auch einmal eine öffentliche Highschool in Lynchburg für eine Propagandaaktion besetzt. Es kam zu Rangeleien und Schreiduellen: Liberty University bildet nach dem Plan seines Gründers die Kader für den laufenden Religionskrieg aus.

Margret Young ist zwar katholisch und nicht baptistisch wie Liberty University. Aber in ihrer lokalen Schulbehörde in Charles County im Bundesstaat Maryland hat sie sich derart lautstark mit Kritik an der von ihr als gottlos angesehenen Evolutionstheorie im Biologieunterricht zu Wort gemeldet, dass sogar die nationalen Medien von ihr Notiz nahmen. Die gelernte Krankenschwester wohnt mit Ehemann Chris und ihren vier Kindern in einer typischen Suburb-Siedlung in Waldorf im Bundesstaat Maryland. Unnatürlich grüner Rasen, viel Raum zwischen den immer gleich aussehenden Einfamilienhäusern und genug Platz, damit auch Soccer, das europäische Fußball, gespielt werden kann. Alle vier Kinder des Ehepaares Young waren als Ministranten im Gottesdienst aktiv.

Margret Young ist so enttäuscht über das öffentliche Schulsystem, dass sie ihre beiden jüngsten Kinder zu Hause selbst unterrichtet. „Home Schooling" ist möglich in Maryland, am Ende des Schuljahres gibt es einen Test der Schulbehörde. Ein eigener Raum für den Unterricht der Kinder ist mit der amerikanischen Fahne und einer Weltkarte ausgerüstet. Das für Home Schooling bereitgestellte christliche Unterrichtsmaterial auf CDs und in Büchern wird ihr zugesandt.

Bei unserem Besuch machte Margret Young gar nicht den Eindruck einer verbiesterten religiösen Fanatikerin. „Ich möchte, dass die Kinder etwas über die Welt erfahren, in den öffentlichen Schulen passiert das viel zu wenig." Bei vier Kindern reicht das Familienbudget selbst für die kostengünstige katholische Privatschule nicht aus. Empört zeigte uns Margret Young Textausschnitte aus dem Literaturunterricht der öffentlichen Schulen, die ihrer Meinung nach pornografisch sind. Eine Stelle im Klassiker der schwarzen Autorin Maya Angelou „I know why the caged bird sings", an der es um eine freizügige Beschreibung eines erigierten Penis geht, hatte es ihr besonders angetan. Warum sie sich so stark gegen den der Evolutionstheorie folgenden Biologieunterricht engagiert hat, der auch in katholischen Schulen im Lehrplan steht? „Die Katholiken sind da geteilter Meinung. Ich persönlich finde, es gibt zwei Erklärungen für die Entwicklung des Lebens, die Evolutionstheorie und die Schöpfungsgeschichte. Beide sollten unterrichtet werden und die Kinder sollen dann selbst entscheiden können, was sie glauben."

Wie in nicht wenigen amerikanischen Familien sind die Ehepartner politisch nicht unbedingt einer Meinung. Margret ist registrierte Republikanerin, ihr Mann Chris, der einen Job in der Gemeindeverwaltung der Stadt Washington DC hat, bezeichnet sich als Demokrat. Was die beiden eint, ist die Religion. Die bedingungslose Ablehnung der Abtreibung hat beide dazu motiviert, George W. Bush zu wählen. Die Vorstellung, dass Bush das Land im Zusammenhang mit dem Irakkrieg getäuscht haben könnte, weisen sie weit von sich. Ihre Informationen bezieht die Familie vom regierungsnahen rechten TV-Sender „Fox News". Das Ehepaar Young ist felsenfest davon überzeugt, dass der Irak Saddam Husseins hinter den Anschlägen des 11. September gestanden ist. „Es kommt immer darauf an, welchem Medium man glaubt", gab Chris zurück, als ich ihn darauf ansprach, dass diese Behauptung doch längst widerlegt sei. Die „Washington Post" oder den Fernsehsender CBS halten die Youngs grundsätzlich für suspekt.

Meinungsumfragen zeigen ein etwas differenzierteres Bild der amerikanischen Religiosität, als das die starke fundamentalistische Präsenz in der öffentlichen Meinung vermuten ließe. Klar, mehr Amerikaner bezeichnen sich als religiös, als das in irgendeinem anderen entwickelten Industriestaat der Fall ist. Die riesigen Prozentsätze der Menschen, die von der Existenz des Teufels (USA: 45 Prozent, Westeuropa: 11 Prozent) oder der Hölle (USA: 49 Prozent, Westeuropa: 10 Prozent) überzeugt sind, wären in Europa nie zu erreichen.[4] Über 90 Prozent der Amerikaner sagen, dass sie an Gott glauben. Trotzdem geht die Zahl der Amerikaner, die regelmäßig Gottesdienste besuchen, genauso wie im Rest der industriellen Welt zurück. Noch 1958 gingen 74 Prozent der Katholiken sonntags regelmäßig zur Messe, 1988 waren es 48 Prozent und 1994 laut einer Studie gar nur mehr 26,7 Prozent. Bei den Protestanten ist der Kirchgang traditionell noch geringer.[5] Als die am raschesten wachsende Gruppe in punkto Religiosität macht eine Untersuchung der Universität von New York überraschenderweise Konfessionslose und Atheisten aus. „Die Zahl jener, die keiner Religion angehören, hat sich von 14,3 Millionen 1990 auf 29, 4 Millionen im Jahr 2001 verdoppelt. Von 8 Prozent der Bevölkerung 1990 wächst diese Gruppe 2001 auf mehr als 14 Prozent an."[6] Allerdings: Innerhalb der langsam kleiner werdenden Gruppe praktizierender Christen steigt relativ gesehen die Zahl der aktiven zum politischen Engagement bereiten evangelikalen Christen. Das macht die USA nicht zum Gottesstaat, hat aber zu wachsenden Unterschieden im öffentlichen Diskurs zwischen Europa und Amerika geführt.

Religiosität ist in Amerika sehr oberflächlich und geht oft über ein allgemeines Bekenntnis à la „Jesus loves me" nicht hinaus. Auch die meisten Menschen, die sich als sehr religiös bezeichnen, wollen in Wirklichkeit von einer größeren Rolle religiöser Vorschriften im öffentlichen Leben nichts wissen. Eine Gallup-Umfrage förderte zutage, dass nur vier von zehn Amerikanern je von der Bergpredigt gehört haben. Nur drei von zehn Teenagern können sagen, warum Ostern gefeiert wird. Nicht wenige Meinungsforscher vermuten, dass bei Umfragen über Religiosität auch deshalb ungewöhnlich hohe Zahlen herauskommen, weil die Menschen sich als viel religiöser bezeichnen, als sie es wirklich sind, weil Religion gesellschaftlich positiv besetzt ist.[7] Auf die Frage, ob man auch ohne religiösen Glauben ein guter Amerikaner sein kann, geben 84 Prozent „Ja" zur Antwort und nur 13 Prozent „Nein". Typisch ist, dass zwar 48 Prozent der Amerikaner glauben, die USA stehen unter Gottes besonderem Schutz (40 Prozent lehnen diese Ansicht ab), aber gleichzeitig zwei Drittel diesen göttlichen Schutz großzügig auch auf andere Staaten ausweiten.[8]

Wie weltlich evangelikale Kirchengemeinden manchmal sind, erlebten wir beim Besuch des Calvery Christian Center, eineinhalb Autostunden nördlich der kalifornischen Hauptstadt Sacramento. Der charismatische geistige Führer der Gemeinde ist Pastor Philip Goudeaux, ein Vertreter der wachsenden Strömung der sogenannten „Prosperitätskirchen", die den Gläubigen mit Gottes Hilfe zu Wohlstand und beruflichem Erfolg verhelfen wollen. Stolz führte uns der Pastor vorbei an seinen beiden funkelnagelneuen Mercedes-Luxuslimousinen im Hof des weiträumigen Gemeindezentrums: Aus der Konkursmasse mehrerer bankrotter Kirchen der Umgebung hat er neue Gotteshäuser erworben, seine Gemeinde expandiert.

„Was hat eigentlich materielles Wohlergehen mit dem christlichen Evangelium zu tun?", wollte ich wissen. „Sehr viel", replizierte Pastor Goudeaux, „Jesus ist gekommen und er hat gesagt, ich bringe euch Leben, und zwar Leben im Überfluss, Leben in seiner ganzen Fülle. Dieser Devise folgen die Prosperitätskirchen."

„Aber ist das Christentum nicht primär auf das Jenseits ausgerichtet?" Philip Goudeaux wies diese Meinung als traditionellen Irrtum zurück: „Es reicht nicht zu sagen, alles wird in Ordnung sein, wenn wir in den Himmel kommen. Gott segnet unser Leben hier und jetzt. Er will nicht, dass wir auf das Jenseits warten."

Der Pastor hat für einen christlichen Prediger eine ungewöhnliche Vergangenheit: Er war in seiner Jugend Mitglied der radikalen Black Panther Party, heute allerdings hält er den Kapitalismus für das effizienteste Wirtschaftssystem. „Es ist nicht perfekt, es ist ein System mit vielen Fehlern. Aber wer an seiner Beziehung zu Jesus arbeitet, der hat im Kapitalismus die Möglichkeit, seine Talente zu entfalten."

Die Botschaft in Goudeaux' Predigten ist positive Lebenshilfe. Immer wieder lässt er die Gläubigen, sowohl Afroamerikaner als auch Latinos und einige Weiße, im Chor wiederholen, dass jeder Einzelne in der Gnade Gottes steht. Die Gläubigen müssen versprechen, mit diesem Segen auch etwas zu unternehmen. Alle paar Monate hilft die Gemeinde mit Seminaren über christliches Schuldenmanagement und Finanzverwaltung nach. Die Kurse sind jedes Mal überlaufen, erzählte der Pastor. Als Kirchengemeinde zahlt das Calvery Christian Center nach amerikanischem Recht keine Steuern. Dafür ist der Spendendruck für die Teilnehmer groß. Gläubige, die Gottes Hilfe und das Wort des Pastors zu beruflichem Erfolg gebracht haben, führen bis zu 10 Prozent des Jahreseinkommens ab.

Der Pastor stellte uns Gemeindemitglieder vor, die völlig ungeniert über den direkten Einfluss Gottes auf Bankkonto und Lohnerhöhungen schwärmen. „Gott hat mein Gehalt verdreifacht“, jubelte Charlene Johnson, eine junge Frau mit Ausbildung als Krankenschwester, „24 Lohnerhöhungen in 7 Jahren, das verdanke ich nur ihm.“ Ihre Kollegin Rachel Gonzales Garcia freute sich: „Um meine Finanzen muss ich mich jetzt nicht mehr kümmern, das übernimmt der liebe Gott.“ Meine skeptischen Fragen, wie der göttliche Einfluss auf das Bankkonto denn genau ablaufen soll, stießen auf völliges Unverständnis.

Auf eine spezielle christliche Doktrin ist das Calvery Christian Center nicht festgelegt. Die Prosperitätskirchen sind Non Denominational Churches, in denen Baptisten, Presbyterianer oder Anglikaner in gleicher Weise willkommen sind. Das inbrünstige Gebet für einen besseren Job, eine Lohnerhöhung oder ein größeres Haus, das im Calvery Christian Center im Zentrum steht, ist für viele Amerikaner ein wichtiger Teil des religiösen Lebens. „In God We Trust“, ist auf der Dollarnote zu lesen.

Die amerikanische Verfassung schreibt zwar die Trennung von Kirche und Staat vor, die eine staatliche Förderung einer bestimmten Religionsgemeinschaft untersagt. Religiöse Feiern oder Symbole sind in öffentlichen Schulen daher verboten. Religion im politischen Leben hat trotzdem Tradition. George W. Bush bezeichnet sich selbst als „wiedergeborener Christ", seit ihm ein religiöses Erlebnis um den vierzigsten Geburtstag auf den rechten Weg half. Er hat trotzdem nichts von einem Ayatollah. Mit den religiösen Signalen, die er aussendet, hat er den amerikanischen Mainstream nie verlassen. Auch Hillary Clinton, die demokratische Senatorin und Präsidentschaftskandidatin, sorgt dafür, dass man weiß, wie häufig sie betet. Anspielungen auf den Allmächtigen findet man bei amerikanischen Präsidenten aus allen Parteien. Das Gefühl vieler christlich-konservativer Aktivisten, George W. Bush sei einer der ihren, bringt dem Präsidenten so klare Vorteile, dass man hinter Anspielungen auf Gott in seinen politischen Erklärungen getrost auch politisches Kalkül vermuten darf. Auf die Frage, wer für ihn der wichtigste Philosoph sei, antwortete er 1999 treuherzig: „Christus, weil er mein Herz verändert hat." Der Satz brachte Bush wahrscheinlich mehr Stimmen als viele teure Werbespots.

Zu den spektakulärsten Folgen des fundamentalistischen Einflusses in der Republikanischen Partei gehört der neu aufgeflammte Kulturkampf um die Rolle der Evolutionstheorie im Biologieunterricht öffentlicher Schulen. Darwins Theorie über Artenwandel und natürliche Selektion wird in den USA seit jeher von protestantischen Fundamentalisten, die sich auf die biblische Schöpfungsgeschichte stützen, als atheistische Verirrung bekämpft. Über die Grenzen des Landes bekannt wurde schon 1925 der sogenannte „Scopes-Affenprozess", inzwischen ein Klassiker, der im Geschichtsunterricht jeder besseren Highschool behandelt wird.

Der Lehrer John Scopes stand damals in Tennessee vor Gericht, weil er im Biologieunterricht Darwins Lehre von der Entwicklung der Arten auf dem Weg von Auslese und Mutation unterrichtet hatte, was in diesem Bundesstaat verboten war. Der „Scopes-Affenprozess" erschien den US-Medien schon damals als spektakuläres Musterbeispiel für den Zusammenstoß zwischen religiösem Fundamentalismus und Moderne. Es gab tagelang Schlagzeilen in der „New York Times", das gesamte Verfahren wurde live im Radio übertragen. Scopes wurde schuldig gesprochen und zu einer Strafzahlung von 100 Dollar verurteilt, das Urteil wurde aufgrund eines Verfahrensfehlers jedoch später aufgehoben.

Die wörtliche Auslegung der Bibel, wonach Gott das Universum in sechs Tagen erschaffen habe, die noch 1925 nach der Gesetzeslage von Tennessee für alle öffentlichen Schulen Pflicht war, wird inzwischen selbst von den meisten radikalen Fundamentalisten nicht mehr vertreten. An die Stelle des „Creationism" im engeren Sinn ist die Theorie des sogenannten „Intelligent Design" getreten. Das war die Reaktion auf eine Höchstgerichtsentscheidung des Jahres 1987, wonach die biblische Schöpfungsgeschichte im Naturkundeunterricht öffentlicher Schulen nicht mehr gelehrt werden darf. Schaltstelle ist das 1990 gegründete „Discovery Institute" in Seattle im Bundesstaat Washington, ein konservativer Think Tank, der mit viel Geld einen Strom von Publikationen hervorbringt, die „Intelligent Design" als eigene naturwissenschaftliche Denkrichtung etablieren sollen. Die Public Relations-Firma des Instituts half dem Wiener Kardinal Christoph Schönborn im Juli 2005, einen evolutionskritischen Kommentar in der „New York Times" unterzubringen. Nicht die natürliche Auslese, sondern eine vorgelagerte höhere Intelligenz steht laut „Intelligent Design" am Beginn des Lebens. Auf weitere Details lassen sich die meisten Proponenten nicht ein. Biologen sprechen von pseudowissenschaftlichen Abhandlungen. Ob es einen Gott hinter dem Universum gäbe, sei eine Frage der Religion und des Religionsunterrichts und nicht der Biologie.

Auch die konventionellen katholischen Privatschulen, die für ihren hervorragenden akademischen Standard bekannt sind, hatten sich bisher darauf beschränkt, derartige Fragen in den Religionsstunden und nicht im Naturkundeunterricht zu behandeln.

In den aktuellen Auseinandersetzungen in den Schulbehörden ging es zuletzt zumeist darum, derartige Ansichten im Biologieunterricht gleichberechtigt mit der Evolutionstheorie zu präsentieren. Auch George Bush selbst hat sich für diese scheinbar pluralistische Variante ausgesprochen, zwei Drittel der Amerikaner sind laut Umfragen gleicher Meinung.[9]

Besonders erfolgreich waren die Anhänger des „Intelligent Design“ bisher im Bundesstaat Kansas, wo die mehrheitlich konservative oberste Schulbehörde 1999 Darwins Lehre aus den Schulbüchern streichen ließ. Es gab einen Aufschrei der Empörung unter den Biologen, die vor Nachteilen für in Kansas aufgewachsene Jugendliche im Berufsleben warnten. Wenig später änderten sich die Mehrheitsverhältnisse und die Evolutionstheorie war in Kansas wieder erlaubt.

Unterstützt von den Aktivisten des „Discovery Institute“ bildete sich ein „Intelligent Design Network“ und sann auf Revanche. Man verlangte zumindest die Gleichbehandlung für Befürworter und Gegner Darwins im Biologieunterricht. Mit dieser gemäßigten Variante setzten sich die Anti-Evolutionisten vorläufig durch. Die neuen Standards für den Naturkundeunterricht in Kansas erläuterte uns der Sprecher des „Intelligent Design Networks“, John Calvert, mit dem Hinweis auf das menschliche Auge: „Sehen Sie sich einmal an, wie ungeheuer komplex die Struktur eines Auges ist. Sieht das nicht nach Design aus, nach einem vorgefassten Plan? Kann die Selektion ein solches Organ erklären? Die Wissenschaft ist geteilter Meinung und wir wollen, dass beide Seiten unterrichtet werden.“ Aber selbst in Kansas hielt die Fiktion von zwei gleichberechtigten wissenschaftlichen Ansätzen nicht lange: Neuwahlen in der Schulbehörde brachten im August 2006 den Gegnern des „Intelligent Design“ eine 6:4-Mehrheit. Drei Mal sind somit aufgrund des politischen Machtkampfes in der Schulbehörde von Kansas die Vorgaben für den Biologieunterricht verändert.

Ähnlich war die Dynamik im Städtchen Dover im Bundesstaat Pennsylvania. Als 2005 eine Gruppe von Eltern gegen die Entscheidung der mehrheitlich christlich-fundamentalistischen Schulbehörde klagte, im Naturkundeunterricht neben der Evolutionstheorie auch „Intelligent Design" zu unterrichten, gab der zuständige Bezirksrichter John E. Jones, selbst Republikaner und praktizierender Christ, ihnen Recht. Hinter „Intelligent Design" stünden religiöse Motive und keine wissenschaftlichen Erkenntnisse, befand das Gericht, ausgerechnet in einem als besonders religiös geltendem Teil von Pennsylvania. Das Urteil selbst galt nur für den lokalen Schulbezirk, aber die Ausstrahlung wirkte im ganzen Land. Denn die Frage, ob „Intelligent Design" als Wissenschaft akzeptiert wird oder doch zum religiösen Glaubensbekenntnis zählt, wie das Gericht jetzt entschieden hat, beschäftigt viele Schulbezirke.

In Wirklichkeit bewegt der Streit um Darwin allerdings nur eine Minderheit. Der Kern des nun schon Jahrzehnte dauernden Kulturkampfes in den USA bleibt der Kampf um die Abtreibung. Gleichzeitig mit der Niederlage der Republikaner bei den Kongresswahlen 2006 haben die Abtreibungsgegner an einem wenig beachteten Nebenschauplatz eine schwere Niederlage erlitten: Wählerinnen und Wähler des kleinen Bundesstaates South Dakota verwarfen in einer Volksabstimmung ein Gesetz, das in Widerspruch zur Höchstgerichtsentscheidung „Roe versus Wade" jeden Schwangerschaftsabbruch verboten hätte. Trotz einer intensiven Kampagne von „Pro Life"-Aktivisten, die durch die lokal stark verankerte katholische Kirche und fundamentalistische Gruppen unterstützt wurden, setzten sich in diesem konservativen Bundesstaat Frauengruppen und Abtreibungsbefürworter durch. Es wurden damit Umfragen bestätigt, die seit Langem auch bundesweit eindeutige Mehrheiten von 65 Prozent zu 29 Prozent gegen eine Aufhebung des Rechts auf Abtreibung festgestellt haben.[10]

Im Gegensatz zum gesellschaftlichen Trend hat George W. Bush in seiner zweiten Amtszeit jedoch dem fundamentalistischen Druck nachgegeben und das Kräfteverhältnis im neunköpfigen Höchstgericht verschoben. An die Stelle der aus Altersgründen zurückgetretenen Obersten Richterin Sandra Day O'Connor, die in dem tief gespaltenen Gremium der liberalen Gruppe von vier Richtern durch ihre fünfte Stimme bei Abtreibungsfragen zur Mehrheit verhalf, setzte Bush nach langem Hin und Her den ultrakonservativen Samuel Alito. Auch der neue Chef des Höchstgerichts, John G. Roberts, wurde von Bush unter Applaus der religiösen Rechten ernannt. Erstmals gab es daraufhin im April 2007 eine neue 5:4-Mehrheit für eine Einschränkung des bisher unbegrenzten Rechts auf Abtreibung. Das Höchstgericht bestätigte ein Gesetz, mit dem höchst seltene sogenannte „partial birth abortions" verboten werden.[11] Das allgemeine Recht auf Abtreibung ist davon nicht betroffen. Aber die neue Mehrheit des Höchstgerichts begründete ihre Entscheidung mit „Respekt vor dem Leben in der Frau", was vermuten lässt, dass ein grundsätzlicher Kurswechsel nicht völlig ausgeschlossen ist.

Was würde passieren, wenn Mississippi oder ein anderer streng konservativer Bundesstaat tatsächlich ein Antiabtreibungsgesetz verabschiedet, über das die neue Mehrheit des Höchstgerichts dann zu entscheiden hätte? Sichere Antwort gibt es auf diese Frage keine mehr. Die breite Front von Abtreibungsgegnern, die von der katholischen Kirche bis zu den radikalen Gruppen der christlichen Rechten reicht, arbeitet auf jeden Fall seit Jahren auf einen Kurswechsel hin.

Welche praktischen Folgen eine solche Entscheidung hätte, ist Spekulation. Beendet wäre der Kampf um den Schwangerschaftsabbruch damit sicher nicht. Aber die Rücknahme eines solchen Rechts nach mehr als 30 Jahren wäre für die Frauenbewegung zweifelsohne eine schwere Niederlage. Schlagartig würde sich die Auseinandersetzung in die einzelnen Bundesstaaten verlagern. Der liberale Nordosten und Kalifornien würden wohl sehr rasch Fristenlösungsregeln verabschieden, wie sie in Europa üblich sind. Die konservativen Südstaaten, in denen es in der Praxis heute schon kaum Abtreibungsmöglichkeiten gibt, könnten diese Situation auch gesetzlich zementieren. Die berühmten „Battle Ground States" mit ihren wechselnden Mehrheiten würden der

Ort einer neuerlichen großen politischen Auseinandersetzung mit ungewissem Ausgang.

Für die Republikaner könnte eine unter Druck der christlichen Rechten zustande gekommene Anti-Abtreibungsentscheidung des Höchstgerichtes ein vergiftetes Geschenk sein. Manche Politikwissenschaftler sind davon überzeugt, dass dadurch viele Wählerinnen und Wähler in die Arme der Demokraten getrieben würden.

Aber auch für die Demokraten, unter denen sich viele katholische Politiker befinden, die in gesellschaftlichen Fragen ausgesprochen liberale Positionen vertreten, ist die Abtreibungsfrage ein heißes Eisen. Das musste bei den Präsidentschaftswahlen 2004 auch der demokratische Herausforderer und Katholik John Kerry erfahren, als ihm der Bischof von St. Louis empfahl, in seiner Diözese nicht zur Kommunion zu gehen. Politiker, die in Fragen der Abtreibung oder der Homosexuellenehe von der offiziellen Kirchendoktrin abweichen, seien von der Kommunion ausgeschlossen. Noch weiter ging der katholische Bischof Michael Sheridan in Collorado Springs: Er warnte in einem Pastoralbrief an seine Gläubigen, wer Abtreibungsbefürworter oder Befürworter der Stammzellenforschung wählt, verwirke sein Seelenheil und schließe sich selbst aus der Gemeinschaft des Abendmahls aus.

Bei den Demokraten in Washington läuteten daraufhin die Alarmglocken. Wenn ein Bischof es zur Sünde erklärt, für die zahlreichen liberalen Senatoren und Abgeordneten katholischen Glaubens zu stimmen, dann könnte das schwerwiegende politische Folgen haben. 48 katholische Abgeordnete, angeführt von der heutigen Parlamentspräsidentin Nancy Pelosi, haben sich 2004 daraufhin öffentlich gegen Sanktionen verwahrt, wenn ihr Abstimmungsverhalten der Kirche nicht genehm sei. „Wir glauben nicht, dass es unsere Rolle ist, als Volksvertreter die Lehre der katholischen Kirche zum Gesetz zu machen“, schrieben sie dem Erzbischof von Washington, Kardinal Theodore McCarrick. Der Kirchenfürst zeigte sich diskussionsbereit.

Religiöse Überzeugungen werden in den USA wohl weiter als Instrumente des politischen Kampfes eingesetzt werden. Aber der Einfluss fundamentalistischer Gruppen auf die Regierungspolitik der USA hängt mehr mit der spezifischen Machtkonstellation innerhalb der republikanischen Partei zusammen als mit einer Welle von Religiosität in der Bevölkerung. Dort blieben Fanatiker bisher in der Minderheit.

---

1 Rob Stein, Medical Practices Blend Health and Faith, Washington Post, 31.8.2006

2 The 700 Club, 13.9.2001

3 Vergleiche: Dinesh D'Souza, The Enemy At Home. The Cultural Left and Its Responsibility for 9/11, New York 2007

4 International Social Survey Program, 1991, 1993, National Opinion Research Center, University of Chicago

5 Thomas C. Reeves, Not so Christian America, in: The Empty Church: The Suicide of Liberal Christianity, Free Press 1996

6 Barry A. Kosmin, Egon Mayer, Ariela Keysar, American Religions Identification Survey 2001, The Graduate Center of the City University of New York 2001

7 Thomas C. Reeves, Not so Christian America, in: The Empty Church: The Suicide of Liberal Christianity, Free Press 1996

8 Americans struggle with religion's role at home and Abroad, Pew Research Center for the People and the Press, Washington DC, 20.3.2002

9 Laurie Goodstein, Teaching of Creationism Is Endorsed in New Survey, New York Times, 31.8.2005

10 Abortion, the Court and the Public, The Pew Research Center For The People and the Press, Washington DC, 3.10.2005

11 Linda Greenhouse, In Reversal of Course, Justices, 5–4, back ban on Abortion Method, New York Times, 19.4.2007

Comeback der grünen Werte

„What would Jesus drive?", „Was würde Jesus fahren?". Mit dem markigen Slogan, der sich gegen die populären Benzin fressenden Geländewagen richtet, hat eine Umweltgruppe Schlagzeilen gemacht, die nicht dem üblichen Bild der linksliberalen Ökologen entspricht. Das Evangelikale Umweltnetzwerk propagiert Schadstoffreduktion und Benzin sparende Autos aus Respekt vor der Schöpfung Gottes. Die Organisation steht für die wachsende Rolle christlicher Umweltschützer in der amerikanischen Diskussion um den Klimaschutz. Reverend Jim Ball, der hochgewachsene Gründer, teilt alle von der Wissenschaft vorgebrachten Argumente gegen die Gefährdung des Planeten durch Treibhausgase. Entscheidend sind für ihn aber moralische und religiöse Argumente. Wer Jesus nachfolgen will, muss sich um Gottes Schöpfung kümmern, lautet die Lehre dieser neuen christlich-grünen Strömung. „Wir können doch nicht einfach weiter unsere Schadstoffe in die Luft schleudern und Gottes Schöpfung verschmutzen", erklärte der viel beschäftigte grüne Prediger bei einem Zwischenstopp an der Union Station in Washington seine Philosophie. Persönlich fährt der Reverend einen Hybridwagen, in dem ein eingebauter Elektromotor hilft Benzin zu sparen. Im Internet gibt das „Evangelical Environmental Network" ausführliche Ratschläge für ein gesundes und umweltbewusstes Leben, die mit ausführlichen Bibelzitaten untermauert sind. Ohne Jesus geht nichts im religiösen Teil Amerikas, weiß Reverend Ball. „Wenn es um Moral geht, fragen sich viele Menschen: Was sagt die Bibel dazu? Was sagt Jesus als Herr über unser Leben dazu?"

Evangelikale christliche Kirchengemeinden sind politisch zumeist konservativ. Für grünes Gedankengut waren diese Kreise bisher immun. Aber dann kam Hurrikan „Katrina“. Umfragen ergaben, dass 33 Prozent der evangelikalen Christen den Wirbelsturm, der New Orleans zerstörte, für ein bewusstes Signal Gottes hielten, die Umwelt besser zu umsorgen. Anfang 2006 reagierten führende Prediger mit der Bildung einer „Evangelikalen Klimainitiative“. Die Initiatoren bezeichneten den durch menschliche Tätigkeit verursachten Klimawandel als „ernstes christliches Anliegen“, der „rasches Handeln“ erfordert. Unter den Unterzeichnern der Bush-kritischen Erklärung: der Kommandant der Heilsarmee, W. Todd Bassett. Die größte Hilfsorganisation der USA spürt am eigenen Leib, dass „ein signifikanter Anstieg der Naturkatastrophen nicht nur in den USA, sondern auf der ganzen Welt“ zu verzeichnen ist, hieß es in einer Erklärung der Heilsarmee.

Nur das Argument der nationalen Sicherheit hat im republikanischen Lager bisher vergleichbare Diskussionen um die Energiepolitik ausgelöst. Schließlich kommen 60 Prozent der amerikanischen Erdölversorgung aus dem unsicheren Ausland. Das ist fast doppelt so viel wie vor 30 Jahren. Mit steigender Tendenz.

Während sich die Bundesregierung in Washington gegen einen Kurswechsel wehrt, hat man in Kalifornien den Sprung von der Diskussion zur praktischen Umsetzung bereits begonnen.

Auf I-80, der Highway, die aus dem Großraum San Francisco in östliche Richtung führt, beginnt nachmittags die Rushhour gegen vier Uhr dreißig. Auf vier, manchmal auch fünf Spuren bewegen sich die Autokolonnen weg vom pulsierenden Leben der Bay Area, wo die Immobilienpreise in astronomische Höhen geschnellt sind, in die bis zu zwei Autostunden entfernten Schlafstädte zwischen Oakland und Sacramento. Das Städtchen Roseville liegt näher bei Sacramento, aber der massiv zunehmende Zuzug der Pendler aus dem fernen San Francisco überfordert die Infrastruktur. Die Stadtväter entschieden sich dafür, ein riesiges Gebiet am Stadtrand für eine neue Siedlung zu erschließen. Westpark Roseville wird der Bezirk heißen. Das Besondere dabei: In Roseville entsteht die größte Solargemeinschaft der USA.

88 Wohnhäuser werden mit Solardächern ausgerüstet, die mehr als die Hälfte des Energiebedarfs jeder Familie abdecken werden.

Gary Neate, der verantwortliche Techniker der „Power Light Corporation“, die diese Solaranlagen entwickelt hat, führte uns stolz durch das Modellhaus für potenzielle Käufer. Er zeigt auf ein unscheinbares Kästchen beim Eingang: „Das ist der Konverter. Er verwandelt den Gleichstrom, der vom Dach kommt, in Wechselstrom. Gibt es zu wenig Sonne, dann kommt die Elektrizität aus dem Stromnetz der Stadt. Batterien verwenden wir keine. Überschüssige Energie von den Sonnenkollektoren geht zurück ins Netz und kann von allen verwendet werden. Der Zähler läuft dann rückwärts. Der individuelle Stromkunde darf sich über eine Gutschrift freuen.“

Kalifornien ist der Bundesstaat, in dem saubere Energiegewinnung am raschesten an Boden gewinnt. „Arnold Schwarzenegger engagiert sich persönlich für erneuerbare Energie“, freut sich der Solartechniker Gary Neate. „Großzügige Rabatte und staatliche Förderungen locken die Konsumenten.“ In Erwartung eines Booms seiner Branche ist er vor Jahren aus dem regnerischen Großbritannien an die sonnige amerikanische Westküste übersiedelt. Die Sonnenkollektoren bestehen aus einer Glasplatte mit eingebauten Siliziumscheiben. „Sie halten Sturm und Hagel aus und sind so einfach einzusetzen, dass immer mehr Bauunternehmen Interesse anmelden“, schwärmt Gary Neate. 1500 Systeme hat er bereits aufgestellt.

Ähnliche Aufbruchstimmung herrscht auf den kalifornischen Wind Farms. Die Nachfrage nach erneuerbarer Energie war noch nie so groß, berichtet Chris Dreiman, der wettergegerbte Manager der Patterson Pass Enxco Wind Farm im Altamont-Gebirge, südlich von San Francisco. Sein Arbeitsplatz ist im Jeep oder in den Hügeln, zwischen den in den Himmel ragenden Strom produzierenden Monstern. Insgesamt 6000 Windräder wurden seit den Achtzigerjahren von verschiedenen Unternehmen in der zugigen Hügellandschaft zwischen Ozean und dem Landesinneren aufgestellt. „An einem durchschnittlichen Tag produzieren wir 1000 Megawatt Elektrizität, etwa der Energiebedarf einer mittleren Stadt“, rechnet Chris Dreiman vor. Seit zwanzig Jahren ist er in diesem Geschäft, richtig liebevoll blickt er auf die meterhohen Türme. Wohin man blickt, ragen Windräder in den Horizont, kein schöner Ausblick. Jeder Hügel ist hier abgesperrt, an Wandern ist nicht zu denken. Ein stetiger Summton liegt in der Luft. Es ist ein guter Tag, weil der Wind so kräftig weht, dass man sein eigenes Wort kaum versteht. Die meisten Räder drehen sich, aber überraschend viele stehen auch still. Sie sind entweder defekt oder es herrscht lokal Windflaute.

Die Windparks wurden in Kalifornien schon in den Achtzigerjahren angelegt, als Ronald Reagan Gouverneur war und die Regierung den Investoren Steuererleichterungen versprach. Aber erst das Interesse an erneuerbarer Energie in der allerjüngsten Vergangenheit weckte die Branche aus ihrem langen Dornröschenschlaf. Die Stadt San Francisco hat kürzlich beschlossen, im nächsten Jahrzehnt fünfzig Prozent ihres Energiebedarfs aus sauberen Energiequellen zu beziehen: Ein großer Teil wird von Windrädern aus dem Altamont-Gebirge kommen.

Der Antrieb zur Erweiterung kommt aus Sacramento, der kalifornischen Hauptstadt, in der nicht nur Kongress und Gouverneur ihren Sitz haben, sondern auch die meisten Wirtschaftsverbände und Lobbygruppen. Auf Lincoln Plaza, wenige Häuserblocks vom kalifornischen Kapitol entfernt, steht eines der futuristischen Bürogebäude der Stadt. Hier ist das Hauptquartier von Calpers, dem größten öffentlichen Pensionsfonds der USA, der für Millionen öffentliche Bedienstete ein Vermögen von weit über 200 Milliarden Dollar verwaltet. Umweltfreundlichkeit demonstriert Calpers schon in der Architektur der Zentrale. Die luftige Glaskonstruktion wird von hängenden Gärten und meterhohen Palmen unterbrochen.

Calpers-Chefökonom Winston H. Hickox spricht mit nahezu religiösem Eifer vom neuen Umweltschwerpunkt des Fonds: „Die

Welt der Zukunft wird ganz anders aussehen als die Vergangenheit. Wir investieren in Aktien von Firmen, die beweisen, dass sie Rücksicht auf die Umwelt nehmen. 200 Millionen Dollar haben wir in einer ersten Tranche für Investitionen in saubere Technologie bereitgestellt. Wir denken langfristig. Wir drängen die Energiewirtschaft zur Senkung ihres Kohlenstoffausstoßes und die Autofirmen zum Wagen der Zukunft."

Die Rhetorik ist beeindruckend, die Zahlen können wohl höchstens als erster Schritt gewertet werden: Die 200 Millionen Dollar grüner Investitionen, auf die Calpers so stolz ist, machen nicht einmal ein Zehntel eines Prozents des gesamten Portefeuilles des Fonds aus. Winston Hickox versichert, das sei nur der Anfang. Die amerikanischen Investoren, so der prominente Geldmanager, sind vor allem durch ein Ereignis aufgerüttelt worden: die Katastrophe des Hurrikans „Katrina" und die verheerenden Zerstörungen an der gesamten Golfküste. Plötzlich beginnen die Versicherungen die steigenden Risiken von Naturkatastrophen zu bewerten und die Unternehmen sind gezwungen, sich auf veränderte Rahmenbedingungen einzustellen: „Die Vorstellung, dass der Klimawandel keine wirtschaftlichen Folgen hat, hat sich als Irrtum herausgestellt. Es wird Gewinner und Verlierer geben, das gilt für Staaten ebenso wie für Firmen und Investoren." Um mit gutem Beispiel voranzugehen, will Calpers in seinem eigenen, mit 12 Milliarden Dollar bezifferten Immobilienimperium innerhalb von 5 Jahren eine Steigerung der Energieeffizienz um 20 Prozent erreichen.

„Klar, wir Kalifornier lieben unsere Autos", gesteht Calpers-Ökonom Winston Hickox ein, „aber Kalifornien hat auch die saubersten Pkws des Planeten gebaut. Einige Autos, die jetzt in Los Angeles auf den Straßen sind, sind so konstruiert, dass die Luft, die aus dem Auspuff tritt, sauberer ist als die Luft, die hineinkommt. Die Schadstoffemissionen werden in der Zukunft noch viel weiter zurückgehen."

Ein kalifornisches Gesetz verlangt bis 2016 eine Reduktion der Kohlendioxid-Emissionen für neu zugelassene Autos um

30 Prozent. Zehn andere amerikanische Bundesstaaten wollen sich diesem Schritt anschließen, was zu einem Schneeballeffekt auch für den Rest der Welt führen könnte. Aber vorläufig ist die Umsetzung durch ein von der Autoindustrie angestrengtes Gerichtsverfahren noch blockiert. Auf den amerikanischen Straßen sind 220 Millionen Autos unterwegs, deren durchschnittliche Lebenszeit 16 bis 17 Jahre beträgt. Jedes Jahr kommen 17 Millionen neue Fahrzeuge dazu. Bis der ganze Fuhrpark Amerikas nach strengeren Umweltregeln erneuert ist, wird es selbst im günstigsten Fall viele Jahre dauern.

Kalifornien bietet mit seinem Umweltengagement einen scharfen Kontrast zur Bundesregierung in Washington DC. George Bush zweifelt zwar nicht mehr am Zusammenhang zwischen Erderwärmung und Treibhausgasen wie zu Beginn seiner Präsidentschaft. Auf Druck Tony Blairs gab er auf dem G8-Gipfel im schottischen Gleneagles 2005 erstmals zu, dass menschliche Einwirkung zumindest „teilweise" für die Veränderungen verantwortlich ist. Aber jahrelang führten die Umweltexperten des Weißen Hauses die höheren Temperaturen primär auf natürliche Klimaschwankungen zurück. Der Präsident verwies regelmäßig auf den seiner Meinung nach „unvollständigen wissenschaftlichen Kenntnisstand über die Ursachen des globalen Klimawandels".[1] Alle Maßnahmen in Richtung einer staatlich gelenkten Senkung des Treibhausgasausstoßes wies er zurück. Regierungskritische Klimaforscher sprachen von Realitätsverweigerung, die auch in anderen Bereichen zu einem Charakterzug der Administration geworden sei.

Schon als texanischer Gouverneur und republikanischer Präsidentschaftskandidat hatte Bush das Abkommen von Kyoto, das 1997 von seinem Konkurrenten Al Gore in der Funktion des Vizepräsidenten mitverhandelt worden war, als Anschlag auf die amerikanische Wirtschaft verteufelt. Die verpflichtenden Obergrenzen würden amerikanische Arbeitsplätze kosten und einen inakzeptablen Wettbewerbsnachteil gegenüber den von Kyoto nicht erfassten aufstrebenden Entwicklungsländern Indien und China bringen. Bush verteidigt seine Weigerung, das Klimaschutzabkommen zu unterzeichnen, auch nach Jahren der Isolation Amerikas von allen internationalen Klimabemühungen. „Kyoto hätte unsere Wirtschaft schwer beschädigt“, argumentierte er noch 2005 gegenüber europäischen Journalisten: „Ich hätte Kyoto niemals guten Glaubens unterzeichnen können.“

In der republikanischen Partei gibt es eine lange Tradition der Ablehnung von ökologischen Ideen. Weil Umweltschutz mit der Forderung nach stärkerer staatlicher Regulierung verbunden ist, sehen konservative Think Tanks die Gefahr eines verkappten Comebacks sozialistischer Ideen. Schon George Herbert Walker Bush, der Vater des gegenwärtigen Präsidenten, machte sich über den „Ozon-Mann“ Al Gore und seine Liebe zu Eulen und Bäumen lustig. Was führende Republikaner lange Zeit insgeheim dachten, sprach ein Senator aus Oklahoma immer wieder offen aus. James Inhofe sieht in der Klimaerwärmung eine der „größten“, von Hollywood, den Medien und Feinden des Landes konstruierten „Betrugsgeschichten (...), mit denen das amerikanische Volk je konfrontiert war“. Er bestreitet, dass die Wettersatelliten erhöhte Temperaturen messen. Die Umweltschützer vergleicht Senator Inhofe mit der Propagandamaschine des Dritten Reiches. Der Mann war bis Jänner 2007 Vorsitzender des Umweltausschusses im Senat.

Präsident Bush selbst ist nie so weit gegangen und hat immer beteuert, dass er die Probleme der Klimaerwärmung ernst nimmt. Aber die skeptische Minderheit der Meteorologen, die an der Aussagekraft der dramatischen Modelle der Umweltschützer zweifeln, wurde von der Regierung stets besonders gefördert. Die Regierung Bush war darum bemüht, Umweltstandards zu lockern, Naturschutzgebiete zu verkleinern und der Industrie bei Schadstoffemissionen größeren Spielraum zu geben. Scharfe Auseinandersetzungen zwischen Umweltschützern und der Administration, die oft vor Gericht ausgetragen wurden, waren die Folge.

2007 erreichte der Konflikt das Höchstgericht in Washington DC: Weil die „Environmental Protection Agency“, die regierungseigene Umweltschutzbehörde, sich seit Jahren weigert, den Kohlendioxidausstoß von in den USA zugelassenen Autos zu limitieren, hatten 12 Bundesstaaten und mehrere Umweltgruppen geklagt. Die Umweltschutzbehörde erklärt ihre Untätigkeit mit den angeblichen „wissenschaftlichen Unsicherheiten“ rund um den Treibhausgaseffekt. Für neue, strengere Emissionsregeln fehle daher die wissenschaftliche Grundlage. Das war selbst der NASA zu viel: Die Klimatologen des NASA Goddard Institute for Space Studies schlossen sich der Klage mit der Bemerkung an, dass „die wissenschaftlichen Beweise für Risiken und Langzeitfolgen des Klimawandels in überzeugender Weise für staatliche Regulierung sprechen.“ Der Richtspruch der neun würdigen Damen und Herren vom April 2007 war schließlich ein Schlag für die Regierung und ein Triumph für die Umweltschützer: Mit einer 5:4-Mehrheit entschied der Supreme Court, dass die amerikanische Regierung nicht das Recht hat, sich ihrer Verantwortung im Bereich der Luftverschmutzung zu entziehen.

Statt teuren Sparmaßnahmen über staatliche Vorschriften verspricht das republikanische Weiße Haus gerne technologische Erneuerungen, um die Umweltbelastung zu reduzieren. Kritische Experten rechneten dagegen vor, dass sich die Forschungsausgaben des Bundes im Energiebereich im letzten Vierteljahrhundert von 7,7 Milliarden Dollar auf 3 Milliarden im Jahr reduziert haben.[2] Der führende Klimaforscher der NASA, Drew Shindell, kritisierte im „New York Times Magazine“, die Klimaforschung sei in den letzten Jahren so nachhaltig gekürzt worden, dass wir „in fünf Jahren über den Zustand unseres Planeten schlechter Bescheid wissen werden als heute“.[3]

Die neue demokratische Mehrheit im Kongress widmete sich 2007 zu allererst der Abrechnung mit der bisher geltenden Klimapolitik. Führende Klimaforscher bekamen die Gelegenheit, in ausführlichen Hearings darzulegen, wie die Regierung versucht hat, ihnen einen Maulkorb umzuhängen. Es waren bemerkenswerte Szenen: hoch angesehene Wissenschaftler, die klagten, die Regierung habe zur Zensur gegriffen, sobald sie die alarmierenden Ergebnisse ihrer Forschung an die Öffentlichkeit bringen wollten.[4] Die Mechanismen waren immer gleich: In den Presseabteilungen der staatlichen Forschungseinrichtungen saßen republikanische Parteigänger, die alle Äußerungen zum Treibhauseffekt bis zur Unkenntlichkeit verwässerten. „Ich habe in einem Bericht die rasche Erwärmung der Antarktis vorausgesagt", erzählte NASA-Klimaforscher Drew Shindell dem „New York Times Magazine", „die Presseerklärung konzentrierte sich dann überraschenderweise auf die Meldung, dass es in der Antarktis überhaupt ein Klima gibt."[5] Hunderte Fälle derartiger Manipulation hat der Kongress inzwischen dokumentiert.[6] Jim Hanson, Direktor im NASA Goddard Institute für Weltraumstudien, verglich die Zensur in der regierungseigenen „National Oceanic and Atmospheric Administration" polemisch überspitzt gar mit der Lage von Wissenschaftlern in „Nazideutschland oder der Sowjetunion".[7] Extreme Formulierungen, die zeigen, wie stark sich die Emotionen zwischen Klimaforschern und Regierung in den letzten Jahren aufgeheizt haben. NASA-Forscher Jim Hanson ließ es sich trotzdem nicht nehmen, mit seinen dramatischen Aufrufen zu einer grundlegenden Änderung in der Energiepolitik hervorzutreten: „Wir haben noch 10 Jahre Zeit",[8] lautete die Botschaft des streitbaren NASA-Mannes.

Im Zentrum der Manipulationsvorwürfe gegen die Regierung stand ein Mann namens Phil Cooney, den sich das Weiße Haus vom American Petroleum Institute geholt hatte, der wichtigsten Lobbyistenorganisation der Ölindustrie. In seiner Funktion als Stabschef des Umweltschutzrates „Council on Environmental Quality" im Weißen Haus schrieb Philip A. Cooney alle offiziellen wissenschaftlichen Veröffentlichungen um. Als diese Tätigkeit bekannt wurde, trat er 2005 zurück und ging bruchlos in den Personalstand des Ölriesen Exxon Mobil über. Ein spektakuläres

Beispiel für die enge Verbindung zwischen Erdöllobby und der Energiepolitik der Regierung.

An der Realität der hohen Treibgasausstöße in den USA hat sich nach diesen Debatten nichts geändert. Aber in der Öffentlichkeit setzte ein spektakulärer Meinungsumschwung ein, der von zwei Superstars der amerikanischen Politik vorangetrieben wurde: Al Gore, dem im Jahr 2000 unterlegenen demokratischen Präsidentschaftskandidaten, dessen Oscar-gekrönte Dokumentation „Eine unbequeme Wahrheit“ Millionen erstmals mit den wissenschaftlichen Erkenntnissen zum Klimawandel vertraut machte, und Arnold Schwarzenegger, dem austroamerikanischen Republikaner, dessen kalifornische Umweltgesetze die Regierungspartei in Aufruhr versetzten.

Im liberalen Amerika ist Al Gore durch sein Umweltengagement zu einer richtiggehenden Kultfigur geworden. Für viele Zuhörer verkörpert er die verpassten Chancen der vergangenen Jahre. Schließlich hatten ihm im November 2000 eine halbe Million mehr Bürger ihre Stimme gegeben als George W. Bush. Gores Warnungen zu hören ist ein Stück Nostalgie für eine verflossene Zeit, in der es keinen Terrorismus und keinen Irakkrieg gegeben hat. Nahezu ehrfürchtig wurde der ehemalige Vizepräsident im März 2007 im Rayburn Building des Kapitols zu seiner Aussage vor den Umweltausschüssen beider Häuser empfangen.

Seit seiner aktiven Politikerzeit ist Al Gore deutlich runder geworden. Er trat entspannt und kenntnisreich vor die Abgeordneten und Senatoren. „Der Planet hat Fieber“, warnte Clintons ehemaliger Vizepräsident die gemischte demokratisch-republikanische Runde. „Wenn Ihr Kind Fieber hat, gehen Sie zum Arzt. Wenn der Arzt sagt, dass Sie etwas tun müssen, dann werden Sie wohl kaum antworten, dass Sie gerade in einem Science-Fiction-Roman gelesen haben, dass es gar kein Problem gibt. Wenn die Krippe brennt, dann spekuliert man nicht, dass das Baby feuerfest ist. Man tut etwas.“ Gore gab sich zuversichtlich, dass der nächste amerikanische Präsident ein neues Klimaschutzabkommen aushandeln wird, wenn Kyoto 2012 ausläuft. „Kyoto ist als Marke dämonisiert worden", das sei nicht mehr zu reparieren. Der Kongress, in dem gleich mehrere neue Klimagesetze vorbereitet werden, hörte von Al Gore die bisher drastischste Forderung nach einer Reduktion der Treibhausgase um 90 Prozent bis 2050. In mehreren Kartons hatte er Hunderttausende Unterschriften besorgter Bürger mitgebracht, die seine Vorschläge unterstützen.

Ganz gezielt setzt Al Gore seine medienwirksamen Auftritte ein, um in den USA eine Umweltbewegung aufzubauen. Dazu gehören nicht nur spektakuläre Konzerte, hochrangig besetzte Diavorträge und politische Interventionen auf höchster Ebene, sondern auch politische House Partys für einfache Aktivisten, ganz in der Tradition der Tupperware Partys der Sechzigerjahre.

Chuck Woolerys Haus in Rockville im Bundesstaat Maryland, etwa eine Autostunde von Washington DC entfernt, in dem ein solcher Event mit Al Gore Ende 2006 stattfand, war leicht zu finden. Es war die einzige Adresse ohne die stromintensiven Lichtspiele, die zu Weihnachten an den Wohnhäusern in den amerikanischen Vorstädten üblich sind.

Chuck spart Energie. „Mein Wohnhaus habe ich mit meinen eigenen Händen aus recyceltem Material gebaut", berichtet der gelernte Biologe und engagierte Umweltschützer. Die Familie hat das genervt, aber Chuck ist sichtlich stolz. „Der Parkettboden kommt aus der Rockville High School, den wollten sie einfach wegwerfen." Auf der Kredenz stehen kleine Gemälde und schwarze Puppen: Handwerk aus Haiti, wo Chuck eine Schule betreut. Der Gastgeber ist Aktivist der linksliberalen Organisation „Move On". Zu 2000 solcher House Partys in allen Teilen der USA hat „Move On" an diesem Abend geladen.

„Wir werden heute ein paar Leserbriefe verfassen, unsere Kongressabgeordnete werden wir anschreiben und schauen, dass wir Energie tanken. Hoffentlich wird uns das helfen, ein bisschen besser organisiert zu sein", motiviert er die drei Dutzend Besucher. Es ist ein typisch amerikanischer Event. Mit Budweiser,

Diet Coke und unglaublich viel Goodwill. Zuerst sehen sich alle gemeinsam Gores Film „Die unbequeme Wahrheit“ an. Als im Film die Szenen von der Stimmenauszählung in Florida im November 2000 gezeigt werden, allgemeines Aufstöhnen: „Well, here we are. Das haben wir davon.“ Schließlich ist auch Al Gore selbst in einer Konferenzschaltung zu 8600 über den ganzen Kontinent verstreuten Teilnehmern am Telefon. „Klimaschutz ist ein moralisches Anliegen“, predigt er seinen Anhängern. „Es geht darum, in welchem Zustand wir den Planeten den nächsten Generationen übergeben. Wenn wir die moralische Dimension verstehen, dann wird es uns auch gelingen, andere Bevölkerungsgruppen anzusprechen als sonst. Wir brauchen eine neue Massenbewegung.“ Gore spricht von den vielen Kirchengemeinden, die Interesse an seinen Ideen zeigen, das ermutigt ihn. Carol aus Indianapolis bittet den ehemaligen Präsidentschaftskandidaten via E-Mail, er solle doch bei den nächsten Präsidentschaftswahlen kandidieren. Gore bedankt sich, eine neuerliche Kandidatur plant er nicht. „Ich verfolge jetzt eine andere Art von Kampagne. Mir geht es darum, die Menschen inhaltlich zu überzeugen.“ Gelingt diese Überzeugungsarbeit, dann werden sich auch die Politiker verändern, glaubt Gore. „Gott schütze euch, machen wir weiter so.“

Der einzige aktive Politiker, der bisher vom neuen Interesse an Klimaschutz profitiert hat, ist Kaliforniens Gouverneur Arnold Schwarzenegger. Der grüne Kurswechsel des Austroamerikaners im Sommer 2006 hat ganz entscheidend zu seiner triumphalen Wiederwahl im gleichen Jahr beigetragen. Kernstück der neuen kalifornischen Umweltpolitik ist ein Gesetz, das den Treibhausgasausstoß des bevölkerungsreichsten Bundesstaates der USA bis 2020 um 25 Prozent auf das Niveau von 1990 senken soll. „Kalifornien ist besonders exponiert“, erklärte uns der Umweltexperte des Calpers Pensionsfonds, Winston Hilcox, in Sacramento die besondere Situation des Bundesstaates. „Wir haben 800 Meilen Küste und unsere Wasserversorgung ist vom Schnee in der Sierra Nevada abhängig, der ist in den letzten fünf Jahren um 10 Prozent weniger geworden."

Schwarzenegger inszenierte die Unterzeichnung des in den USA einzigartigen Klimaschutz-Gesetzes ganz bewusst als Schritt, mit dem sich Kalifornien in die internationalen Bemühungen einbringt. Vor dem malerischen Hintergrund der Golden Gate Bridge über die Bay von San Francisco und umringt von Politikern aus allen Parteien ließ er das Land wissen: „Kalifornien übernimmt von jetzt an eine führende Rolle bei einem der wichtigsten Themen unserer Zeit, dem Kampf gegen den Klimawandel."

Zumindest in den amerikanischen Medien ist ihm das gelungen. Schwarzenegger kam auf die Titelseiten von „Time" und „Newsweek" und ist seither Dauergast in den prominentesten Politshows des Fernsehens. Seine Benzin fressenden Hummer hat er umbauen lassen: Sie fahren jetzt mit Wasserstoff und Biodiesel. Die Kleinigkeit von 170.000 Dollar hat die Umrüstung gekostet.

Schwarzenegger will Umweltpolitik „hip und sexy" machen und vom Image der lustfeindlichen Sparfanatiker befreien. „Erfolgreiche Bewegungen haben ihre Wurzel nicht in Schuldgefühlen, sondern in der Leidenschaft." Wenn es nach ihm geht, sollen die Amerikaner weder den Konsum einschränken müssen, noch ihren großen Autos Ade sagen. Von einer Erhöhung der Benzinpreise, die etwa halb so hoch sind wie in Europa, ganz zu schweigen:[9] „Wir wollen niemandem seine muskulösen Autos wegnehmen, die Hummers und die SUVs, das wäre ein Rezept, das zum Scheitern verurteilt ist. Wir müssen diesen Autos nur Umwelt-Muskeln geben." Ein Ansatz, der wohl erst einmal in die Praxis umgesetzt werden muss. Aber die amerikanische Öffentlichkeit hört die Botschaft gerne.

Die kalifornischen Gesetze sind vorläufig einmal Absichtserklärungen. Bis sie tatsächlich umgesetzt werden, werden noch viele Hürden zu nehmen sein.

Die Medien interessiert besonders, dass der prominenteste republikanische Gouverneur des Landes mit seinen grünen Ideen immer klarer auf Oppositionskurs gegen den republikanischen Präsidenten geht. Seine wachsende Distanz zum Weißen Haus betont der austroamerikanische Gouverneur bei jeder Gelegenheit.

Im Contras Costa College im nordkalifornischen San Pablo, unweit von Oakland auf der anderen Seite der Bay, warb Arnold Schwarzenegger im Herbst 2006 gemeinsam mit republikanischen Parteifreunden für teure Infrastrukturprojekte zur Renovierung von Straßen, Schulen und Dämmen. Aber so richtig aus sich heraus ging er erst, als ich ihn fragte, ob er eigentlich noch Hoffnung hat, auch Parteifreund George Bush vom Kampf gegen den Treibhauseffekt zu überzeugen?

„Wir müssen in Kalifornien Leadership in allen Bereichen zeigen, von der Stammzellenforschung bis zu Hightech, das ist das allerwichtigste“, dozierte Schwarzenegger in Richtung meines ORF-Mikrofons. „Jetzt wird das auch beim Kampf gegen den Treibhauseffekt der Fall sein. Wir planen regionale Partnerschaften mit anderen Bundesstaaten. Wenn wir das schaffen, dann wird schließlich auch die Bundesregierung begreifen, dass etwas getan werden muss, um unser Land der nächsten Generation in besserem Zustand zu übergeben, als wir es übernommen haben.“

Die kalifornische Öffentlichkeit hat diese neuen Töne überwiegend begrüßt. Skepsis gab es nur in Schwarzeneggers eigener republikanischer Partei sowie im Unternehmerverband. Am Sitz der California Manufacturers Association klagte Umweltexperte Joseph Lyons, dass dieser Alleingang unvermeidlich Konkurrenznachteile für kalifornische Firmen zur Folge haben wird. „80 Prozent der Unternehmen haben jetzt schon höhere Energiekosten als in den Nachbarstaaten“, so die düstere Warnung des Funktionärs. „Die Gefahr besteht, dass Produktionsstätten und Jobs in andere Bundesstaaten abwandern.“ Die wirtschaftliche Erholung Kaliforniens in den letzten Jahren hat es Schwarzenegger leicht gemacht, derartige Einwände aus dem Kreis seiner finanzstarken Unterstützer beiseitezuschieben.

Auch die breite ökologische Bewegung Kaliforniens, die dem Republikaner Schwarzenegger bisher sehr reserviert gegenübergestanden ist, beginnt sich für seinen neuen grünen Kurs zu erwärmen. Im Ecology Center von Berkeley, 20 Autominuten von Schwarzeneggers College-Auftritt entfernt, besuchten wir den „Sierra Club". Mit 240.000 Mitgliedern ist er die wichtigste Umweltorganisation Kaliforniens. „Umwelt, Gemeinschaft, Gerechtigkeit", lautete das Motto auf den Plakaten. Der bunte „Eco-Kalender" an der Wand informierte über die Aktivitäten der Woche.

Einige Senioren hefteten Aussendungen und klebten Kuverts. Wir trafen Kenneth Smokoska, den Vertreter des „Sierra Club", in der kalifornischen Energiesparkommission. „Unsere Bundesregierung liegt nach wie vor falsch, aber die Haltung der Bevölkerung ändert sich. In San Francisco waren 2001 mehr als 70 Prozent für den Umstieg in Richtung saubere Energie. 50 Prozent des elektrischen Stroms der Stadt werden in Zukunft aus erneuerbaren Energiequellen kommen. Städte und Bundesstaaten im ganzen Land schließen sich zusammen, um etwas gegen den Klimawandel zu unternehmen."

Neben dem Straßenverkehr sind die kalorischen Kraftwerke, die den unersättlichen Durst nach Elektrizität der riesigen Volkswirtschaft stillen, die gefährlichsten Umweltverschmutzer Kaliforniens. „Sierra Club"-Experte Smokoska war überzeugt, dass die neuen Regeln gegen die Erderwärmung zu einer völligen Umstrukturierung der Energieproduktion führen werden. „Es wird nicht mehr möglich sein so wie bisher, ein Kohlekraftwerk nach dem anderen zu bauen, ohne die Folgen für das Klima zu bedenken."

In Kalifornien gibt es ein Gesetz, das es den Gemeinden möglich macht, von den Energieversorgern einen bestimmten Prozentsatz erneuerbarer Energie zu verlangen. Auf dieses Gesetz der sogenannten „Community Choice" hat sich San Francisco bei seinen revolutionären Umbauplänen gestützt. Für den „Sierra

Club" ist San Francisco das große Beispiel, für das man auch in anderen Städten werben will. Die Umstellung soll 5 Milliarden Dollar kosten, die der Bürgermeister durch eine eigene Anleihe aufbringen will. „Dadurch werden unzählige Projekte zur Förderung erneuerbarer Energie in der ganzen Bay Area geschaffen", freute sich „Sierra Club"-Sprecher Kenneth Smokoska. „400 Betriebe werden Solardächer bekommen und ein 125 Megawatt-Windpark ist in Planung. Die Stadtverwaltung arbeitet neue, energiesparende Bauvorschriften aus." Sogar die Gezeiten unter der Golden Gate Bridge will ein besonders erfinderisches Team zur Energiegewinnung benützen, schwärmte Smokoska.

Lebendige alternative Gegenkultur wird im Hinterzimmer des Ökologischen Zentrums in Berkeley praktiziert. Hier treffen sich jeden zweiten Dienstag im Monat die besonders Eifrigen zur sogenannten „Biodiesel Klasse". Dieselmotoren sind bei Pkws höchst selten in den USA. Stinkende, minderwertige Fahrzeuge aus Detroit in den Siebzigerjahren haben der gesamten Technik einen derart schlechten Ruf verpasst, dass die amerikanische Autoindustrie nach wie vor vorsichtig ist. Im alternativen Milieu um Oakland und Berkeley sind Dieselfahrzeuge dagegen in. Technisches Know-how gibt es im eigens dafür abgehaltenen Einführungskurs des „Ecology Centers". Santiago, ein bärtiger Mittzwanziger, stellt sich als „Radfahrer" vor. „Jedes Mal, wenn ich mir ein Auto ausborgen muss, fühle ich mich ein bisschen schuldig wegen der Umweltverschmutzung", erklärt Santiago, warum er hier ist. Er will sich informieren, ob Dieselautos für ihn in Frage kommen. Maureen braucht einen neuen Wagen, ein Diesel wäre ein umweltpolitisches Statement. Aber ihr Freund ist dagegen, er ist Motorradmechaniker und schwört auf Benziner. Jennifer, die Referentin, soll ihn überzeugen. Aber sie erzählt von den Problemen des Biodiesels im Winter: „Wenn es kalt ist, muss der Motor etwas laufen, bevor man einen Hügel hinaufkommt."

Das Treffen hat etwas von einer Untergrundsitzung, obwohl es doch nur um den Umgang mit Dieselmotoren geht.

Ein paar Häuserblocks entfernt betreiben sechs Frauen eine der wenigen Biodiesel-Tankstellen, die inzwischen legendäre „BioFuel Oasis“ von Berkeley. An den meisten Wochentagen ist sie nur am späteren Nachmittag geöffnet. An der Kassa kann man auch indische Öle, Gewürze und Tees kaufen. Melissa Hardy, die an dem Tag Dienst hat, trägt einen Zopf. Sie erzählt, dass die Zahl der Kunden merkbar wächst, seit die Benzinpreise steigen. „An vielen Tagen bilden sich vor unserer Zapfsäule Schlangen.“ Das Tanken ist hier Selbstbedienung, an der Wand ein großes „Peace“-Zeichen. „Unsere Kunden sind umweltbewusste Kleinunternehmer mit großen Trucks, Wissenschaftler der umliegenden Labors und Universitäten und viele Alternative, die die Welt verändern wollen“, erzählt Melissa. Josh, ein Software-Ingenieur, der gerade tankt, will etwas für die Umwelt tun. „Mein einziges Problem ist, dass sich kaum ein Mechaniker mit einem Dieselmotor auskennt.“ Aber seine Freunde finden die Entscheidung für Biodiesel cool. Auf seiner kalifornischen Nummerntafel steht: „Fahrt mit Gemüsetreibstoff“.

Unter den Stammkunden der „BioFuel Oasis“ sind viele Wissenschaftler des „Berkeley Lab“. Das „Lawrence Berkeley National Laboratory“ gehört zu den ältesten und größten Forschungseinrichtungen der USA, der wichtigste Auftraggeber ist das amerikanische Energieministerium. Um auf das streng bewachte Laborgelände zu gelangen, muss man als Ausländer seinen Pass vorweisen. Bürgern Libyens, Nordkoreas und des Iran ist der Zutritt verboten, liest man auf dem Merkblatt beim Eingang. Von den schmucklosen Baracken aus, in denen einige der kühnsten Forschungsprojekte der Erde betrieben werden, hat man einen atemberaubenden Blick über die Bay bis nach San Francisco und die Golden Gate Bridge. Am Tag unseres Besuches wirkten viele hier etwas verkatert: Am Abend zuvor ist ausgedehnt gefeiert worden, weil einer der Kollegen, George Smoot, den Nobelpreis für Physik für seine Forschung zum Urknall erhalten hat. Es war der 11. Nobelpreis des Berkeley Labs.

In den Unterlagen der Abteilung für Umwelttechnologien ist von richtungweisenden Versuchen die Rede, Treibhausgase unter den Ozeanen zu binden. Durch Eisenzusätze im Meereswasser, so lautet eine andere, als „Iron Hypothesis“ bekannt gewordene These, könnte sich die Pflanzenwelt der Ozeane ausweiten. Das wiederum würde zur Bindung von ausreichend großen Mengen gefährlichen Kohlendioxids führen, um „den Treibhauseffekt zu neutralisieren.“[10] Wie erfolgversprechend diese Versuche sind, ist noch nicht klar.

An etwas weniger spektakulären Projekten arbeiten die Wissenschaftler, die man uns vorstellte. Mary Ann Piette hat ein unscheinbares Kästchen entwickelt, das dem Stromverteiler in großen Bürogebäuden, Schulen und Fabriken vorgeschaltet werden kann. „Automated Demand Response“ heißt das System, das es dem Stromversorger ermöglicht, den Elektrizitätsverbrauch für mehrere Hochhäuser gleichzeitig zu drosseln. Es wird dann die Klimaanlage etwas höher eingestellt oder nur jede zweite Lampe eingeschaltet. Gedacht ist an die wenigen besonders heißen und wegen der auf Hochtouren laufenden Klimaanlagen besonders Energie fressenden Tage des Jahres. „Das klingt banal“, erklärt die junge Forscherin, „aber an den 12 Tagen mit dem größten Energieverbrauch laufen die Kraftwerke auf Hochtouren, und die Umweltbelastung ist am größten.“ Würden solche Geräte für alle neuen Gebäude verpflichtend, wäre ein wichtiger Beitrag im Kampf gegen die Erderwärmung geleistet.

Ein paar Baracken weiter arbeitet die Physikerin Eleanor Lee an Hightech-Fenstern, die je nach Wetter automatisch mehr oder weniger Licht durchlassen. „An hellen Sommertagen verdunkelt sich das Glas, die Sonnenstrahlen werden reflektiert und im Inneren bleibt es kühl“, preist Eleanor Lee das energiesparende Konzept. „Im Winter kommt mehr Licht herein, das Gebäude erwärmt sich.“ „Electrochromic Windows“ heißen die mit einer unsichtbaren Strom leitenden Kristallschicht durchzogenen Fenster. Wann wie viel Volt in das Fenster geleitet werden, entscheidet ein Computer, der mit dem Stromnetz und der Klimaanlage verbunden ist. Das Problem bisher: Die Hightech-Fenster kosten 1000 Dollar pro Quadratmeter, das ist für eine kommerzielle Nutzung zu teuer. Über den Atlantik blicken die Umweltschutzexperten des Berkeley Labs mit etwas Neid: „Beim Energiesparen sind die Europäer auch in der Forschung weiter", gesteht die Physikerin Eleanor Lee ein, „die USA hinken nach."

---

1 Letter from the President to Senators Hagel, Helms, Craig and Roberts, 13.3.2001
2 Budgets Falling in Race to Fight Global Warming, New York Times, 30.10.2006
3 Political Heat, New York Times Magazine, 18.2.2007
4 Cornelia Dean, Scientists Critizise White House Stance on Climate Change Findings, New York Times, 31.1.2007
5 Political Heat, New York Times Magazine, 18.2.2007
6 Andrew C. Revkin and Matthew L. Wald, Material Shows Weakening Of Climate Change Reports, New York Times, 20.3.2007
7 Climate Expert Says NASA Tried to Silence Him, Andrew C. Revkin, New York Times, 29.1.2006; Climate Researchers Feeling Heat From White House, Juliet Eilperin, Washington Post, 6.4.2006
8 Jim Hansen, The Threat to the Planet, The New York Review of Books, 13.7.2006
9 Der Vergleich mit Europa ist nur zum Teil fair: Wegen der größeren Distanzen und der fehlenden Massenverkehrsmittel sind Amerikaner um vieles mehr auf ihr Auto angewiesen als Europäer. Gleichzeitig ist der durchschnittliche Benzinvergleich in den USA viel höher.
10 A View to the Future, Berkeley Lab 2005/2006 Report, Energy Technologies and Environmental Studies

Wendezeiten

Den neuen Politikertypus in Washington DC verkörpert niemand so gut wie James Webb, der bullige demokratische Senator aus Virginia. Als der ehemalige Marine-Staatssekretär Ronald Reagans im November 2006 zu einem Empfang im Weißen Haus kam, ignorierte er vorerst die „Receiving Line“ des Präsidenten. George Bush erkundigte sich bei seinem Gast trotzdem verbindlich nach dessen Sohn, der als Marine im Irak Dienst tut. Worauf Webb zurückgab: „Ich will sie alle zurückholen aus dem Irak, Mr. President.“ „Das war nicht meine Frage“, beharrte Bush, „wie geht es Ihrem Jungen?“ Worauf Webb den Gastgeber kühl abblitzen ließ: „Das geht nur mich und meinen Jungen etwas an.“

In der amerikanischen Hauptstadt ist es Tradition, dass sich auch politische Gegner stundenlang anstellen, um ein gemeinsames Foto mit dem Präsidenten zu ergattern. Das wird als Ausdruck des Respekts vor dem Amt angesehen, nicht als Verneigung vor der Person. Die ungewöhnliche Brüskierung George Bushs durch den eben erst gewählten Senator war denn auch wochenlang Thema erregter Debatten. Auf den Kommentarseiten der Zeitungen hagelte es Moralpredigten über gutes Benehmen, während der undiplomatische Neopolitiker aus Virginia auf liberalen Websites schlagartig zum Volkshelden avancierte. „Es ist widerlich, wie schnell sich Politiker in Washington anpassen und einander immer ähnlicher werden, sogar nach den heftigsten Wahlkämpfen“, lobt ein pensionierter Army Captain den unkonventionellen Demokraten auf der Website der „Washington Post“. „Jim Webb ist anders.“[1]

Als Spross einer Militärfamilie und ehemaliges republikanisches Kabinettmitglied unter Ronald Reagan gehört der frischgebackene Senator zu den demokratischen Newcomern aus traditionell stramm konservativen Gegenden des Landes. Dank solcher Persönlichkeiten hat die Opposition bei den Kongresswahlen im November 2006 den sensationellen Umschwung zu neuen demokratischen Mehrheiten im Kongress geschafft. Kriegsmüdigkeit und die dramatisch sinkenden Popularitätswerte des Präsidenten waren die Voraussetzungen dafür, dass auf dem Kapitol eine 14-jährige, fast ununterbrochene republikanische Vorherrschaft zu Ende ging. Aber erst die ungewöhnliche politische Breite der Demokraten hat auch zu Einbrüchen im konservativen Stammland der Republikaner geführt. Zu den bunten Neuzugängen bei den Demokraten zählt jetzt Heath Shuler, als Quarterback ehemaliger Spielmacher in der Footballmannschaft der Washingtoner Redskins, der in North Carolina den republikanischen Platzhalter besiegte. Der neue demokratische Senator aus Montana im Westen, Jon Tester, bringt seinen militärischen Bürstenschnitt als Trademark in den Senat. Mit Jim Webb aus Virginia verbindet Tester seine für einen Demokraten ungewöhnliche Liebe zu Schusswaffen. Im März 2007 wurde ein Mitarbeiter Webbs bei einer Sicherheitskontrolle im Kapitol verhaftet, als er für seinen Chef eine geladene Pistole in das amerikanische Parlamentsgebäude bringen wollte.

„Blue Dog Democrats“ nennt sich diese neuartige Gruppe in der demokratischen Mehrheitsfraktion, durch die die politischen Fronten in den USA ordentlich durcheinandergebracht werden. Die demokratische Führung erhofft sich von ihr eine ähnlich nachhaltige Veränderung der politischen Landschaft, wie sie die „Reagan Democrats“ in den Achtzigerjahren unter umgekehrten Vorzeichen bewirkten. Damals wanderten viele Demokraten nach rechts zu den Republikanern ab. Die Bewegung markierte den Beginn einer langen konservativen Ära in der amerikanischen Politik. Die „Blue Dog Democrats“ sollen den von George W. Bushs Republikanern enttäuschten Konservativen eine neue Heimat bieten.

Ein Sticker mit rotem Rand um eine blaue Hundeschnauze und dem Text „Blue Dog Conservative Democrat" ist das Symbol der 35 Mitglieder starken Gruppe. Der Name ist in Anlehnung an die früheren sogenannten „Yellow Dog Democrats" der Südstaaten entstanden, die aus der Tradition des amerikanischen Bürgerkrieges heraus mit den Republikanern aus dem Norden nichts zu tun haben wollten. Viele Mitglieder kommen aus dem stark fundamentalistisch geprägten „Bibel-Gürtel", der bisher sicheres republikanisches Territorium war. Die heutigen „Blue Dog Democrats" sind tiefreligiös, sie wehren sich gegen staatliche Kontrollen bei Schusswaffen und lehnen die Homosexuellenehe ab. Beim Recht auf Abtreibung befürworten sie Einschränkungen. Auch Anti-Einwanderungsparolen sind aus der „Blue Dog"-Ecke zu hören. Aber wenn es um den Irakkrieg, die soziale Sicherheit oder den Umweltschutz geht, dann teilen diese Mandatare die demokratische Kritik an der Regierung Bush.

Der Kongress ist auch am linken Flügel bunter geworden. Im Senat, dem amerikanischen Oberhaus, ist mit Bernie Sanders aus dem kleinen Bundesstaat Vermont erstmals auch ein gestandener Sozialist vertreten, der den Urvater der amerikanischen Arbeiterbewegung Eugene V. Debs zu seinen Helden zählt und ganz unamerikanisch von den Vorzügen des skandinavischen Wohlfahrtsstaates schwärmt. Der Sozialist aus Vermont ist eine Einzelerscheinung. Aber die Mehrheit in Senat und Repräsentantenhaus seit 2006 gibt den Demokraten eine Chance, die sie seit Bill Clintons Zeiten nicht mehr hatten: die republikanische Vorherrschaft in der amerikanischen Politik zu brechen.

Die Proteststimmung gegen die republikanische Administration hat die lange als unumstößlich geltende Spaltung Amerikas in republikanische „rote" Gebiete im Landesinneren und die „blauen" liberaleren Küstenregionen aufgeweicht. „Rot" ist in den USA ja anders als in Europa traditionsgemäß die Parteifarbe der Republikaner, der Elefant das republikanische Wappentier. Die Demokraten sind „blau", ihr Wappentier ist der Esel. Diese viel diskutierte ideologische Spaltung geht über Parteipolitik weit hinaus und erstreckt sich auch auf Lebenseinstellungen und Konsumgewohnheiten. Auf der einen Seite das liberale „blaue" Amerika, das umweltbewusste Hybridautos fährt, Rotwein trinkt und gottlose Popmusik hört. Im scharfen Gegensatz dazu die Amerikaner des konservativen „roten" Landesteils, die sich in allen Lebenslagen auf Jesus berufen, eine Schusswaffe im Kleinlastwagen mitführen, Bier trinken und dem Präsidenten vertrauen. Auf den politischen Landkarten waren die Bundesstaaten an den Küsten, wie Kalifornien oder New York, meist „blau" gefärbt, der Süden und die riesige Mitte des Landes „rot". Diese starren Fronten sind nun ins Wanken gekommen. Besonders beunruhigend für die Republikaner: Die stärksten Verluste hatten sie bei jungen Wählern, die die Zukunft bestimmen. 60 Prozent aller unter 30-jährigen Amerikaner gaben 2006 Anti-Bush-Kandidaten ihre Stimme.

Aber auch noch als „lame duck", die legendäre „lahme Ente", die nur mehr wenig bewegen kann, ist George W. Bush die Zentralfigur der amerikanischen Politik. Die turbulenten Jahre seiner Amtszeit erwiesen sich als tiefer Einschnitt für die USA, was nach seinem ersten Wahlkampf als „mitfühlender Konservativer" im Jahr 2000 absolut niemand annehmen konnte. Dabei hat der Mann aus Texas von Anfang an polarisiert: Man fand in Boston oder New York ebenso leicht Bush-Hasser wie begeisterte Bush-Fans im konservativen Süden oder im Mittleren Westen. Jeder zweite Amerikaner amüsierte sich über die als „Bushisms" bekannten Versprecher des Präsidenten. Die andere Hälfte fand die Selbstironie sympathisch, mit der sich George Bush auch selbst über seine Schwächen lustig machte.

Gekonnt angebrachte Scherze auf eigene Kosten immunisierten Bush gegenüber jenen Kritikern, die ihm die schlimmsten intellektuellen Defizite nachsagten. So brachte der Präsident die Fans bei der Abschluss-Wahlveranstaltung in der Stadt Columbus im Bundesstaat Ohio 2004, zu der auch Arnold Schwarzenegger geladen war, mit einem Hinweis auf die zahlreichen Gemeinsamkeiten der beiden Politiker zum Lachen: „Wir haben beide gut geheiratet (Applaus), wir malträtieren beide die englische Sprache (Gelächter), und wir haben beide einen großen Bizeps (ungläubiges Gelächter)." Mit dem Nachsatz: „Well, two out of three isn't bad", „Zwei Treffer bei drei Versuchen, nicht schlecht!" (befreiendes Gelächter).

Der von den Meinungsforschern ermittelte Sympathiefaktor, die sogenannte „Likeability" Bushs, galt als Atout in allen politischen Auseinandersetzungen. Die hemdsärmelige „texanische" Art half Wählerinnen und Wähler zu vergessen, dass George W. Bush in Wirklichkeit aus einer der privilegiertesten Dynastien des Landes stammt, mit einem Präsidenten als Vater und einem Senator als Großvater. Zur Volkstümlichkeit des Präsidenten, die ihm lange Zeit über politische Ungereimtheiten und Rückschläge half, gehört seine Religiosität: Man wusste, Georg W. Bush betet viel, die Abkehr von den Alkoholexzessen der Jugend hatte ihn zum wiedergeborenen Christen gemacht. Das gab der religiösen Mehrheit des Landes das Gefühl, dass er „einer von uns" ist. George Bush ist zweifelsohne niemand, der viele Bücher liest. Die fehlende intellektuelle Neugierde gehört wahrscheinlich zu seinen großen Schwächen. Aber in seiner Karriere hat er jenen politischen Instinkt bewiesen, ohne den kein Politiker den Sprung in das Amt des Gouverneurs von Texas und dann ins Weiße Haus schaffen kann. Dazu gehört aber auch die Konsequenz, mit der George W. Bush die Situation nach dem 11. September 2001 zu seinem politischen Vorteil gewendet hat.

Das gerade in Europa oft gehörte anmaßende Urteil, der amerikanische Präsident sei schlicht „dumm", wird wohl niemand teilen, der ihn längere Zeit näher beobachtet hat. Als Reporter hatte ich George Bush im Sommer 2001 bei seinen ersten internationalen Auftritten mit Wladimir Putin in Ljubljana und Tage später bei der NATO in Brüssel als linkisch und unsicher erlebt. Schon wenige Jahre später absolvierte Bush souverän stundenlange Pressekonferenzen mit einer denkbar breiten Palette von innen- und außenpolitischen Themen. Nach einem Besuch im Weißen Haus Ende 2005 staunte Österreichs Bundeskanzler Wolfgang Schüssel, dass Bush in der Lage war, ohne Unterlagen mehr als eine Stunde die diffizilsten Details des europäisch-amerikanischen Engagements auf dem Balkan mit ihm zu diskutieren.

Es wird oft gesagt, die eigentliche Präsidentschaft George W. Bushs habe am 11. September 2001 begonnen, als er nach den ersten Stunden der Unsicherheit zum Symbol des trotzigen Widerstandswillens wurde, mit dem Amerika auf die Terrorangriffe in New York und Washington reagiert hat.

Die Zustimmungsraten überstiegen in den Wochen danach 80 Prozent. Bush stellte seine gesamte Regierungstätigkeit unter das Vorzeichen des „Krieges gegen den Terrorismus“. Es war eine folgenschwere Entscheidung. Als „Kriegspräsident“ konnte George Bush zwar weitgehende Kompetenzen beanspruchen. Er musste sich aber auch am Erfolg dieser mit Kriegsnotwendigkeiten begründeten außerordentlichen Schritte messen lassen. Guantanamo, die Lockerung des Folterverbots und die Dehnung des Rechtsstaates im Antiterrorkampf erschienen mit zeitlicher Distanz jedoch bald als konterproduktiv. Ohne erkennbaren Nutzen für die nationale Sicherheit trugen die mit dem angeblichen „Kriegszustand“ begründeten Maßnahmen in hohem Ausmaß zur internationalen Isolation Amerikas bei.

Kritiker sprechen von einer „imperialen Präsidentschaft“, der es darum ging, unter dem Vorzeichen des „Krieges gegen den Terrorismus“ die Kompetenzen der Exekutive gegenüber der Legislative und den Gerichten massiv auszuweiten. Obwohl es nach den großen Anschlägen keinen Terrorangriff auf amerikanischem Boden mehr gegeben hat, wagte lange Zeit kein Politiker der Fiktion vom angeblichen „Kriegszustand gegen den Terrorismus“ zu widersprechen. In Wirklichkeit sind die USA nur in Afghanistan und im Irak in kriegerische Auseinandersetzungen verwickelt. Was innerhalb der amerikanischen Grenzen abläuft, sind polizeiliche Ermittlungen und verstärkte Schutzmaßnahmen für die innere Sicherheit.

Ein bedenkliches Beispiel, wie mediale Manipulation eines ganzen Landes unter den Bedingungen einer pluralistischen Demokratie funktionieren kann, stellt der Zusammenhang dar, den hochrangige Regierungsvertreter immer wieder zwischen dem Irakkrieg und den Terroranschlägen des 11. September hergestellt haben. Vage Anspielungen und zweideutige Äußerungen vor allem von Vizepräsident Dick Cheney taten ihre Wirkung: Noch im Sommer 2006 waren 64 Prozent der Amerikaner davon überzeugt, dass der Irak Saddam Husseins etwas mit den Anschlägen des 11. September zu tun hatte.[2] Dabei hatte die Kommission zur Untersuchung des 11. September längst bewiesen, dass es einen solchen Zusammenhang nie gegeben hat. Trotz einer mächtigen, unabhängigen Presse und einer starken politischen Opposition ist es der Regierung Bush gelungen, die Öffentlichkeit über Jahre in diesem ihr genehmen Glauben zu halten.

„Bush 43", der 43. Präsident der Vereinigten Staaten, wollte unter keinen Umständen als Bewahrer auftreten wie sein Vater, Bush 41 – die Nummerierung, bei der George Washington die 1 trägt, wird von Politfreaks gerne verwendet, um die inhaltlichen Unterschiede zwischen dem traditionellen Konservativismus von Bush senior und dem radikaleren Ansatz des Sohnes hervorzuheben. George W. Bush wollte die von Ronald Reagan begonnene konservative Revolution im Inneren fortsetzen und mit Freiheitsparolen den Einfluss Amerikas in der Welt ausweiten. Die Ideen dazu gaben ihm die „Neocons", die für den Pragmatismus traditionellerer Konservativer wenig übrig hatten. Es handelt sich um eine Gruppe von Intellektuellen, die sich unter dem Eindruck des missionarischen Antikommunismus Ronald Reagans von liberalen Positionen entfernt hatten, um zu eifernden Konservativen zu werden. Der islamische Fundamentalismus des 21. Jahrhunderts nimmt dabei die Rolle des einstigen sowjetischen „Reichs des Bösen" ein. Als Gründer der neokonservativen Bewegung gilt der Publizist Irving Kristol, der in seiner Jugend Trotzkist gewesen ist. Die feurige Rhetorik des Erfinders der „Permanenten Revolution“ Leo Trotzki lugt nun häufig hinter konservativen Kommentaren in Washington hervor. Als die „Zedernrevolution“ im Libanon 2005 die Hoffnung auf prowestlich-demokratische Umwälzungen in der arabischen Welt zu bestätigen schien, da lasen sich die Kolumnen des prominenten neokonservativen Bush-Ideengebers Charles Krauthammer so, als ob der amerikanische Rechtsaußen bei Lenin und Trotzki abschreiben würde: „Revolutionen kennen keinen Stillstand“, dozierte der angesehene konservative Publizist in der „Washington Post“. „Sie schreiten entweder voran oder sie sterben ab. Wir stehen am Beginn einer gloriosen Revolutionsbewegung im Mittleren Osten.“[3] Die Voraussage stellte sich ebenso wie zahlreiche andere als falsch heraus.

Jahrelang waren die „Neocons“ die lautstärksten Trommler für einen Sturz Saddam Husseins gewesen. Wortführer der Neokonservativen wie Douglas Feith, der ehemalige Unterstaatssekretär im Pentagon, und Pentagon-Berater Richard Perle sind in den Neunzigerjahren mit Ratschlägen an den israelischen Rechtspolitiker Benjamin Netanyahu hervorgetreten, die in ein inzwischen berühmt gewordenes Strategiepapier zur Umgestaltung des gesamten Nahen Ostens durch den Sturz Saddam Husseins mündeten.[4] Ende der Neunzigerjahre forderte Feith gemeinsam mit Donald Rumsfeld und anderen Gesinnungsfreunden in einem offenen Brief an Bill Clinton den Sturz Saddam Husseins. Paul Wolfowitz, der inzwischen gestürzte Weltbankpräsident, baute als Stellvertretender Verteidigungsminister die Achse zur irakischen Exilopposition um Achmed Chalabi auf und drängte schon in den Tagen nach den Anschlägen des 11. September 2001 auf einen Militärschlag gegen das irakische Regime.

Die engste Verbindung zum Militär hatte Richard Perle, der sich jahrzehntelang im Gravitationsbereich des Pentagons bewegte, wo ihm seine Rolle hinter den Kulissen den Spitznamen „Prinz der Dunkelheit“ eingetragen hat. Im Frühjahr 2004 wollte ich bei einer Tagung des konservativen Think Tanks „American Enterprise Instituts“ von ihm wissen, ob rückblickend nicht Jacques Chirac und Gerhard Schröder mit ihrer Einschätzung, dass die irakische Bedrohung gar nicht so groß war, recht hatten? „Das glaube ich ganz und gar nicht“, replizierte Richard Perle, ein schwerer Mann mit tiefen Augenringen, „Schröder wollte einfach mit Hilfe der pazifistischen Stimmung in Deutschland Wahlen gewinnen. Letztlich geht es um die Frage der Risikoabwägung. Das Risiko, dass es versteckte Waffen im Irak gab, war groß. Nichts zu tun, das war angesichts dieses Risikos undenkbar. Wenn andere Staaten jetzt deshalb, weil diese Waffen nicht gefunden wurden, den Vereinigten Staaten nicht mehr Glauben schenken wollen, dann können wir nicht viel tun. Aber es wäre eine verrückte Schlussfolgerung.“

Ganz anders wirkte Perles zögernder, stets nach den richtigen Formulierungen suchender Freund und Partner David Frum, der 2002 als Redenschreiber des Präsidenten die Formulierung von der „Achse des Bösen“ zwischen dem Irak, dem Iran und Nordkorea erfunden hat.[5] Sein kleines Büro im „American Enterprise Institute“ in der 17. Straße in Washington DC hatte er mit Zeitungsausschnitten über die Rede George Bushs zur „Lage der Nation“ geschmückt, bei der Bush mit dem Begriff der „Achse des Bösen“ so viel internationales Aufsehen erregt hatte. Daneben der Abschiedsbrief Bushs an seinen langjährigen Mitarbeiter.

Seinen ehemaligen Chef verteidigte David Frum gegenüber der europäischen Kritik: „Bush ist ein sehr harter Mann, ein typischer Texaner. Ich verstehe schon, dass die Europäer das für exotisch halten. Aber er versteht die Welt, in der wir leben, besser als seine Kritiker. Es sind Fantasievorstellungen, zu glauben, dass das Problem des islamischen Fundamentalismus verschwinden würde, wenn die USA eine andere Politik verfolgen und zum Beispiel Israel weniger unterstützen. Wir sehen das Böse des Terrorismus als grundlegende Herausforderung an, ganz ähnlich wie früher Faschismus und Kommunismus.“

Im November 2006 erfuhren die erstaunten Leser des Magazins „Vanity Fair“ schließlich, dass Perle angesichts des verheerenden Verlaufs der Irak-Besetzung seine Haltung rückwirkend bedauerte. Für das Desaster im Irak machte er Inkompetenz in den höchsten Regierungskreisen verantwortlich. Auch David Frum hält inzwischen eine Niederlage im Irak für nahezu unvermeidlich. Im Gespräch mit „Vanity Fair“ geißelte er das „Versagen des Zentrums“, sprich des Präsidenten.[6]

Das außergewöhnliche politische Zusammenspiel von neokonservativen Ideologen, militärischen Falken und christlich-fundamentalistischen Predigern, das es George Bush und Dick Cheney ermöglichte, ihren Kurs durchzusetzen, hatte sein Ende gefunden. Von nun an stand das gesamte konservative Projekt der Präsidentschaft Bushs auf dem Spiel.

Ron Suskind, einer der scharfsinnigsten Kritiker der Administration, ortet hinter der Krise des Konservativismus der Marke Bush nicht nur die Probleme des Irakkrieges, sondern eine viel weiter gehende Weigerung der führenden Gruppe um den Präsidenten, sich unabhängig von den eigenen ideologischen Scheuklappen mit der Realität auseinanderzusetzen. Suskind berichtet von einem Gespräch mit einem nicht namentlich genannten hochrangigen Mitarbeiter des Weißen Hauses, das inzwischen wiederholt als Schlüssel zum Verständnis der Bush-Jahre zitiert wurde: „Der Bush-Mitarbeiter meinte, Leute wie ich seien Teil dessen, was wir die ‚reality-based community‘ nennen. ‚Das sind Leute, die glauben, dass Problemlösungen durch aufmerksames Studium der Realität gefunden werden können.‘ Ich nickte und murmelte etwas von den Prinzipien der Aufklärung und der Bedeutung der Empirie“, erzählt der Autor Ron Suskind. Der Bush-Vertraute „unterbrach mich. ‚Aber so funktioniert die Welt nicht mehr‘, setzte er fort. ‚Wir sind jetzt ein Imperium, und wenn wir handeln, dann schaffen wir unsere eigene Realität. Während ihr die Realität untersucht – höchst vernünftig natürlich –, werden wir wieder handeln und andere, neue Realitäten schaffen, die ihr natürlich auch studieren könnt. So wird das ab jetzt laufen. Wir sind die Akteure der Geschichte (...) und euch wird nichts anderes übrig bleiben, als zu studieren, was wir tun."[7]

Selten ist die imperiale Hybris der Bush-Administration so ungeschminkt zum Ausdruck gebracht worden.

Endphasen amerikanischer Präsidentschaften waren häufig mit heftigen Krisen verbunden. Das Debakel im Irak, innenpolitische Skandale und das Trommelfeuer aus dem mehrheitlich demokratischen Kongress haben zu einem Zerfall der unter George W. Bush einst erfolgreichen Allianz konservativer Wirtschaftssektoren, der christlichen Rechten und neokonservativer Hardliner in der Außenpolitik geführt. Mit Popularitätswerten, die sich um 30 Prozent bewegen, ist es für den Präsidenten fast unmöglich, die zentrifugalen Tendenzen im eigenen politischen Lager zu bremsen. Nach wie vor kann die Administration auf die Parteilichkeit konservativer Medien zählen. Der einflussreiche Radio-Talkstar Rush Limbaugh oder die aggressiven Shows des zum Medienimperium Rupert Murdochs gehörenden Kabel-TV-Senders „Fox News" attackieren unverändert jede Regung liberaler Politik. Aber in der Vorphase des entscheidenden Präsidentschaftswahljahres 2008 fiel allen Beobachtern auf, wie wenig motiviert die republikanische Basis war.

Newt Gingrich, der geistreiche Ex-Speaker und Gegenspieler Bill Clintons, versuchte den Parteifreunden ausgerechnet Frankreich als Beispiel für ein konservatives Comeback schmackhaft zu machen. Vor dem Hintergrund einer unpopulären Regierung habe auch in den USA nur ein Kandidat eine Chance, der eine radikale Abkehr vom Status Quo verspricht und so wie Nicolas Sarkozy als Chef der Regierungspartei gegen den eigenen Präsidenten kandidiert.[8]

Ein republikanischer Präsidentschaftskandidat kann aber nicht nur ein neuer konservativer Rebell sein. Er muss so wie einst George W. Bush die konservative Aktivistenbasis und besonders die christliche Rechte überzeugen und gleichzeitig auch für die breite amerikanische Öffentlichkeit attraktiv sein.

Als prominentester innerparteilicher Herausforderer galt lange Zeit Senator John McCain aus Arizona, der schon im Jahr 2000 versucht hatte, statt George W. Bush Präsident zu werden. Der Kriegsheld aus der Zeit des Vietnamkrieges, der als Kampfpilot fünfeinhalb Jahre in nordvietnamesischer Kriegsgefangenschaft verbracht hatte, scheiterte damals am Widerstand der christlichen Rechten. Dass er sich im Senat immer wieder offen gegen Bush gestellt und dem Präsidenten ein explizites Verbot der Folter abgerungen hat, erhöhte auch über die Parteigrenzen hinaus seine Glaubwürdigkeit. Aber John McCain unterstützte den Versuch der Regierung, durch eine stärkere Truppenpräsenz die Lage im Irak unter Kontrolle zu bekommen. Der Irak wurde so zur schwersten Hypothek für die langjährigen Präsidentschaftsambitionen eines Politikers, der selbst mit der Kriegsführung wenig zu tun hatte.

Ein Jahr vor dem Wahltermin 2008 hofften die gemäßigten Kräfte unter den Republikanern dank der Strahlkraft des politischen Superstars Rudolph Giuliani auf eine Chance, die christlich-fundamentalistische Rechte zurückzudrängen. Die Orientierungssuche des konservativen Lagers am Ende der Amtszeit George W. Bushs ließ Widersprüche aufbrechen, die sich in einer Vielzahl von Bewerbungen und Kandidaturen niederschlagen. Während der ehemalige New Yorker Bürgermeister die Basis schockierte, weil er persönlich das Recht auf Abtreibung akzeptiert, lehnten gleich drei republikanische Präsidentschaftskandidaten in einer Fernsehdebatte im Sommer 2007 die Evolutionstheorie ab. Die innerparteiliche Konstellation, mit der ein Bewerber erfolgreich ist, wird auch die Grundorientierung der großen konservativen Partei Amerikas bestimmen.

Der Kampf um die grundsätzliche Ausrichtung des Landes ist damit am Ende der Amtszeit Bush völlig neu entbrannt. Dabei könnte auch die latente Unzufriedenheit mit dem Zweiparteiensystem wieder zutage treten, die zuletzt 1992 dem texanischen Milliardär Ross Perot überraschende 19 Prozent der Stimmen verschaffte. Auch damals war die Blockade zwischen einem republikanischen Präsidenten und einem demokratischen Kongress der entscheidende Faktor. Keiner dritten Partei und keinem parteiungebundenen Kandidaten ist es seither gelungen, sich in der Bundespolitik Gehör zu verschaffen. Der Grüne Peter Camejo erreichte zwar bei den kalifornischen Gouverneurswahlen 2002 mit 400.000 Stimmen und 5,3 Prozent einen Achtungserfolg. Auf Bundesebene kam jedoch selbst der bekannte Konsumentenschützer Ralph Nader weder 2000 noch 2004 an eine solche Marke heran. Die weitverbreitete Überzeugung, dass die grüne Minderheitskandidatur 2000 Al Gore die Präsidentschaft gekostet hat, senkte die Akzeptanz neuer Parteigründungen in der amerikanischen Linken.

Die Demokraten gehen als Mehrheitspartei des Kongresses in die Wahlauseinandersetzung 2008. Das ist die beste Ausgangsposition für einen Präsidentschaftswahlkampf seit Langem. Aber Rivalitäten und ideologische Gegensätze prägen das Verhältnis zwischen den verschiedenen Machtzentren der Partei. Die einflussreichste Strömung der Partei stellten lange Zeit die aus der Clinton-Ära stammenden zentristischen „New Democrats" dar, die sich mit ihrer Wirtschaftsnähe von linksliberalen Positionen der Traditionalisten unterscheiden. Die Zentristen haben jedoch den Irakkrieg befürwortet und standen den Forderungen nach einem möglichst raschen Truppenabzug überlange skeptisch gegenüber. Das hat sie in Widerspruch zur Antikriegsstimmung bei den meisten Aktivisten gebracht. Geldmanager von Goldman Sachs und anderen Investment-Banken der Wallstreet haben ein gewichtiges Wort in der Wirtschaftspolitik mitzureden. Hillary Rodham Clinton, mit der viele Mitglieder des zentristischen „Democratic Leadership Council" seit vielen Jahren verbunden sind, muss sich von der Identifikation mit dieser inzwischen als zu etabliert geltenden Gruppe freispielen.[9]

Skeptisch beobachtet werden die Zentristen durch den Vorsitzenden des Demokratischen Nationalkomitees, den ehemaligen Präsidentschaftskandidaten Howard Dean. Dean ist der Chef des Parteiapparats, anders als europäische Parteichefs trifft er jedoch keine politischen Entscheidungen. Im Vorwahlkampf muss sich der wortgewaltige Politiker neutral verhalten.

Wie die Demokraten im Kongress, ihrer wichtigsten Bühne, agieren, hängt vom Mehrheitsführer des Senates, Harry Reid, und Parlamentspräsidentin Nancy Pelosi ab. In der Funktion des Speakers des Repräsentantenhauses ist Nancy Pelosi die ranghöchste Funktionsträgerin der Demokraten im Land. Laut Verfassung steht sie in der Rangordnung für das Präsidentenamt an dritter Stelle, sollte nach dem Präsidenten auch der Vizepräsident ausfallen. Nie zuvor in der amerikanischen Geschichte gab es eine Frau in der Funktion des Speakers. Nancy Pelosi, die wichtigste innenpolitische Gegenspielerin des Präsidenten in der letzten Phase seiner Amtszeit, vertritt San Francisco, den liberalsten Wahlkreis der Nation. Im bunten Kleid pflegt die fünffache Mutter und sechsfache Großmutter mit den großen Augen vor dem Wald der Mikrofone im Kapitol die Politik des Präsidenten zu geißeln. „Holen Sie doch einmal tief Luft!“, ließ sie George W. Bush im Frühjahr 2007 wissen, als der Präsident mit einem Veto gegen eine Irak-Resolution des Kongresses drohte. „Sie haben es mit einem neuen Kongress zu tun. Dieser Krieg muss ein Ende finden. Das amerikanische Volk hat das Vertrauen in die Führung des Präsidenten verloren.“ Trotz ihrer Antikriegshaltung, die wesentlich zum demokratischen Wahlsieg im Herbst 2006 beigetragen hat, ist Nancy Pelosi selbst auch bereits Adressat von Protesten geworden: Radikale Antikriegsaktivisten der Organisation „Code Pink“ haben tagelang vor ihrem Haus in San Francisco campiert, um ein sofortiges Ende aller Zahlungen für den Irak durchzusetzen.

Mit 435 Abgeordneten, die alle zwei Jahre neu gewählt werden müssen, spiegelt das Repräsentantenhaus in unmittelbarster

Weise die schwankenden politischen Verhältnisse des Landes wider. Die 100 Senatoren, von denen jeweils zwei immer ganz föderalistisch aus einem der 50 Bundesstaaten kommen, stehen dagegen eher für Kontinuität und Kompromiss. Ein Gesetz, das dem Präsidenten zur Unterschrift vorgelegt wird, muss vorher von den beiden gleichberechtigten Häusern des Kongresses verabschiedet worden sein.

Ganz anders als Parlamentspräsidentin Nancy Pelosi agiert Harry Reid, der als demokratischer Mehrheitsführer im Senat die Fäden zieht. Der praktizierende Mormone dürfte einer der wenigen Senatoren sein, die sich nicht selbst als zukünftiger Präsident sehen. Im Clash der Super-Egos des amerikanischen Oberhauses erweist sich die Bescheidenheit des parlamentarischen Schwerarbeiters als Vorteil: Die Demokraten verfügten nach den Kongresswahlen 2006 im hundertköpfigen Senat nur über eine einzige Stimme Mehrheit. Harry Reid muss alles tun, damit der Senat trotz dieses extrem knappen Vorsprungs Nancy Pelosis Vorstößen im viel entscheidungsfreudigeren Repräsentantenhaus nicht in die Quere kommt.

Bis sich einer der Präsidentschaftsbewerber in den Vorwahlen durchgesetzt hat, behandelt die Partei alle Kandidaten gleich. Bei der Frühjahrstagung des Democratic National Committee im Washington Hilton Anfang 2007 warben die Aktivisten schon vor dem Hotel mit ihren Schildern: „Hillary for President", „Hope. Action. Change. Barack Obama 2008", „Tomorrow begins today. John Edwards 08" – Hillary Clintons Aktivisten sind eindeutig in der Überzahl. Aber auch die weniger bekannten Außenseiter haben ihre Fans.

Im Erdgeschoss des ehrwürdigen Hotels dominiert das für die Demokraten typische liebenswerte Chaos. Ein Stand bietet Armbanduhren mit dem Esel, dem Wappentier der Partei, zum Verkauf an. „Well behaved Women Rarely Make History", steht auf einem T-Shirt der feministischen Abteilung, „Angepasste Frauen machen selten Geschichte". „I only sleep with democrats", „Ich schlafe nur mit Demokraten", auf einem anderen Leibchen.

Hillary Clinton, die einzige Frau unter den Kandidaten, konzentriert sich in ihrer Rede professionell wie immer auf die vernachlässigte „Middle Class", die Durchschnittsverdiener. Bei der kurzen Passage über den Irakkrieg stößt sie auf Widerspruch: „No Iran war", tönt es aus den hinteren Reihen. „Code Pink"-Friedensaktivisten, die sich auf Protestaktionen bei demokratischen Veranstaltungen konzentrieren, werfen der Senatorin aus New York vor, dass sie sich für ihre ursprüngliche Befürwortung des Irakkrieges nicht entschuldigen will.[10]

Die ehemalige First Lady kann auf ein eingespieltes Beraterteam zählen. Bill Clinton, der populärste Ex-Präsident Amerikas, sammelt Wahlkampfspenden und feilt an der Strategie seiner Ehefrau eifrig mit. Jedes Kind kennt die bewegte Geschichte des prominenten Paares. Aber gleichzeitig gilt Hillary Clinton als berechnend und kühl. Dass Amerika erstmals eine Präsidentin bekommen könnte, löst dagegen überraschend wenig offen ausgesprochene Emotionen aus. Zu Hillary Clintons dünn besuchten Wahlveranstaltungen kommen Funktionäre und Journalisten. Die begeisterungsfähige Jugend war eineinhalb Jahre vor dem Wahltermin beim Linkspopulisten John Edwards aus South Carolina oder beim charismatischen afroamerikanischen Senator Barack Obama zu finden. So stark profitierte Barack Obama, der Newcomer aus Chicago, vom Wunsch der aktivistischen Basis der Demokraten, dass er in der Frühphase des Vorwahlkampfes sogar mehr Wahlkampfspenden sammeln konnte als die Favoritin Hillary Clinton.

---

1 Remark By Webb Arouses Passions, Washington Post, 2.12.2006

2 Paul Krugman, Reign of Error, New York Times, 28.7.2006

3 Charles Krauthammer, The Road to Damascus, Washington Post, 4.3.2005

4 A clean break: a new strategy for securing the realm, 1996, Institute for Advanced Strategic and Political Studies, Jerusalem-Washington DC

5 Vgl.: David Frum and Richard Perle, An End to Evil: How to Win the War on Terror, Random House 2003
6 Neo Culpa, David Rose, Vanity Fair, November 2006
7 Ron Suskind, Faith, Certainty and the Presidency of George W. Bush, New York Times Magazine, 17.10.2004
8 Newt Gingrich, A French Lesson for Republicans, Human Event Website, 7.5.2007
9 Noam Schreiber, The Centrists Didn't Hold, Washington Post, 28.7.2007
10 Jeff Gerth and Don Van Natta Jr., Hillary's War, New York Times Magazine, 3.6.2007

Brüchige Allianzen

Ende Juni 2006 konnte ich den amerikanischen Präsidenten George W. Bush in der Wiener Hofburg mit einer Frage konfrontieren, die nach Jahren des europäisch-amerikanischen Disputs vielen Journalistenkollegen auf der Zunge lag: „Mr. President, ist Ihnen klar, wie dramatisch sich das Image Amerikas in Europa verschlechtert? In Österreich glauben nur 14 Prozent der Menschen, dass es gut für den Frieden ist, was die USA tun. 64 Prozent glauben, die amerikanische Politik ist schlecht für den Frieden. In Großbritannien halten mehr Bürger Ihre Regierung für gefährlicher als den Iran. Warum schaffen Sie es nicht, Herzen und Hirne der Europäer zu gewinnen?" George Bush, der unangenehme Fragen gewohnt ist, aber ziemlich offen zeigt, wenn ihm etwas nicht passt, sah wenig begeistert aus.

„Ich finde es einfach absurd, wenn Leute glauben, dass wir gefährlicher sind als der Iran", gab Bush zurück. „Manche Menschen sind mit meiner Entscheidung zum Irak nicht einverstanden, und das verstehe ich. Aber der 11. September war eben für Europa nur ein Moment. Für uns hat sich das gesamte Denken verändert." Der damalige österreichische Bundeskanzler Wolfgang Schüssel, der in seiner Funktion als EU-Präsident neben Bush am Podium stand, verwies auf die lebenswichtige Rolle der USA beim Aufbau eines demokratischen Europas nach dem Zweiten Weltkrieg. Aber der Präsident hat den Kern des Problems benannt: Die Schlussfolgerungen, die die Regierung in Washington aus den Anschlägen des 11. September gezogen hat, haben zur größten Verwerfung zwischen Europa und den USA seit dem Kalten Krieg geführt. 2001 titelte die französische Tageszeitung „Le Monde": „Wie sind alle Amerikaner". Sieben

Jahre später war das Ansehen der USA in der Welt so niedrig wie noch nie.

Andrew Kohout, der angesehenste Demoskop der USA, überbrachte dem Außenpolitischen Ausschuss des Repräsentantenhauses im Frühjahr 2007 die bittere Nachricht vom steilen Aufstieg des Antiamerikanismus in der Welt: „Es handelt sich um ein weltweites Phänomen, das über einen Bruch mit unseren europäischen Verbündeten oder Hass auf Amerika im Nahen Osten weit hinaus geht. Das Ansehen Amerikas ist global abgestürzt."[1] Die spektakuläre Zunahme negativer Gefühle gegenüber der einstigen Führungsmacht der freien Welt nahm von der Entscheidung des Präsidenten für den Irakkrieg ihren Ausgang, erstreckt sich aber inzwischen auch auf die Religiosität oder Befürwortung der Todesstrafe durch die Mehrheit der Amerikaner. In großen Teilen der islamischen Welt werden die USA schlicht als Feinde betrachtet: Erschreckende 56 Prozent der Marokkaner und 49 Prozent der Jordanier hielten 2005 Selbstmordanschläge gegen Amerikaner für gerechtfertigt.

Ob im proamerikanisch geführten Großbritannien, bei den südlichen Nachbarn in Lateinamerika oder im neutralen Österreich: Wo immer der amerikanische Präsident zu Besuch war, wehte ihm Ablehnung und teilweise offene Feindschaft der öffentlichen Meinung entgegen. Da konnten die Regierungen sich noch so sehr um Gastfreundschaft bemühen. „Bush go home", steht im Frühjahr 2007 auf den Transparenten in der kolumbianischen Hauptstadt Bogotá. „World's Number 1 Terrorist", hieß es in London und „Stop Bush" bei den Demonstrationen im Frühsommer 2006 in Wien.

Nicht selten steckt hinter diesen Slogans eine übertriebene Dämonisierung der imperialen Macht der USA, die an der demokratisierenden Rolle der amerikanischen „soft power", mit der Betonung individueller Freiheitsrechte, vorbei geht. Die Meinungsverschiedenheiten zum Irakkrieg reichen als Erklärung für so starke Emotionen nicht aus. George W. Bush ist mit seinen texanischen Kraftsprüchen zum Symbol einer arroganten Machtausübung geworden, die den Bürgern außerhalb der USA den Eindruck vermittelt, dass sich die Supermacht nicht mehr um die Meinung im Rest der Welt kümmert. Vor allen in Westeuropa setzt sich seit dem Ende des Kalten Krieges die Überzeugung durch, dass man die USA nicht mehr so braucht wie einst gegen den gemeinsamen Außenfeind Sowjetunion. „Das Ende des Kalten Krieges hat die Macht Amerikas wahrscheinlich reduziert und nicht vergrößert", weist in der „Washington Post" der Publizist Robert J. Samuelson auf das paradoxe Resultat des westlichen Triumphes über den Kommunismus hin.[2]

Noch Donald Rumsfeld glaubte den Widerstand gegen den internationalen Kurs George W. Bushs aufweichen zu können, indem die USA „Old Europe" gegen „New Europe" ausspielten. „Deutschland war ein Problem und Frankreich war ein Problem", versuchte der Pentagon-Chef Anfang 2003 vor der Presse den europäischen Widerstand gegen den Irakkrieg herunterzuspielen. „Aber eine große Zahl anderer Länder in Europa stehen auf unserer Seite. Sie identifizieren Europa mit Deutschland und Frankreich. Das tue ich nicht. Ich denke, das ist ‚Old Europe', das ‚Alte Europa'."

Im State Department hatte man sogar einen eigenen Begriff für den Versuch gefunden, durch ein Netz intensiver bilateraler Beziehungen das Gewicht einer gemeinsamen europäischen Außenpolitik zu begrenzen: „Desagreegating" hieß es, wenn die USA einzelne EU-Mitgliedstaaten separat umwarben, um sie von einer gemeinsamen europäischen Linie gegenüber den USA abzubringen.

Aber nur vier Jahre nach Rumsfelds legendärem Ausspruch über das „Alte" und das „Neue" Europa haben die Vereinigten Staaten den Großteil ihrer engsten europäischen Verbündeten im Irak verloren. Das entscheidende Ultimatum gegen Saddam Hussein wurde am 17. März 2003 bei einem Kriegsgipfel auf den Azoren beschlossen. Seite an Seite mit George W. Bush und Tony

Blair standen die Regierungschefs Spaniens und Portugals, José María Aznar und José Manuel Barroso, Silvio Berlusconi gab aus dem fernen Rom seinen Segen. Ihre Unterstützung für den Irakkrieg haben Aznar und Berlusconi mit Wahlniederlagen ihrer konservativen Parteien bezahlt. Barroso hat nur der Wechsel in die EU-Kommission nach Brüssel vor einem ähnlichen Schicksal bewahrt. Für Tony Blair, der einen Großteil seines politischen Kapitals in die Allianz mit George W. Bush investierte, war der Irakkrieg der Anfang eines langen und schmerzlichen politischen Niederganges. Auch die osteuropäischen Staaten, die anfangs zur „Koalition der Willigen" gestoßen waren, verringerten ihre Truppenzahl schließlich auf symbolische Kontingente, während die USA immer neue Truppen senden mussten. In der zweiten Amtszeit überzeugte Condoleezza Rice den Präsidenten schließlich davon, dass es für die USA besser sei, mit der Europäischen Union in ihrer Gesamtheit gute Beziehungen zu pflegen.

Auch in der europäisch-amerikanischen Auseinandersetzung um den Internationalen Strafgerichtshof in Den Haag mussten die USA einen halben Rückzieher machen. Die Bush-Administration weigerte sich nicht nur, das neue UNO-Tribunal anzuerkennen. Lange Zeit verlangten die USA auch von ihren Verbündeten eine vertraglich garantierte Immunität für amerikanische Staatsbürger in Den Haag. Andernfalls wollte man den nach Westen drängenden, einst kommunistisch regierten Staaten Militärhilfe und andere Unterstützung kappen. Hätte Washington durch derartigen Druck eine Sonderregel für Amerikaner geschaffen, dann wäre es mit der internationalen Glaubwürdigkeit des Tribunals bald vorbei gewesen. Der EU gelang es jedoch, selbst die proamerikanischsten osteuropäischen Staaten davon abzuhalten, auszuscheren. Mitmachen wollen die USA nach wie vor nicht, aber ihr Veto gegen Den Haag zogen sie schließlich zurück. Die Europäer hatten es geschafft, ein wichtiges Element eines internationalen Rechtssystems vor den unilateralistischen Machtansprüchen der Bush-Administration zu retten.

Während die Außenpolitik der Regierung Bush immer unberechenbarer schien, erwies sich Europa als ruhender Pol in der internationalen Politik. Mit dem Erweiterungsprozess schaffte die Europäische Union unspektakulär mehr dauerhaften Demokratieexport als die USA mit der Macht ihrer Waffen und den großen Worten ihres Präsidenten. Selbst für die Türkei, ein Land mit starken islamisch-fundamentalistischen Strömungen, war nicht das langjährige Bündnis mit den USA der Anstoß eines beispiellosen Demokratisierungsprozesses, sondern das EU-Beitrittsverfahren. Die stabilisierende Wirkung Europas auf dem internationalen Parkett scheint ziemlich unabhängig von den inneren Verwerfungen seit dem Scheitern der EU-Verfassung an den Referenden in Frankreich und den Niederlanden 2005 zu sein. Die EU muss zwar nach wie vor auf Institutionen, wie einen über mehrere Jahre gewählten Präsidenten oder einen EU-Außenminister warten, die europäischen Initiativen die entsprechende Durchschlagskraft geben könnten. Aber als kalmierendes Gegengewicht zu den aufgeregten Kampfparolen, die aus Washington zu hören waren, konnte Europa trotz aller internen Krisen und Widersprüche punkten.

Die Regierung Bush zog nach der Wiederwahl 2004 die Konsequenzen. Eine Charmeoffensive sondergleichen setzte ein, die den Präsidenten Anfang 2005 zum ersten offiziellen Besuch der Europäischen Union nach Brüssel führte. „Europa und Amerika verstehen sich wieder", verkündete fröhlich George Bush. Ein Grund für diesen Schwenk: Trotz des starken Patriotismus sind Alleingänge der US-Regierung zur Lösung internationaler Probleme in der amerikanischen Bevölkerung ganz und gar nicht populär.

Von den stärksten unilateralistischen Erklärungen früherer Jahre hat sich die Regierung Bush allerdings nie explizit losgesagt. Aber die sogenannte Bush-Doktrin des Jahres 2002, wonach Präventivkriege gegen Schurkenstaaten mit Massenvernichtungswaffen gerechtfertigt sein können, wurde später nicht mehr wiederholt. Dazwischen lagen der Irakkrieg und die Erfahrung, dass die angebliche Bedrohung der nationalen Sicherheit der USA durch Bagdad in Wirklichkeit nie existiert hat.

Die veränderte Situation fand in der Kurskorrektur der amerikanischen Iranpolitik im Frühjahr 2006 ihren Niederschlag, als Condoleezza Rice erklärte, die USA seien grundsätzlich zu Verhandlungen mit Teheran bereit, sollte die iranische Regierung die umstrittene Urananreicherung stoppen. Seither betonte der Präsident immer wieder, dass die USA eine friedliche Lösung des Konflikts um das iranische Nuklearprogramm wünschen. Vom Tisch ist eine US-Militäraktion deshalb aber noch lange nicht. Ganz ähnlich wie im Streit mit Saddam Hussein geht es um den Vorwurf, die iranische Regierung sei dabei, Atombomben zu bauen. Die USA ergänzen Sanktionsmaßnahmen des UNO-Sicherheitsrates durch einen militärischen Aufmarsch im Arabischen Golf. Vizepräsident Dick Cheney hat von der Möglichkeit gesprochen, dass sich Israel zu einem präventiven Militärschlag veranlasst sehen könnte und neokonservative Hardliner in Washington verlangen „Regime Change“ in Teheran, einen Regimewechsel, ganz so wie früher für den Irak. Präsident Bush selbst schloss „keine Option“ aus, was als kaum verhüllte Drohung mit einem Einsatz der amerikanischen Luftwaffe gegen iranische Nukleareinrichtungen verstanden wird.[3] Aber die Bereitschaft der USA zu einem neuen Krieg ist gering. Die Regierung Bush ging länger als vielfach erwartet den langwierigen Weg schrittweiser, aber international abgestimmter Sanktionen mit, den die Europäer schon für die Auseinandersetzung mit Saddam Hussein empfohlen hatten.

Als Rückfall in überwunden geglaubte Reflexe erschien 2007 die Auseinandersetzung um Militärbasen in Osteuropa für ein von den USA geplantes Raketenschutzschild. Die Anfänge des Projekts gehen auf die Strategische Verteidigungsinitiative Ronald Reagans zurück. Abfangraketen sollen allerdings nach diesem Plan in Zukunft in Alaska, Großbritannien und Polen stehen und nicht wie in Ronald Reagans ursprünglicher Vision im

Weltraum. Als potenzieller Angreifer gilt der Iran. Die Planer des Pentagons haben die Tschechische Republik als besten Standort für die gigantische Radarstation zur Identifikation angreifender Raketen ausgemacht. Russland, das eine Veränderung des militärischen Kräfteverhältnisses in seiner unmittelbaren Nachbarschaft befürchtet, drohte mit einer drastischen Verschlechterung der Beziehungen zu den Staaten der Europäischen Union, worauf die Regierung Bush in hektischer Diplomatie versuchte, die anfangs verabsäumte Einbeziehung der Europäer nachzuholen. Es ist ein merkwürdig realitätsfernes Vorhaben, für das die USA neue Irritationen mit Russland und Westeuropa riskieren. Weder existieren die iranischen Langstreckenraketen, gegen die sich Amerika schützen will, noch funktioniert das Abwehrsystem, das gegen diese hypothetische Bedrohung eingesetzt werden soll, wie zahlreiche gescheiterte Tests unweit der Küste von Alaska beweisen. Futuristische Planspiele der Militärs gegen mögliche zukünftige Feinde und Waffen haben Tradition. Neu ist, dass sie der aktuellen Bündnispolitik in die Quere kommen, mit der die USA auf brennende Probleme im Irak und um die iranische Nuklearrüstung reagieren wollen. Angesichts eines weiten Zeithorizonts von 10 bis 15 Jahren dürften die Kompromissmöglichkeiten größer sein, als Diplomaten diesseits und jenseits des Atlantiks im ersten Schreck befürchtet haben.

Die medienwirksamen Signale des amerikanisch-europäischen Zerwürfnisses sind auf jeden Fall verschwunden. Sogar in der Kantine des Repräsentantenhauses in Washington DC serviert man für 1,25 Dollar wieder „French Fries“, wie Pommes frites in den USA heißen. Die superpatriotische Umbenennung in „Freedom Fries“, die in der aufgeheizten Stimmung von 2003 weltweite Schlagzeilen gemacht hatte, wurde im Juli 2006 im amerikanischen Parlament still und leise wieder rückgängig gemacht. Wie lange die lächerliche Bezeichnung die anfängliche Irak-Kriegsbegeisterung überdauerte, zeigt, mit welcher Unnachgiebigkeit sich die republikanischen Heißsporne an den europäischen Kritikern rächen wollten. Der republikanische Abgeordnete Walter B. Jones aus North Carolina, der die Umbenennung ursprünglich betrieben hatte, ist in der Zwischenzeit zu einem Gegner des Irakkrieges geworden und bedauert die Episode.

Im rechten „Talk Radio", der wichtigsten Arena der antieuropäischen Eskapaden, hat sich die aggressive Grundhaltung gegenüber dem als verweichlicht geltenden alten Kontinent allerdings erhalten.

G. Gordon Liddy, der eine der populärsten täglichen Radio-Talkshows am rechten Rand betreibt, verzichtet nie auf die amerikanische Fahne als Studiodekoration. Der hochgewachsene Siebzigjährige mit dem markanten Glatzkopf und den Cowboystiefeln war in den Siebzigerjahren einer der wenigen Watergate-Verschwörer, die auch tatsächlich ins Gefängnis mussten, um eine längere Haftstrafe abzusitzen. Für seine ultrakonservativen Fans ist das kein Problem. In den Neunzigerjahren machte Liddy Schlagzeilen, weil er private Schießpartys mit Pappfiguren von Bill und Hillary Clinton als Zielscheiben organisierte. „Die Animosität richtet sich in den USA besonders gegen Frankreich", dozierte uns der Rechtsaußen in einer Sendepause seiner Radioshow in das ORF-Mikrofon. „Zwei Mal haben die USA im vergangenen Jahrhundert Frankreich vor den Deutschen gerettet. Statt dankbar zu sein, sind die Franzosen schwache und wankelmütige Verbündete." Die Umbenennung der „French Fries" in „Freedom Fries", um gegen das französische „Nein" zum Irakkrieg zu protestieren, hält er zwar für dumm, „aber es zeigt, wie tief die Emotionen gehen." G. Gordon Liddy sagt, er kennt viele Leute, die Bordeaux und Côtes du Rhône verschmähen und nur mehr australischen Wein kaufen.

Diese antieuropäischen Gefühle sind inzwischen auf den rechten Rand des amerikanischen politischen Spektrums beschränkt. Der gescheiterte Irakkrieg ließ jene Stimmen, die mit Belehrungen gegenüber dem Rest der Welt rasch bei der Hand sind, etwas leiser werden. Der amerikanischen Öffentlichkeit ist instinktiv bewusst geworden, dass die USA unter George W. Bush riskieren, ihre Rolle als Führungsmacht der „freien Welt“ zu verspielen.

Charles Kupchan, der Experte für transatlantische Beziehungen im angesehenen „Council of Foreign Relations“, sieht Gründe für die transatlantische Entfremdung auch auf der europäischen Seite: „Europa ist reifer geworden und agiert in stärkerem Ausmaß gemeinsam als je zuvor. Verständlich, dass die Europäer nicht jeden Tag Juniorpartner der USA sein wollen. Das gilt umso mehr, als es für den Kampf gegen den Terrorismus und die Geringschätzung der UNO durch die USA nach dem 11. September in Europa wenig Verständnis gibt.“ Eine Rückkehr zu den früheren Verhältnissen hält Charles Kupchan für unwahrscheinlich: „Europa ist zu stark, um sich den USA zu unterwerfen, aber nicht stark genug, um selbst effiziente Weltpolitik zu betreiben. Da wird sich ein neues Verhältnis etablieren müssen, in dem es sowohl gesunde Konkurrenz als auch Partnerschaft gibt. Die Amerikaner werden lernen müssen, mit Europäern zu leben, die einfach erwachsen geworden sind.“

Wie schwierig dieser Prozess sein kann, zeigte das beispiellose Vorgehen von Gerichten in Italien und Deutschland gegen amerikanische Geheimdienstagenten: Weil Mitarbeiter des CIA der Entführung von Terrorverdächtigen auf europäischem Boden verdächtigt werden, verlangten Staatsanwälte in München und Mailand die Auslieferung von Dutzenden amerikanischen Agenten. Der deutsche Haftbefehl für 13 CIA-Mitarbeiter im Zusammenhang mit der Festnahme des völlig unschuldigen Deutschlibanesen Khaled el-Masri liegt seit Anfang 2007 bei der Interpol. Die Proteste amerikanischer Diplomaten bei der deutschen Regierung waren ergebnislos geblieben. Ein Mailänder Staatsanwalt geht gegen 26 amerikanische und fünf italienische Geheimdienstleute vor, die Ende 2003 den ägyptischen fundamentalistischen Prediger Hassan Mustafa Osama Nasr auf dem Weg zur Moschee gefangen genommen haben, um ihn über den US-Stützpunkt Ramstein nach Ägypten zu bringen.

Die europäische Politik ist vorsichtiger als die Justiz. Vier Jahre nach dem Irakkrieg beschränkten sich die Europäer auf einige vorsichtige selbstständige Tempi, ohne den von den USA vorgegebenen Kurs etwa im Nahen Osten zu verlassen. Aber zwei Jahrzehnte nach dem Ende des Kalten Krieges verlieren die USA an Macht und Einfluss. Dank Militärausgaben, die größer sind als die Verteidigungsbudgets aller restlichen 191 Staaten dieser Erde zusammen, verfügt Amerika zwar über Streitkräfte, die allen potenziellen Konkurrenten technologisch weit voraus sind. Aber gegen die Bomben am Straßenrand im Irak erweisen sich alle atombetriebenen Flugzeugträger, Smart Bombs und satellitengesteuerten Marschflugzeuge des Pentagons als zwecklos. Mit Spionagesatelliten, Abhöreinrichtungen nach dem neuesten Stand der Technik und einem beispiellosen Heer hoch qualifizierter Experten in den 15 Geheimdiensten sind die USA über alle Vorgänge auf dem Planeten besser unterrichtet als irgendeine andere Macht der Erde. Trotzdem hinterließ die Supermacht zuletzt ein Bild derartiger Inkompetenz, dass die Zweifel an der Fähigkeit des amerikanischen Systems zu einer Führungsrolle in der Welt allgegenwärtig sind. Eine imperiale Macht, die unfähig wirkt, ermutigt Gegner jeder Art.

„Wir durchschreiten eine Zeit der Systemverschiebung", gab sich die ehemalige amerikanische Außenministerin Madeleine Albright gegenüber der „Financial Times" überzeugt. „Was in den letzten sechs Jahren passiert ist, hat den Respekt für die amerikanische Macht schwinden lassen. Die Welt wird multipolar."[4] Der Militärhistoriker Paul Kennedy, Autor einer bahnbrechenden Studie über den „Aufstieg und Niedergang der großen Mächte", glaubt, dass der „unipolare Augenblick Amerikas", an dem sich die Supermacht als alleiniger Herrscher über die Welt fühlen konnte, schon 15 Jahre zurückliegt. Die USA beginnen, laut Paul Kennedy, langsam zu realisieren, dass „nicht mehr alles nach ihrem Willen läuft."

Die Regierung Bush findet es zunehmend schwierig, ihre Bündnispartner bei der Stange zu halten, ob im Irak, in Afghanistan oder bei der Verfolgungsjagd auf Terrorverdächtige.

Ausgerechnet Russlands Wladimir Putin, ein Nostalgiker des sowjetischen Imperiums, drückte im Februar 2007 vor der zur jährlichen Sicherheitskonferenz in München versammelten Creme der Weltpolitik die rebellische Stimmung gegen Uncle Sam offen aus: Ein „Bestreben zu monopolarer Weltherrschaft", in der es „ein Kraftzentrum, ein Machtzentrum, ein Entscheidungszentrum geben soll, sei inakzeptabel und unmöglich."

Theatralischer hatte ein halbes Jahr zuvor Venezuelas Staatspräsident Victor Chavez vor der Generalversammlung der Vereinten Nationen die gleiche Botschaft deponiert. „Der Teufel war gestern hier, es riecht noch nach Schwefel", bekreuzigte sich der stets zu jeder Provokation gegen George W. Bush, einen der Vorredner, bereite Chef der „bolivarischen Revolution" seines Landes. Den Diplomaten und Journalisten empfahl er die Lektüre des linken Harvard-Linguisten Noam Chomsky über die imperiale Sackgasse, in der sich die USA befinden. Chavez ist dank steigender Ölpreise imstande, seinen lateinamerikanischen Verbündeten mit großzügigen Finanzspritzen unter die Arme zu greifen. Umgekehrt helfen ihm Tausende kubanische Ärzte, Krankenschwestern, Militärberater und Sicherheitsexperten, sein Modell eines venezolanischen Sozialismus in scharfem Gegensatz zu den Yankees im Norden zu festigen.

Die Plätze der amerikanischen Delegation waren während der Anti-Bush-Tirade des venezolanischen Präsidenten leer geblieben. Zustimmendes Gelächter und anhaltender Applaus der anwesenden Diplomaten aus allen fünf Kontinenten für Chavez unterstrichen, wie weit verbreitet die antiamerikanische Stimmung inzwischen ist. In Lateinamerika ist in den vergangenen Jahren eine konservative Regierung nach der anderen durch linksnationalistische oder sozialdemokratische Herausforderer ersetzt worden. Die Kräfte der traditionellen Hegemonialmacht USA sind im Nahen Osten gebunden und der südliche Teil des Kontinents nimmt den ungewohnten Spielraum zu einer bisher noch nie da gewesenen Infragestellung des nordamerikanischen Einflusses wahr.

In der Weltpolitik etablierte sich eine neue multipolare Machtkonstellation: Zwischen einer ausgelaugten amerikanischen Supermacht, den europäischen Partnern, die trotz neuen Selbstbewusstseins zum eigenen geopolitischen Handeln noch zu schwach sind, der Möchtegern-Weltmacht Russland, der aufstrebenden Wirtschaftsmacht China und den lose miteinander verbundenen antiimperialistischen Herausforderern in Teheran, Caracas und Havanna.

Die Nagelprobe der neuen Situation wird der Konflikt um das iranische Atomprogramm sein. Anders als im Fall des Irak bezweifeln auch Europäer und Russen nicht, dass das Mullah-Regime tatsächlich am Bau von Atomwaffen arbeitet. Das unterschiedliche Schicksal Saddam Husseins, der ohne Massenvernichtungswaffen am Galgen endete, und des durch seine fünf oder sechs Atombomben geschützten Kim Jong Il in Nordkorea ist den Führern der Islamischen Republik nicht entgangen. Ein Regime, das den Sprung in den Klub der Atommächte geschafft hat, ist vor Umsturzplänen aus Washington ziemlich sicher. Da sowohl Israel im Westen als auch Pakistan im Osten über ein ausgedehntes nukleares Potenzial verfügen, lässt sich dieser Logik nur schwer widersprechen. Schließlich gehen die Anfänge des iranischen Nuklearprogramms bis in die Zeit des engen Bündnisses mit Amerika unter dem Schah zurück. Aber die Konfrontation mit „Al Kaida“ und anderen gewalttätigen islamisch-fundamentalistischen Gruppen macht die Vorstellung eines islamisch-revolutionären Regimes in Teheran, das über Atomwaffen verfügt, für eine breite Mächtekoalition quer über den Globus inakzeptabel. Israel fühlt sich ebenso bedroht wie die konservativen arabischen Nachbarstaaten.

Die Regierung Bush hat gegenüber dem Iran eine Politik des „Multilateralismus à la carte“ betrieben. Unvermutet wurde der UNO-Sicherheitsrat wieder zum wichtigsten Instrument der Koalitionsbildung. Anders als in Europa gibt es in den USA keine Stimmen, die finden, im Endeffekt werde sich die Welt trotz allen

Drucks mit iranischen Atomwaffen abfinden müssen. Auch die führenden demokratischen Präsidentschaftskandidaten teilen die Ankündigung der Administration, im Notfall alle Mittel gegen das iranische Atomprogramm einsetzen zu wollen. Aber in der Vorphase des Wahlkampfes 2007 war das Vorgehen gegenüber dem Iran noch nicht zu einem Top-Thema der amerikanischen Diskussion geworden. Solange die Verschärfung von Sanktionen gemeinsam mit Partnern und Verbündeten erfolgt, wird sich daran kaum etwas ändern. Ein Militärschlag, sei es in der restlichen Amtszeit George W. Bushs oder erst in der nächsten Administration, würde dagegen die nur notdürftig überdeckten internationalen Gräben neu aufreißen und den Gegnern einer amerikanischen Führungsrolle neuen Auftrieb geben. Die Welt ist weniger bereit denn je, Alleingänge der Supermacht zu akzeptieren.

Der amerikanische Publizist Robert J. Samuelson sah 2006 das Ende der „Pax Americana" in der Weltpolitik.[5] Das Triumphgefühl nach dem Sieg im Kalten Krieg, als der Philosoph Francis Fukuyama von Demokratie und freier Marktwirtschaft ein „Ende der Geschichte" erwartete, mündete im Debakel der Straßen von Bagdad. Wobei George W. Bush nur einen tieferen Prozess beschleunigt hat. In der bipolaren Welt des Kalten Krieges waren die USA in ihrer Rolle als Gegenspieler zum sowjetischen Imperium unersetzbar, argumentiert Robert J. Samuelson. Die globalen Bedrohungsszenarien des 21. Jahrhunderts wie der Treibhauseffekt, die Gefahr von Seuchen oder sogar der islamisch-fundamentalistische Terrorismus machen eine amerikanische Führungsrolle dagegen keineswegs zwingend nötig.

Die gegenwärtige Schwächephase der amerikanischen Supermacht kann sich durchaus noch weiter vertiefen. Ein wirtschaftlicher Einbruch würde die riesigen ökonomischen Ungleichgewichte offenlegen, die durch den Schuldenboom der vergangenen Jahre verdeckt wurden. Das Funktionieren der amerikanischen Wirtschaft und damit auch der Weltwirtschaft ist von einem un-

unterbrochenen Kapitalstrom aus aller Welt in die USA abhängig. Etwa 1000 Milliarden Dollar müssen internationale Zentralbanken und Investoren Jahr für Jahr in amerikanische Wertpapiere oder Aktien investieren, damit das System im Gleichgewicht bleibt. Es sind Beträge abenteuerlichen Ausmaßes, die ununterbrochen auf elektronischem Weg in die USA fließen: Ohne die 4 Milliarden Dollar, um die täglich US-Treasury Bonds und andere in Dollar geführte Wertpapiere gekauft werden, würde der Wert des Dollar ins Bodenlose stürzen. Seit Jahren warnen Ökonomen vor den Gefahren dieses riskanten Spiels. Aber es scheint, zumindest für eine gewisse Zeit, zu funktionieren. Die amerikanische Währung ist zwar gefallen, aber den von Manchen vorhergesagten Kollaps hat es bisher nicht gegeben.

Der größte Kapitalfluss in Richtung USA kommt aus den wirtschaftlich aufstrebenden Staaten Asiens. Wenn die Zentralbanken Chinas, Südkoreas oder Japans weiter US-Dollar kaufen, dann sichern sie damit auch den Absatz chinesischer, koreanischer und japanischer Waren auf dem amerikanischen Markt. Über den Umweg der amerikanischen Staatsverschuldung finanzieren sie sich in gewisser Weise ihr Wirtschaftswachstum selbst. Dieser Mechanismus funktioniert natürlich nur so lange, als der US-Dollar die internationale Leitwährung schlechthin bleibt und das Vertrauen in die dominante Stellung der USA in der Welt nicht wirklich erschüttert ist. Manche Politologen haben die Milliardenbeträge, die Tag für Tag in das amerikanische Finanzsystem gepumpt werden, mit den Tributzahlungen abhängiger Völker an die Imperien früherer Zeiten verglichen. Statt der Edelhölzer, Sklaven und Edelsteine, die Jahr für Jahr zum Kaiser nach Rom gebracht wurden, fließen in der globalisierten Welt des 21. Jahrhunderts preisgünstige Waren aller Art in die amerikanischen Supermärkte, für die es im Gegenzug nur den wachsenden virtuellen Wert von Dollarscheinen oder Treasury Bonds in asiatischen Zentralbanksafes gibt. Klar: Anders als im Fall der tributpflichtigen Völker der Antike handelt es sich dabei nicht um einen simplen Werttransfer, sondern um ein Tauschgeschäft, das im Interesse aller ist. Im Krisenfall könnte sich allerdings herausstellen, dass die grünen Dollarscheine oder die Schatzanweisungen in asiatischen Banksafes letztlich doch nur aus Papier sind.

Was den USA auf jeden Fall über viele Jahre bleiben wird, das ist die absolute militärische Überlegenheit. Die gilt nicht nur auf konventionellem Gebiet, wo sich die vielen riesigen Militärbudgets in einem technologischen Vorsprung niederschlagen, der zu unseren Lebzeiten von keiner anderen Macht einzuholen sein wird. Erstmals seit der Entwicklung von Atomwaffen werden die USA demnächst sowohl über eine Erstschlagskapazität verfügen als auch über die Zweitschlagskapazität.[6] Während des Kalten Krieges funktionierte die nukleare Abschreckung, weil jede Atommacht wusste, dass ein atomarer Erstschlag Selbstmord wäre, weil dem Gegner immer noch genügend Atomwaffen bleiben würden, um den Angreifer im Gegenschlag zu vernichten. Die Überlegenheit der amerikanischen Atomwaffen ist inzwischen so groß, dass die USA sich solche Sorgen nicht mehr machen müssen. Das bedeutet nicht, dass ein neues nukleares Wettrüsten bevorsteht. Aber bei einem derartigen strategischen Vorsprung Amerikas werden sich potenzielle Konkurrenten lange überlegen, bevor sie den USA in lebenswichtigen Bereichen ernsthaft in die Quere kommen.

Auch in einer Schwächeperiode sind die USA nicht zu unterschätzen. Ein Vergleich des Irak-Debakels, egal wie es ausgehen wird, mit der Niederlage in Indochina 1975 drängt sich auf. Der amerikanische Rückzug vor mehr als drei Jahrzehnten war von einer Phase internationaler Rückschläge begleitet, in denen die Sowjetunion unter Leonid Breschnew punkten konnte. Somalia, Äthiopien, Angola, Afghanistan und andere Staaten der Dritten Welt wechselten ins sowjetische Lager. Der Dollar fiel und Inflationsängste plagten die amerikanische Wirtschaft. Hunderttausende demonstrierten in Europa gegen die NATO-Nachrüstung. Doch dann drängte die Rüstungsoffensive Ronald

Reagans die überalterte sowjetische Führung gegen die Wand. Polens „Solidarność" griff die amerikanischen Freiheitsparolen begierig auf, und die afghanischen Mudschahedin begannen mit den vom CIA gelieferten Stinger-Luftabwehrraketen die sowjetische Präsenz am Hindukusch unhaltbar zu machen. Die Demokraten, die mit ihren Revolutionen von Prag bis Moskau das sowjetische Imperium zu Grabe trugen, hatten Parolen der Freundschaft mit Amerika als Symbol der Freiheit auf den Lippen. Die amerikanischen Computertechnologien und das Internet, ebenfalls eine aus den USA kommende Erfindung, eroberten in den Neunzigerjahren die Welt.

Die Welt täte gut daran, ein ähnliches Comeback nicht auszuschließen, wenn Amerika die gegenwärtige, von Terrorängsten geprägte Phase einmal überwunden hat. Die Selbstkorrekturmechanismen des amerikanischen Systems sind intakt. Das bestätigt der anhaltende Widerstand der US-Gerichte gegen die rechtsstaatlich zweifelhaften Schritte der Regierung im Antiterrorkampf ebenso wie das politische Erstarken der Demokraten. Wer kann ausschließen, dass in einer zunehmend chaotischen Welt auch der Ruf nach einer Ordnungsmacht wieder lauter wird? Als Jugoslawien zerfiel und die Balkankriege Europa zu entzweien drohten, da reisten europäische Politiker im Wochenrhythmus nach Washington, um George Herbert Walker Bush, den Vater des gegenwärtigen Präsidenten, und dann Bill Clinton anzuflehen, die USA mögen doch intervenieren. Sollte die Atommacht Pakistan einmal fundamentalistisch werden, die prowestlichen Diktaturen der arabischen Welt bröckeln und Israel sich auf eigene Faust zu neuen Präventivschlägen entschließen, gäbe es wohl nur wenige Mächte mit der Logistik und dem Know-how, zu reagieren. Die Europäische Union könnte dazugehören, würden Mitgliedsstaaten und Völker sich dazu entschließen, die Kompetenz für rasche und weit reichende Entscheidungen einer demokratisch legitimierten gemeinsamen Führung zu überantworten. Das ist nicht ausgeschlossen, setzt aber ein tiefes Umdenken voraus.

Die USA haben es da viel leichter. Sie müssten sich nur auf den flexiblen Multilateralismus früherer Zeiten besinnen, der so manchen Dissens zugelassen hat und die Soft Power ihrer kreativen Kultur einsetzen, die Amerika mehr Zuspruch bringt als politische Drohgebärden. Für die Regierung Bush wird ein solches Happy End kaum möglich sein. Aber es wäre verwegen, davon auszugehen, dass es auch in Zukunft keine neue Administration schaffen wird, die gegenwärtig fehlende internationale Legitimation für die amerikanische Führungsrolle zurückzugewinnen.

Die wichtigste Stärke der USA auf dem internationalen Parkett des 20. Jahrhunderts war die Freiheitsideologie, mit der sie ihr Vorgehen begründeten. Ihre eigenen demokratischen Prinzipien hat die Supermacht zwar wiederholt verletzt, als sie im Kalten Krieg reihenweise antikommunistische Diktaturen unterstützte. Aber erst in den letzten Jahren wurden die Glaubwürdigkeitsprobleme so riesig, dass die Parolen des Präsidenten in vielen Teilen der Welt genauso wenig ernst genommen werden wie die sozialistischen Versprechen von Gleichheit und Gerechtigkeit der Führer des versunkenen sowjetischen Imperiums. Trotzdem ist der Appeal des amerikanischen Traums von Freiheit, einem selbst bestimmten Leben und materiellen Aufstieg noch intakt, auch nach den düsteren Jahren von Guantanamo und Abu Ghraib.

Demonstrationen seien für ihn gar nichts Ungewöhnliches, pflegt George W. Bush seine Gastgeber zu beruhigen, wenn Anti-Bush-Proteste die Straßen füllen. Auch in den USA werde er ständig von Protesten begleitet, das sei eben das Zeichen eines freien Landes.

Tatsächlich: Es ist sehr „amerikanisch“, sich gegen Machtmissbrauch der Herrschenden zu wehren. Eine Tradition, die Amerika helfen kann, aus dem gegenwärtigen Abseits herauszufinden.

1 Andrew Kohout, America's image in the World: Findings from the Pew Global Attitudes Project, 14.3.2007

2 Robert J. Samuelson, Farewell to Pax Americana, The Washington Post, 14.12.2006

3 „I hope we can solve it diplomatically, but I will never take any option off the table", George W. Bush, 17.1.2005 in NBC News Tonight

4 Daniel Dombey, Imperial sunset? America the all-powerful finds its hands tied by new rivals, Financial Times, 13.2.2007

5 Robert J. Samuelson, Farewell to Pax Americana, The Washington Post, 14.12.2006

6 Keir Lieber and Daryl Press, The Rise of US Nuclear Primacy, in Foreign Affairs, March/April 2006

Literatur und Quellen

Zeitungen und Zeitschriften 1991–2007

Foreign Affairs
International Harold Tribune
Los Angeles Times
Newsweek
The Economist
The Guardian
The Nation
The New Yorker
The New York Review of Books
The New York Times
The Sacramento Bee
The Wall Street Journal
The Washington Post
The Weekly Standard
Time Magazine

Diverse Medien

ABC News
All Things Considered, National Public Radio
CBS News
CNN.com
Fox News
Morning Edition, National Public Radio
NBC News
News.bbc.co.uk

Bücher (Auswahl)

Ali, Tariq: The Clash of Fundamentalisms. Crusades, Jihads and Modernity, London/New York 2002

Alterman, Eric: When Presidents Lie. A History of Official Deception and its Consequences, New York 2004

Barrett, Wayne/Collins, Dan: Grand Illusion. The Untold Story of Rudy Giuliani and 9/11, New York 2006

Bernstein, Carl: A Woman in Charge: The Life of Hillary Rodham Clinton, New York 2007

Bremer, Paul: My Year in Iraq. The Struggle to Build a Future of Hope, New York 2006

Chambliss, William J.: Power, Politics, & Crime, Boulder 1999

Chandrasekaran, Rajiv: Imperial Life in the Emerald City. Inside Iraq's Green Zone, New York 2006

Clark, Richard A.: Against All Enemies. Inside America's War on Terror, New York 2004

Coll, Steve: Ghost Wars. The Secret History of the CIA, Afghanistan and Bin Laden, from the Soviet Invasion to September 10, 2001, New York 2004

Diner, Dan: Feindbild Amerika. Über die Beständigkeit eines Ressentiments, Berlin 2002

Ehrenreich, Barbara: Nickel and Dimes, on (Not) Getting By in America, New York 2002

Hersh, Seymour M.: Chain of Command. The Road from 9/11 to Abu Ghraib, New York 2004

Miller, T. Christian: Blood Money. Wasted Billions, Lost Lives, and Corporate Greed in Iraq, New York 2006

Obama, Barack: Dreams from My Father. A Story of Race and Inheritance, New York 2004

Packer, George: The Assassins Gate. America in Iraq, New York 2005

Phillips, Kevin: American Dynasty. Aristocracy, Fortune, and the Politics of Deceit in the House of Bush, New York 2004

Prejean, Helen, C.S.J.: Dead Man Walking. An Eyewitness Account of the Death Penalty in the United States, New York 1993
Prejean, Helen, C.S.J.: The Death of Innocents. An Eyewitness Account of Wrongful Executions, New York 2005
Ricks, Thomas E.: Fiasco. The America Military Adventure in Iraq, New York 2006
Ridgeway, James: The 5 Unanswered Questions About 9/11. What the 9/11 Commission Report Failed to Tell Us, New York 2005
Rifkin, Jeremy: The European Dream, New York 2004
Rose, David: Guantanamo. The War on Human Rights, New York 2004
Suskind, Ron: The One Percent Doctrine. Deep Inside America's Pursuite of its Enemies Since 9/11, New York 2006
The 9/11 Commisson Report. Final Report of the National Commission on Terrorist Attacks Upon the United States, New York
Woodward, Bob: State of Denial. Bush at War, Part III, New York 2006
Zinn, Howard: A Peoples History of the United States, New York 1990

Abbildungsnachweis

Raimund Löw: Ground Zero (Gedenken; Flag of Honor; Kränze; Baustelle), Demonstranten (mit Spruchtafeln; vor US-Flagge; Liebespaar)
ORF, Wien: Briefing Room (Journalisten; McClellan; Löw), Einwanderer (Festnahme; Fingerabdruck; Aktivist mit US-Karte), Umweltschutz Kalifornien (Verkehr; Solartechniker; Windpark), EU-USA-Gipfel 2005 (Juncker, Bush, Barroso; Löw; George Bush)
epa/picturedesk.com: Anschlag 9.11.2001; Pataki, Giuliani, Hillary Clinton; Abu Ghraib; Hussein-Statue; Chanukka-Fest; Kerry; Schwarzenegger
Matthew Cavanaugh/epa/picturedesk.com: Negroponte; Rumsfeld
Stan Honda/epa/picturedesk.com: Giuliani
H. T. Kaiser/Rex Features/picturedesk.com: Weißes Haus
Justin Lane/epa/picturedesk.com: Hillary und Bill Clinton
John G. Mabanglo/epa/picturedesk.com: San Quentin; Pelosi und Lantos
David Maung/epa/picturedesk.com: Friedhof
Shane T. McCoy/epa/picturedesk.com: Guantanamo
Tracey Nearmy/epa/picturedesk.com: Prejean und Rhodes
David J. Phillip/Pool/epa/picturedesk.com: Hurrikan Katrina – New Orleans
Linda Rivera/epa/picturedesk.com: Grenzzaun
Ron Sachs Pool/epa/picturedesk.com: Bush sen. und Bush jun.
Jason Szenes/epa/picturedesk.com: Chavez
Stefan Zaklin/epa/picturedesk.com: Gates
TopFoto/picturedesk.com: Obdachlose